PPP 模式实践与创新系列教材

PPP

项目操作实务　交通运输

陈青松　编著

中国建筑工业出版社

图书在版编目（CIP）数据

PPP项目操作实务　交通运输/陈青松编著.— 北京：中国建筑工业出版社，2017.8

PPP模式实践与创新系列教材

ISBN 978-7-112-20959-0

Ⅰ.①P… Ⅱ.①陈… Ⅲ.①政府投资－合作－社会资本－教材②交通运输—政府投资—合作—社会资本—教材 Ⅳ.①F830.59②F014.391③U

中国版本图书馆CIP数据核字（2017）第162467号

PPP 十万亿大市场涉及十多个领域，交通运输行业项目位居前列，投资额更是占据近半壁江山。交通运输 PPP 项目，无疑是 PPP 领域“皇冠上的明珠”。本书从我国交通运输形势、PPP 模式如何加速交通运输行业、交通运输 PPP 的现状与前景等角度进行了阐述。此外，本书很好地将交通运输 PPP 具体案例融合到理论，便于读者对交通运输 PPP 有更深刻的理解。本书对政府决策部门、各类社会资本、金融机构等具有重要的借鉴价值。

责任编辑：朱首明　李　明　李　阳　牟琳琳

责任校对：李欣慰　刘梦然

PPP模式实践与创新系列教材

PPP 项目操作实务　交通运输

陈青松　编著

*

中国建筑工业出版社出版、发行（北京海淀三里河路9号）

各地新华书店、建筑书店经销

北京京点图文设计有限公司制版

北京云浩印刷有限责任公司印刷

*

开本：787×1092毫米　1/16　印张：16¼　字数：272千字

2017年10月第一版　2017年10月第一次印刷

定价：45.00元

ISBN 978-7-112-20959-0

（30590）

前　言

交通运输是国民经济的基础性、先导性产业，其对经济社会飞速发展、对促投资、调结构、稳增长发挥着至关重要的作用，成为国家实施宏观调控的重要抓手。近年来，我国交通基础设施规模不断扩大，运量快速提高，高铁、高速公路等重点领域的运营里程位居世界前列。虽然我国的交通运输业发展较快，但现有交通基础设施总体规模仍然很小，在网络密度、覆盖范围、质量水平等方面还存在较大差距，项目储备不足问题突出，不能满足经济社会快速发展对交通运输不断增长的需求。因此，大力建设交通运输工程、提高人民生活水平、拉动我国经济增长成为亟待解决的问题。

近两年促进我国交通运输发展的政策密集出台。国家发展和改革委员会、交通运输部日前联合印发的《交通基础设施重大工程建设三年行动计划》指出，2016 年—2018 年，拟重点推进铁路、公路、水路、机场、城市轨道交通项目 303 项，涉及项目总投资约 4.7 万亿元，其中 2016、2017、2018 年分别为 2.1 万亿、1.3 万亿和 1.3 万亿元。不过，在我国经济发展进入新常态、地方政府财政收支矛盾加大的背景下，我国交通运输领域资金缺口较大。不仅如此，2014 年 10 月，国务院发布《关于加强地方政府性债务管理的意见》明确指出首要目标为治理政府性债务，地方政府融资能力大幅受限。

因此，政府以 PPP 模式与社会资本合作、吸引更多资金雄厚、技术先进和管理经验丰富的各类社会资本参与我国交通运输建设成为现实的选择。PPP 是英文 Public-Private-Partnership 的简称，即政府与社会资本合作模式，其正在我国基础设施建设和公共服务项目建设领域掀起一场新变革。追根溯源，PPP 模式的雏形最早起源于 17 世纪的英国，而英国的第一例 PPP 项目即是在交通运输领域。

交通运输是推广 PPP 模式的重要领域，截至 2016 年 4 月，交通运输 PPP 项目投资额达到 4.5 万亿元，占据各大行业之首。2016 年 10 月，财政部等部门公布第三批 PPP 示范项目，交通运输类项目共计 62 个，投资总额超过 5000 亿元，项目数量占比为 12%，投资总额占比达 43%。PPP 模式的推广有利于促使我国交通运输行业市场化，也是交通运输行业未来的主流商业模式。PPP 模式将成为我国交通基础设施建设投融资主导模式，迎来广阔的发展前景。

本书重点阐释了 PPP 模式下交通运输领域的投资建设背景、主要行业、投资机遇、合作模式、财务分析，对包括国企、外资、民企、混合所有制企业在内的各类社会资本如何操作交通运输 PPP 项目提出了独到的看法。本书既有关于交通运输 PPP 的宏观理论研究，也有具体的交通运输 PPP 项目典型案例，将交通运输 PPP 项目具体案例融合到理论中，让读者对交通运输 PPP 有着更深刻的认识和理解，对行业人士研究以及操作交通运输 PPP 项目具有较大的借鉴意义。

本书可以作为各级政府决策部门、各类社会资本、交通运输企业、金融机构、战略投资者和财务投资者等 PPP 模式主体以及研究、操作 PPP 项目的经济和金融学者、行业人士、企业高管等广大群体的参考。

目　录

一

PPP 是交通运输“加速器”

在经济转型和产业结构调整升级的大背景下，我国掀起推广 PPP 的热潮。研究发现，在我国重点推广的 PPP 领域，交通运输行业占有重要的一席之地。无论是从国家和地方的 PPP 政策，还是财政部、国家发改委等推广 PPP 的主要部门发布的 PPP 项目来看，“交通运输 PPP”在重要性、项目个数、项目投资总额等方面都位居前列。

（一）交通运输需 PPP 提速

交通运输是国民经济的基础性、先导性产业。自我国改革开放以来，经济社会飞速发展，城镇化建设不断推进，交通作为最直接有效的流通形式，对我国的发展发挥了至关重要的作用。

1. 我国交通运输基础设施日新月异

近年来，我国交通运输基础设施规模不断扩大。现代运输方式主要包括道路运输、铁路运输、水路运输、航空运输和管道运输 5 种。交通运输部《2015 年交通运输行业发展统计公报》显示：

1）基础设施领域

（1）铁路。2015 年末全国铁路营运里程达到 12.1 万公里，比上年末增长 8.2%。其中，高铁营运里程超过 1.9 万公里，西部地区营运里程 4.8 万公里，增长 10.1%。

（2）公路。2015 年末，全国公路总里程 457.73 万公里，比上年末增加 11.34 万公里。公路密度 47.68 公里 / 百平方公里，提高 1.18 公里 / 百平方公里。全国等级公路里程 404.63 万公里，比上年末增加 14.55 万公里。全国高速公路里程 12.35 万公里，比上年末增加 1.16 万公里。其中，国家高速公路 7.96 万公里，比上年末增加 0.65 万公里。全国高速公路车道里程 54.84 万公里,增加 5.28 万公里。全国农村公路（含县道、乡道、村道）里程 398.06 万公里，比上年末增加 9.90 万公里，其中村道 231.31 万公里，比上年末增加 8.85 万公里。

2015 年末全国公路桥梁 77.92 万座、4592.77 万米，比上年末增加 2.20 万座、334.88 万米。全国公路隧道为 14006 处、1268.39 万米，比上年末增加 1602 处、192.72 万米。

（3）水路。2015 年末全国内河航道通航里程 12.70 万公里，比上年末增加

721 公里。2015 年末全国港口拥有生产用码头泊位 31259 个，比上年末减少 446 个。其中，沿海港口生产用码头泊位 5899 个，比上年末增加 65 个；内河港口生产用码头泊位 25360 个，比上年末减少 511 个。

（4）民航。2015 年末共有颁证民用航空机场 210 座，比上年末增加 8 座，其中定期航班通航机场 206 座，定期航班通航城市 204 个。

（5）公路水路交通流量。国家干线公路交通流量方面，全国国道网机动车平均日交通量为 15424 辆，比上年增长 2.5%。全国高速公路日平均交通量为 22334 辆，日平均行驶量为 125766 万公里，年平均交通拥挤度为 0.37，比上年分别增长 2.5%、2.4% 和 2.2%。长江干线交通流量方面，长江干线航道设有 27 个水上交通流量观测断面，全年日平均标准船舶流量的平均值为 647.6 艘次，比上年下降 1.2%。

2）固定资产投资领域

2015 年，全国完成铁路、公路、水运固定资产投资 26659.00 亿元，比上年增长 5.5%，占全社会固定资产投资的 4.7%。其中：

（1）铁路建设方面。全年完成铁路固定资产投资 8238 亿元，投产新线 9531 公里，其中高速铁路 3306 公里。

（2）公路建设方面。全年完成公路建设投资 16513.30 亿元，比上年增长 6.8%。其中，高速公路建设完成投资 7949.97 亿元，比上年增长 1.7%。普通国省道建设完成投资 5336.07 亿元，比上年增长 15.7%。农村公路建设完成投资 3227.27 亿元，比上年增长 6.5%，新改建农村公路 25.28 万公里。

（3）水运建设方面。全年内河及沿海建设完成投资 1457.17 亿元，比上年下降 0.2%。其中，内河建设完成投资 546.54 亿元，比上年上升 7.6%。沿海建设完成投资 910.63 亿元，比上年下降 4.3%。沿海港口新建及改（扩）建码头泊位 130 个，新增吞吐能力 42026 万吨，其中万吨级及以上泊位新增吞吐能力 30381 万吨。

2. 交通运输业存在的问题

交通运输的发展环境与国家的发展大势紧密相连。从总体上来看，在我国经济稳步发展，新型城镇化快速推进的大背景下，交通基础设施总体规模仍然很小，不能满足经济社会发展对交通运输不断增长的需求，主要体现在三个方面：

1）从交通运输适应国民经济发展的需求来看，现有的交通运输体系总量不足。综合交通运输深度融合不够，各种运输方式衔接不畅、效率不高的问题突出。

2）由于我国幅员辽阔，地区间自然条件迥异，经济发展程度不同，中西部地区之间交通运输不平衡，全国 70% 以上的工业和交通运输设施主要集中在占全国面积不到 12% 的东部沿海。

3）交通运输技术和装备水平较差，交通运输业的能耗高、污染严重，不符合可持续发展的要求。

3. 交通运输需 PPP 提速

虽然近年来我国交通运输基建设施取得了长足的进展，但仍无法满足我国快速发展的需求。而在我国地方政府债务风险大[1]、地方财政收支矛盾突出、城镇化快速发展、交通运输投资资金缺口较大的当下，PPP 成为大力建设交通运输基础建设的“加速器”。

1）从 2014 年起，我国开始大力推广 PPP。PPP 成为当下我国经济的一个新热点，从中央到地方，从政府到企业，从国企到民企，几乎都将目光聚焦在 PPP 上。根据国务院办公厅转发的财政部、发改委、人民银行《关于在公共服务领域推广政府和社会资本合作模式的指导意见》（国办发 [2015]42 号），PPP 共包括能源、交通运输、水利建设、生态建设和环境保护、市政工程、片区开发、农业、林业、科技、保障性安居工程、旅游、医疗卫生、养老、教育、文化、体育、社会保障、政府基础设施和其他等 19 个行业。

2）在中央和地方的大力推动下，我国 PPP 项目需求继续增长。财政部 PPP 信息中心显示，截至 2016 年 9 月末，全部入库项目为 10471 个，总投资额 12.46 万亿元，其中已进入执行阶段的项目 946 个，总投资额 1.56 万亿元，规模可观。

[1] 中国社科院估算，地方政府总负债已超过 30 万亿元。国家审计署数据显示，截至 2013 年 6 月，我国地方性政府债务 17.9 万亿元。虽总体可控，但部分地区已经出现偿债风险。地方政府偿还责任债务以市县级为主，市级占 44.5%，县级占 36.4%；省级和乡级比重不高，分别占 16.3% 和 2.8%。从用途看，市政建设占 37.5%、土地收储占 16.7%、交通运输设施建设占 13.8%、保障性住房占 6.8%、教科文卫占 4.8%、农林水利建设占 4.0%、生态建设和环境保护占 3.2%、工业和能源占 1.2%、其他占 12%，前三类较集中，合计占 68%。

截至 2016 年 4 月，财政部 PPP 中心项目库中交通运输行业 PPP 基础投资额达到 4.5 万亿元。很显然，PPP 模式将成为我国交通基础设施建设投融资主导模式。

3）2015 年 2 月，交通运输部下发《交通基础设施政府与社会资本合作等模式试点方案》，方案在总结收费公路吸引社会资本的基本模式和历史经验基础上，在试点省份选择试点项目，遵循收益共享、物有所值、公共利益最大化、合理分担风险等原则，采用适当的合作方式开展政府与社会资本合作试点（附录一）。

2015 年 4 月，财政部，交通运输部联合发布《关于在收费公路领域推广运用政府和社会资本合作模式的实施意见》（财建 [2015]111 号），鼓励收费公路推广 PPP 模式（附录二）。

（二）交通运输 PPP 项目地位显著

在当下我国推广的 PPP 领域中，交通运输 PPP 项目无论是项目个数还是项目投资额都占有一席之地。按照财政部 PPP 中心截至 2016 年 4 月的统计口径，交通运输 PPP 项目投资额达到 4.5 万亿元，占据各大行业之首。从本质上讲，PPP 的重点领域即是"基础设施及公共服务领域"❶，而交通运输则是基础设施和公共服务领域的先导性产业。追根溯源，PPP 模式的雏形最早起源于 17 世纪的英国，而英国的第一例 PPP 项目即是在交通运输领域。❷

2015 年 5 月 22 日，国务院办公厅转发财政部、国家发改委、央行《关于在公共服务领域推广政府和社会资本合作模式的指导意见》。意见提出，鼓励在能源、交通运输、水利、环境保护等公共服务领域，采用政府和社会资本合作模式，吸引社会资本参与，并将推广 PPP 与大众创业、万众创新列为"双引擎"。

从财政部、国家发改委以及地方政府推出的 PPP 项目来看，交通运输 PPP 项目以其项目多、投资规模大而受到各方的广泛关注。推动 PPP 示范项目建设，形成一批可复制、可推广的项目范例，是财政部推进 PPP 工作的主要思路和重要抓手，也对各地推广 PPP 项目形成示范效应，有利于促进 PPP 项目落地。2014 年 12 月，财政部印发了《关于政府和社会资本合作示范项目实施有关问题的通知》，公布了第一批 PPP 示范项目 30 个，总投资规模约 1800 亿元❸，涉及供水、供暖、环保、交通、新能源汽车、地下综合管廊、医疗、体育等多个领域。2015 年 9 月，财政部公布了 206 个项目作为第二批 PPP 示范项目，总投资金额 6589 亿元，项目主要集中在市政、水务、交通等领域。交通领域中，项目主要集中在

❶ 2014 年 9 月，财政部发布《关于推广运用政府和社会资本合作模式有关问题的通知》（财金 [2014]76 号），明确：政府和社会资本合作模式是在基础设施及公共服务领域建立的一种长期合作关系。通常模式是由社会资本承担设计、建设、运营、维护基础设施的大部分工作，并通过"使用者付费"及必要的"政府付费"获得合理投资回报；政府部门负责基础设施及公共服务价格和质量监管，以保证公共利益最大化。

❷ 自 20 世纪 90 年代起，PPP 模式取得长足发展，欧美、日本等地对 PPP 进行了成功探索和实践，在公共管理领域如交通运输、能源、环境和卫生等领域产生了许多成功案例。

❸ 除非有特别说明，本书货币单位"元"均为人民币。

城市轨道和公路。2016 年 10 月，财政部公布 516 个项目作为第三批 PPP 示范项目，计划总投资金额 11708 亿元，项目覆盖了能源、交通运输、水利建设、生态建设和环境保护、市政工程、城镇综合开发、农业、林业、科技、保障性安居工程、旅游、医疗卫生、养老、教育、文化、体育、社会保障和其他共 18 个一级行业。其中，市政工程、交通运输、生态建设和环境保护、城镇综合开发四类行业项目数最多，占比分别为 43%、12%、9%、6%，合计占比达 70%；交通运输、市政工程、城镇综合开发、生态建设和环境保护的投资额最大，占比分别为 43%、27%、10%、7%，合计占比达 87%。进一步研究发现，第三批 PPP 示范项目中交通运输行业对应二级行业项目数量前 6 位分别是高速公路项目 26 个，占比 42%；一级公路项目 16 个，占比 26%；桥梁和其他类项目各 4 个，各占比 6%；铁路项目（不含轨道交通）和港口码头项目各 3 个，各占比 5%。前 6 位项目总数占比 90%。投资总额前 5 位分别是高速公路项目 3689.4 亿元，占比 73%；一级公路项目 501.1 亿元，占比 10%；桥梁项目 370.1 亿元，占比 7%；机场项目 203 亿元，占比 4%；铁路项目（不含轨道交通）126.41 亿元，占比 2%。前 5 位投资总额占比 96%。与第二批示范项目相比，交通运输行业新增项目 42 个，其中高速公路和一级公路两个二级行业新增项目较多，分别为 20 个和 13 个，占新增项目的 78.6%；港口码头、二级公路和隧道类项目均实现“零的突破”，其中，港口码头类项目新增 3 个。从二级行业范围看，第三批示范项目覆盖范围得到进一步拓展。新增投资额 4164 亿元，其中高速公路、一级公路 2 个二级行业新增投资额分别为 3122 亿元、435 亿元，占新增投资额的 85.4%。在财政部第一批、第二批和第三批 PPP 示范项目中，涉及交通运输领域的 PPP 项目见表 1-1 ~ 表 1-3。

财政部第一批 PPP 示范项目名单 **表 1-1**

序号	项目名称	省市	类型	行业领域
1	昆山市现代有轨电车项目	江苏	新建	轨道交通
2	徐州市城市轨道交通 1 号线一期工程项目		存量	轨道交通
3	苏州市轨道交通 1 号线工程项目		存量	轨道交通
4	杭州市地铁 5 号线一期工程、6 号线一期工程项目	浙江	存量	轨道交通
5	杭州—海宁城市轻轨工程项目		存量	轨道交通
6	合肥市轨道交通 2 号线	安徽	存量	轨道交通

续表

序号	项目名称	省市	类型	行业领域
7	胶州湾海底隧道一期项目	山东	存量	交通
8	重庆市轨道交通三号线（含一期工程、二期工程、南延伸段工程）	重庆	存量	轨道交通

财政部第二批 PPP 示范项目名单　　**表 1-2**

省市	序号	项目	领域	总投资（亿元）
北京市	1	兴延高速公路	交通	143.00
	2	北京市轨道交通十六号线	交通	495.00
	3	北京市轨道交通十四号线	交通	445.00
	4	丰台河西有轨电车一期 T1、T2 工程	交通	69.53
河北省	5	承德市克什克腾旗至承德高速公路承德段	交通	274.00
	6	秦皇岛市青龙满族自治县大巫岚—冷口（秦唐界）公路工程	交通	30.62
	7	唐山市滦县赤曹线滦州至青坨营段工程	交通	24.40
	8	秦皇岛市西港搬迁改造工程	交通	404.76
内蒙古自治区	9	赤峰市丹锡高速克什克腾至承德联络线克什克腾（经棚）至乌兰布统（蒙冀界）段	交通	55.89
	10	呼和浩特市轨道交通 1、2 号线一期工程	交通	350.18
江苏省	11	扬州市 611 省道邗江段工程	交通	10.61
浙江省	12	温州机场交通枢纽综合体及公用配套工程和市域铁路机场段	交通	58.58
安徽省	13	安庆市外环北路工程	交通	19.76
	14	宣城市水阳江大道闭合段北段工程	交通	6.06
福建省	15	南平市武夷新区旅游观光轨道交通武夷山东站至武夷山景区线一期工程	交通	25.00
	16	龙岩市海西高速公路网古武线永定至上杭高速公路	交通	55.00
河南省	17	郑州市轨道交通运输 3 号线（一期）	交通	192.32
	18	郑州市有轨电车中原西路线	交通	45.45
	19	郑州市 107 辅道快速化工程	交通	85.12
	20	洛阳市政道桥	交通	12.62
	21	商丘市邢商永地方铁路	交通	27.10
湖南省	22	长沙县城乡公交一体化	交通	15.00
广东省	23	中山市轻型跨坐式单轨首期试验段（中山市城市轨道交通 1 号线）	交通	50.78
	24	肇庆市四会道路改造综合	交通	18.97
广西壮族自治区	25	南宁市轨道交通 4 号线一期	交通	159.00

续表

省市	序号	项目	领域	总投资（亿元）
重庆市	26	曾家岩嘉陵江大桥	交通	32.78
贵州省	27	铜仁市大龙开发区停车场、汽车站	交通	7.99
云南省	28	普洱市景东至文东段高速公路建设	交通	31.03
	29	红河州滇南中心城市群现代有轨电车示范线	交通	69.64
	30	昆明轨道交通 4 号线工程	交通	266.44
	31	昆明轨道交通 5 号线工程	交通	193.40
	32	昆明市昆武高速入城段地面工程	交通	6.04
陕西省	33	安康机场迁建	交通	23.40
	34	铜川市汽车客运综合总站	交通	1.72
甘肃省	35	兰州市城市轨道交通 2 号线一期工程	交通	90.93
	36	兰州新建铁路朱家窑至中川线及配套工程	交通	18.60
	37	陇南市 G316 线长乐至同仁公路两当县杨店（甘陕界）至徽县公路建设	交通	73.20

财政部第三批 PPP 示范项目名单 **表 1-3**

序号	所属省市	项目名称	项目总投资（万元）	一级行业
1	北京市	首都地区环线高速公路（通州—大兴段）引入社会投资项目	1413864	交通运输
2	河北省	河北省太行山等高速公路[项目包（一）+项目包（二）]	8980000	交通运输
3	河北省	河北省承德市首都地区环线高速公路（承德至平谷段）	1475500	交通运输
4	河北省	河北省沧州市南北绕城公路项目	239400	交通运输
5	河北省	河北省沧州市沧州渤海新区黄骅港综合港区防波堤延伸及码头建设项目	252100	交通运输
6	内蒙古自治区	呼和浩特新机场 PPP 项目	2031712	交通运输
7	内蒙古自治区	包头市立体交通综合枢纽及旅游公路项目	42274	交通运输
8	内蒙古自治区	内蒙古自治区赤峰市喀喇沁旗国道 306 线十家满族乡（莫家店）至牛家营子段公路工程	64510	交通运输
9	内蒙古自治区	省道 101 线呼和浩特至尚义出口公路项目	569862	交通运输
10	辽宁省	沈本线响山子至滨河南路改扩建工程	68853	交通运输
11	辽宁省	集本线、小桥线、本宽线新建及改扩建工程	31915	交通运输
12	辽宁省	辽宁省大连市大连湾跨海交通工程	2966931	交通运输
13	吉林省	吉林省集双高速公路（通化—梅河口段）PPP 项目	703900	交通运输

续表

序号	所属省市	项目名称	项目总投资（万元）	一级行业
14	吉林省	国道牙克石至四平公路桑树台至四平段 PPP 项目	127530	交通运输
15	吉林省	长白山旅游轨道交通 PPP 项目	505000	交通运输
16	黑龙江省	鹤大高速佳木斯过境段	209300	交通运输
17	黑龙江省	黑龙江绥化至大庆高速公路	1057306	交通运输
18	江苏省	邳州港搬迁工程 PPP 项目	144917	交通运输
19	江苏省	宿迁市运河宿迁港洋北作业区码头项目	100133	交通运输
20	浙江省	湖州市南浔区申苏浙皖至练杭高速连接线工程 PPP 项目	110000	交通运输
21	浙江省	浙江省台州市杭绍台高速公路（台州段）PPP 项目	863000	交通运输
22	浙江省	浙江省台州市台州湾循环经济产业集聚区路桥桐屿至椒江滨海公路工程（现代大道）PPP 项目	446000	交通运输
23	浙江省	杭州湾地区环线并行线 G92N（杭甬高速复线）宁波段一期工程 PPP 项目	1830000	交通运输
24	安徽省	安徽蚌埠至五河高速公路工程	537000	交通运输
25	安徽省	马鞍山市郑蒲港铁路专用线 PPP 项目	196800	交通运输
26	安徽省	六安市 S366 合六南通道 PPP 项目	433300	交通运输
27	安徽省	安徽省池州市 G318 池州至殷汇段一级公路改建工程	169800	交通运输
28	安徽省	广德县 S215 宜徽公路皖苏省界至广德凤桥段改建工程	150000	交通运输
29	福建省	福建省福州市城区北向第二通道（晋安段）PPP 项目	279700	交通运输
30	福建省	福建省龙岩市厦蓉高速公路龙岩东联络线	580145	交通运输
31	山东省	山东省东营市东营港疏港铁路 PPP 项目	568030	交通运输
32	山东省	山东省日照市奎山综合客运站及配套工程	163386	交通运输
33	河南省	国道 G107 官渡黄河桥大桥	350000	交通运输
34	河南省	河南省开封市 G230 通武线开封至尉氏段改建工程 PPP 项目（开港大道）	194000	交通运输
35	河南省	河南省洛阳市郑州至西峡高速公路尧山至栾川至西峡段（洛阳市境）	737000	交通运输
36	湖北省	武深高速嘉鱼北段 PPP 项目	382800	交通运输
37	湖北省	赤壁长江公路大桥 PPP 项目	299000	交通运输
38	广东省	江门市国省道项目（国道 G325、五邑路等）项目	295500	交通运输
39	广东省	国道 321 线新区富廊至端州前村段城市化改造二期工程（富廊至民乐桥段）	272447	交通运输

续表

序号	所属省市	项目名称	项目总投资（万元）	一级行业
40	广东省	S120 线惠城南旋工业区至紫金交界段改建工程	122676	交通运输
41	广西壮族自治区	南宁新江至崇左扶绥一级公路（南宁段）	208374	交通运输
42	重庆市	龙洲湾隧道工程	367292	交通运输
43	贵州省	贵州省新建地方铁路瓮安至马场坪线工程	499300	交通运输
44	贵州省	贵州省三都至荔波高速公路工程 PPP 项目	906543	交通运输
45	贵州省	贵州省德江至习水高速公路（正安至习水段）工程 PPP 项目	1528179	交通运输
46	贵州省	贵州省铜仁至怀化高速公路（铜仁段）工程 PPP 项目	402196	交通运输
47	云南省	云南省香格里拉至丽江国家高速公路政府和社会资本合作项目	2032000	交通运输
48	云南省	云南省保山至泸水国家高速公路政府和社会资本合作项目	1308000	交通运输
49	云南省	云南省玉溪至临沧国家高速公路政府和社会资本合作项目	3226000	交通运输
50	云南省	云南省华坪至丽江国家高速公路政府和社会资本合作项目	2773500	交通运输
51	云南省	云南省红河州元江至蔓耗高速公路（红河段）	1938300	交通运输
52	云南省	云南省西双版纳傣族自治州景洪至勐海至打洛（口岸）高速公路一期景洪至勐海段	821992	交通运输
53	云南省	云南省怒江州兰坪县 S316 线怒江州六库至兰坪公路青吾甸至兰坪古盐都隧道段 PPP 项目	73799	交通运输
54	陕西省	210 国道川口至耀州城市过境公路完善工程	24266	交通运输
55	陕西省	王益区黄堡黄环旅游公路	17500	交通运输
56	陕西省	延延高速公路连接线一级公路二期工程	101329	交通运输
57	陕西省	绥德至延川、清涧至子长高速公路建设	1266136	交通运输
58	陕西省	韩城市 108 国道禹门口黄河公路大桥项目	85000	交通运输
59	甘肃省	甘肃省武威市民勤（县城）至红沙岗一级公路建设工程	169700	交通运输
60	甘肃省	甘肃省张掖市 G0611 张掖—汶川高速公路张掖至扁都口段	613448	交通运输
61	甘肃省	甘肃省庆阳市南梁至太白高速公路工程项目	534935	交通运输
62	甘肃省	甘肃省庆阳市 G244 线打扮梁（陕甘界）至庆城段公路工程项目	1500400	交通运输
63	宁夏回族自治区	宁夏银川市至百色公路宁东至甜水堡段工程	662600	交通运输

（三）破解交通运输 PPP 落地障碍

1. 我国发展交通运输 PPP 遇到的难题

数据显示，无论是与发达国家还是主要发展中国家[1]相比，我国 PPP 发展水平仍处于起步阶段。在交通运输基础设施领域，我国虽然进行了一些成功的实践，但总体看来仍处于探索阶段，在实践推广中，交通运输 PPP 还存在不少的障碍。

1）法律法规体系不健全

往前追溯，自 20 世纪 90 年代以来，我国在基础设施领域一直在探索 PPP 模式，希望借鉴国际经验促进我国的基础设施和公用事业建设。不过，由于法律法规体系不健全、PPP 制度建设滞后以及 PPP 项目边界模糊，导致社会资本尤其是民间资本积极性不够，观望情绪浓厚，即使是落地的 PPP 项目，也是以国企和外资为主。梳理发现，自 2014 年我国大力推广 PPP 以来，国家部委和地方政府有关 PPP 的政策密集出台，总数达一百多个，但总的来说仍存在三方面的不足：一是法律地位较低，法律效力不高，多数属于“通知”、“意见”等法规和政策层面，至今在法律层面仍没有出台 PPP 法；二是部委发布的法规和政策不一致甚至相冲突；三是部分法规政策规定不具体。正是存在这些不足，让地方在具体操作 PPP 时无所适从。

2）地方政府信用体系保障不完善

相对于供水、供电、供暖等经营性项目而言，交通运输尤其是公路、城市道路、桥梁、城市停车等项目公益性更强，更多的是公益性项目或者准公益性项目，其特点是现金流不稳定、投资回报低，社会资本参与该类项目更多的是依靠政府可行性缺口补贴（如城市停车）或者完全依靠政府付费（如城市道路）。因此，社

[1] 根据世界银行数据，截至 2013 年，中国 PPP 累计规模约为 1278 亿美元，而巴西和印度该数值分别为 2707 亿美元和 3274 亿美元。

会资本的投资风险更多体现在政府信用上。当 PPP 项目建成后，如果地方政府因缺乏承受能力或者因政府换届[1]等不履行 PPP 合同义务，这样便产生信用风险，直接危害到社会资本的切身利益。比如在经济欠发达地区，企业不多、商业交流不广、对外交流较差，因此道路通行车辆大部分为区域内自有车辆，交通量偏低，收费情况不理想，如果政府可行性缺口补贴跟不上，社会资本的投资回报将受到很大影响。事实上，在交通运输 PPP 领域，这样的例子有很多，因政府缺乏契约精神导致 PPP 项目失败。

3）盈利模式单一

交通运输 PPP 项目一个明显的特点是盈利模式较为单一，如铁路、轨道交通、高速公路、城市停车场主要依靠使用者付费，配套的商业措施做得还不够。如在轨道交通领域，除深圳、北京等地成功探索出“轨道交通 + 物业开发”模式外，相当多的轨道交通项目在物业开发上做得还不够。再比如城市停车项目，除部分商业性较强的项目外（主要是围绕停车项目开发的汽车美容、洗车等汽车后市场服务以及配套超市、餐饮等商业项目），大部分仍然依靠收取停车费获取投资回报。因为盈利模式单一，导致社会资本投资回报率较低、回报周期长，所以社会资本参与积极性不够。

2. 解决阻碍交通运输 PPP 落地的障碍

1）从发达国家交通运输 PPP 的实践经验来看，健全的法律法规制度、专业化管理机构是推广交通运输 PPP 的重要条件。

（1）良好的制度体系是 PPP 持续健康发展的根本保障。2015 年 5 月，国务院办公厅转发了财政部、国家发展和改革委员会、中国人民银行联合制定的《关于在公共服务领域推广政府和社会资本合作模式指导意见》。《指导意见》体现了国家对推广 PPP 的宏观思考和总体把握以及对 PPP 发展各方面、各层次、各要素的统筹规划，一定程度上说，这就是推广 PPP 的“全局规划”和顶层设计。《指导意见》的核心要求是以“建章立制”为基础，确保 PPP 健康可持续发展。在

[1] 有调查显示，地方政府换届影响地方政府信用，由于 PPP 全生命周期（PPP 项目长达二三十年）往往跨越几个行政周期，因为地方一把手换届导致 PPP 项目失败的案例是不换届时的两倍。

法律和政策方面，国家颁布了一系列 PPP 适用的规章制度。

（2）政府成立专门的 PPP 推广机构

研究发现，英国政府成立了合作伙伴关系组织，为 PPP 交易提供程序和管理上的技术援助。英国政府还把合作伙伴关系组织与财政部 PPP 政策小组合并创立“英国基础设施投资局”，为中央政府部委以及其他公共实体提供各领域 PPP 的技术援助；澳大利亚创立全国层次的 PPP 单位，负责全国各级政府基础设施建设需求和政策；美国已有多个州建立了 PPP 单位，主要功能是制定政策和业务咨询，促进美国 PPP 的发展；此外，欧盟整合欧洲投资银行、欧盟委员会以及欧盟成员国和候选国的力量成立了欧洲 PPP 专家中心，中心汇集了欧洲 PPP 领域的高级专家，为欧盟公共部门运用 PPP 提供技术援助。英国、澳大利亚、新西兰等 PPP 发展较为成熟的国家，均由财政部门牵头负责 PPP 项目管理。

在我国，财政部是 PPP 模式的积极推动者。作为落实“允许社会资本通过特许经营方式参与城市基础设施投资和运营”改革措施的第一责任人，2014 年 5 月，财政部成立 PPP 工作领导小组，成员单位包括金融司、经建司、条法司、预算司、国合司、国库司和 PPP 中心。国家财政部 PPP 中心主要承担 PPP 工作的政策研究、咨询培训、信息统计和国际交流等职责。截至 2016 年 10 月，财政部 PPP 信息中心已经发布了三批 PPP 示范项目，以加快 PPP 的推广。

（3）专业化机构和人才是 PPP 发展的支撑

发达国家非常重视 PPP 的研究，重视 PPP 专业机构的建立和 PPP 人才队伍的建设。事实上，发达国家有着丰富的 PPP 研究成果和一大批有影响的智库机构和学者。如日本有 PPP 推进委员会、东洋大学 PPP 研究中心、亚洲 PPP 政策研究会等专业化的机构，这些机构为政府提供政策建议。

我国 PPP 的发展还处于起步阶段，还缺乏 PPP 方面的专业机构和专业人才，因此急需发展专业化的 PPP 咨询机构以促进 PPP 在我国的大力发展。在整个 PPP 项目全生命周期中，PPP 咨询机构都起着极其重要的作用：PPP 咨询机构从投资、财务、技术、法律等方面对项目进行综合评估，帮助政府和社会资本规避各类风险，保障项目建设和运维的平稳等。近年来，我国各类 PPP 咨询机构纷纷成立。此外，在大力推广 PPP 模式的当下，部分政府还通过建立 PPP 咨询服

务机构库以促进 PPP 项目的落地[1]。

在加强 PPP 专业人才的培养方面，重点是针对工程技术咨询、法律事务、金融服务、财务会计和专业管理方面的人才培养。国务院办公厅转发的财政部、国家发展和改革委员会、中国人民银行《关于在公共服务领域推广政府和社会资本合作模式指导意见的通知》（国办发 [2015]42 号）指出，要大力培养专业人才，加快形成政府部门、高校、企业、专业咨询机构联合培养人才的机制。鼓励各类市场主体加大人才培训力度，开展业务人员培训，建设一支高素质的专业人才队伍。鼓励有条件的地方政府统筹内部机构改革需要，进一步整合专门力量，承担政府和社会资本合作模式推广职责，提高专业水平和能力。

2）大力提高政府决策部门专业化水平

在传统的以政府为主导的投资、建设模式下，政府部门在交通运输领域积累了丰富的 EPC、BT 等方面的经验。不过，实践发现，面对 PPP 模式（主要包括 BOT、ROT、DBFOT、TOT 等多种模式，且各种模式操作方式不一）这种技术性和专业性都非常强的模式，作为当下 PPP 模式下重要的主角之一，我国各级地方政府还缺乏专业的实践经验和专业的人才队伍，同时缺乏可资借鉴的成功案例[2]。可以说，在 PPP 能力建设上部分地方政府存在不足，在 PPP 发展进程上还属于“摸着石头过河”的探索阶段。

实际上，PPP 模式的运作有投资、融资、建设、运营、维护、移交等多个环节领域，涉及复杂的法律、技术、金融、财务和管理等方面的知识，尤其是交通运输领域更是复杂，由于项目投资额大（如铁路 PPP 项目均以百亿计）、涉及的参与主体多（政府、社会资本投资者、建筑施工企业、原材料供应商以及沿线群众等）、路况复杂（尤其是山区路况复杂，修建难度大、工程技术要求高）等，因此，只有具备专业化的水平，才能运作好 PPP 项目和处理 PPP 项目中遇到的各种具体问题和风险，从而克服其中的困难和障碍。具体而言，在国家及交通行业大力

[1] 以浙江省为例，为有效发挥第三方专业机构的作用，推动 PPP 项目科学、规范、高效运作，浙江省财政厅根据各地需求和工作实际，建立 PPP 咨询服务机构库。经向社会公开征集，并经评审和公示，41 家咨询服务机构入选浙江省 2015—2016 年度 PPP 咨询服务机构库。

[2] 不仅如此，部门地方政府负责人对 PPP 还缺乏科学、专业的理解，认为 PPP 不过是一种融资方式的转变，只是将“政府融资变成社会资本融资”和“短债（政府 3 ~ 5 年还项目贷款）变成长债（政府在长达二三十年的时间里向社会资本购买服务）”，因此还没有认识到 PPP 在提高项目的建设和运营效率、转变政府职能等方面的重要作用，因此在实践操作 PPP 的过程中专业性自然不够。

推行 PPP 的背景下，地方政府主管部门要加强对 PPP 法规政策文件的学习与理解、熟悉 PPP 项目操作流程和注意事项、提高与社会资本洽谈的能力水平，同时还要借鉴 PPP 项目成功的经验作为实际工作的参考指导。

3）合理分配风险

交通运输 PPP 项目具有投资规模大、工程建设技术复杂、回报周期长、受使用者影响较大的特点，因此合理的风险分配是吸引社会资本介入交通运输 PPP 项目的重要条件。根据国家发改委《关于开展政府和社会资本合作的指导意见》（发改投资 [2014]2724 号），要合理设计、构建有效的风险分担机制。按照风险收益对等原则，在政府和社会资本间合理分配项目风险。原则上，项目的建设、运营风险由社会资本承担，法律、政策调整风险由政府承担，自然灾害等不可抗力风险由双方共同承担。对交通运输行业的 PPP 项目而言，要重点考虑全国性或普遍性政策变化所带来的项目风险（比如燃油价格上涨导致交通量减少），还要考虑当地交通布局和交通管理发生变化、增减收费站和收费标准对项目收益产生的影响。这些因素需要政府和社会资本作好预测，在 PPP 项目合同中合理分配风险。

4）简化行政审批手续

行政主管部门简政放权，简化交通运输 PPP 项目的行政审批，将进一步鼓励社会资本进入交通运输领域，有利于促进投资增长。2015 年以来国家在建设用地、环评审批方面下放审批权限，简政放权等改革举措将进一步激发市场活力。

以高速公路为例。高速公路建设涉及管理部门较多，报建审批周期较长。通常情况下，一条高速公路从规划到开始建设少则 2 ~ 3 年，多则 4 ~ 5 年，而建设期不过 4 年左右。正是因为审批周期长，增加了社会资本的投资成本。2015 年 12 月，国务院常务会议决定精简优化高速公路审批，取消和下放部分审批等手续，精简高速公路审批前置要件等。2016 年 8 月，国家发改委下发《关于国家高速公路网新建政府和社会资本合作项目批复方式的通知》（发改办基础 [2016]1818 号），对于政府采用投资补助方式参与的国家高速公路网新建 PPP 项目按照核准制管理。政府采用资本金注入方式参与的国家高速公路网新建 PPP 项目仍按照审批制管理，直接报批可行性研究报告。

再以城市停车场为例。2015 年 8 月，国家发改委、财政部、国土资源部、

住房和城乡建设部、交通运输部、公安部、银监会等部门发布《关于加强城市停车设施建设的指导意见》(发改基础[2015]1788号，以下简称《指导意见》),《指导意见》指出要简化审批程序，各城市相关部门要深化行政审批制度改革、简政放权、转变职能、主动服务，简化投资建设、经营手续办理程序，提高工作效率，按照规定办理时限和程序完成项目业主或投资主体提出的停车设施建设项目的审批（或核准）；对于小型或利用自有土地建设的停车场，鼓励实行备案制。各地最大限度地减免停车设施建设运营过程中涉及的行政事业性收费。2016年8月，住房和城乡建设部、国土资源部下发《关于进一步完善城市停车场规划建设及用地政策的通知》(以下简称《通知》),《通知》指出简化停车场建设规划审批。在满足结构、消防安全等条件下，既有其他功能建筑改建为停车场的，可简化规划审批流程。临时公共停车设施（含平面及机械设备安装类）由城市政府建设和规划等相关部门通过联席会议（或相关综合协调制度）进行审定，不需要办理相关审批手续。机械停车设备应当按相关规定进行验收。

二 高速公路PPP模式

高速公路采取PPP模式具有其现实必要性和独特的优势：高速公路工程量大、投资规模大、技术复杂、管理严格。高速公路采取PPP模式引进优质社会资本，既可以极大降低地方政府债务风险，还可以提高项目建设和运营效率并规避各类风险，有效提高公共服务产品的供给效率和质量。

（一）我国高速公路 PPP 简述

高速公路[1]属于高等级公路，追溯高速公路的历史，自 20 世纪 30 年代开始高速公路在西方一些国家修建。20 世纪 60 年代以来，世界上各个国家开始大力建设高速公路。相比较而言，我国高速公路的建设历史则比西方晚了近半个世纪时间。

1. 我国高速公路概况

随着我国改革开放逐步深入，国民经济快速发展，公路客、货运输量急剧增加，长期以来基础设施建设不足的矛盾充分暴露，表现在主要公路交通拥挤、行车缓慢、事故频发等，制约了我国经济社会的快速发展。借鉴发达国家的成功经验，建设高速公路解决交通状况紧张、促进国民经济快速发展成为必然的选择。

资料显示，1988 年 10 月 31 日，我国第一条高速公路沪嘉高速公路[2]建成通车。此后，伴随着我国经济社会的快速发展，我国高速公路建设进入发展的快车道：1992 年，交通部制定“五纵七横”国道主干线规划，计划建设一个省际高速公路体系，包括 12 条关键性的交通走廊五纵七横线（5 条南北走向，7 条东西走向），为我国高速公路持续、快速、健康发展奠定了基础；2002 年底，我国高速公路通车里程突破 2.5 万公里，位居世界第二位；2005 年，交通部公布新的“国家高速公路网规划”即 7918 网（指中华人民共和国国家高速公路网工程，采用

[1] 根据交通部《公路工程技术标准》规定，高速公路指“能适应年平均昼夜小客车交通量为 25000 辆以上、专供汽车分道高速行驶、并全部控制出入的公路”。一般来说，高速公路应符合下列 4 个条件：一是只供汽车高速行驶；二是设有多车道、中央分隔带，将往返交通完全隔开；三是设有立体交叉口；四是全线封闭，出入口控制，只准汽车在规定的一些立体交叉口进出公路。

[2] “沪嘉高速公路”是中国大陆第一条全线通车的高速公路。沪嘉高速公路于 1984 年 12 月 21 日开始建造，1988 年 10 月 31 日通车。沪嘉高速公路的上海市高速公路编号是“上海高速 - A12”；中国国家高速公路的编号是“沪高速 - S5”。“沪嘉高速公路”的南部端点是上海市宝山区的真北路汶水路口，北部端点是上海市嘉定区的博乐南路嘉戬公路口，全长 16 千米。高速公路车道宽度 55 米，设计时速每小时 120 千米。

放射线与纵横网格相结合布局方案，由 7 条首都放射线、9 条南北纵线和 18 条东西横线组成，简称为“7918”网，总规模约 8.5 万公里，其中主线 6.8 万公里，地区环线、联络线等其他路线约 1.7 万公里）。

前瞻产业研究院《2016—2021 年中国高速公路行业市场前瞻与投资战略规划分析报告》显示，2014 年底，全国高速公路里程共 11.19 万公里（图 2-1），其中华北地区、东北地区、华东地区、华中地区、华南地区、西南地区、西北地区分别为 17004 公里、10691 公里、26454 公里、16358 公里、10657 公里、15254 公里、15495 公里，全国各地公路里程分布较为均匀，其中华东地区高速公路里程占比最大，为 23.57%，华北地区次之，占比 15.15%。

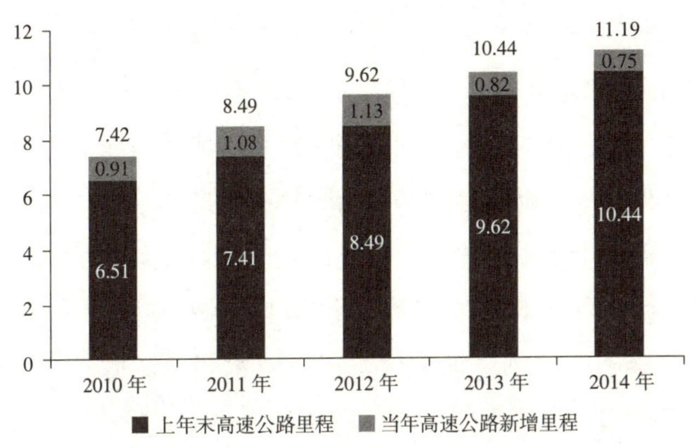

图 2-1　2010—2014 年全国高速公路里程（单位：万公里）

交通部发布的统计公报显示，截至 2015 年年底，我国高速公路总里程已经达到 11.7 万公里，位居世界第一。

2. 高速公路 PPP 成现实选择

1）政府主导高速公路遇到挑战

（1）经济增长放缓。近几年，我国经济增长呈现回落态势，拉动经济增长的“三驾马车”投资、消费和出口均不同程度放缓。以基础设施投资为例，地方政府一直是基建投资的主力军，过去由地方政府主导的基建投资为我国经济增长曾发挥了引擎作用，但目前正逐步减弱。作为一项重要的基础设施，近年来我国高速公路建设突飞猛进，为国民经济发展作出了重要的贡献。研究显示，传统上我国高速公路的投资主体以政府为主导，在融资方面，主要是通过银行贷款、债券等方式。然而，高速公路具有投资额大、回报周期长的特点，巨额的投资单靠政府既不现实也不具有持续性（我国高速公路总里程虽然高达 11.7 万公里且位居世界第一，但收费公路总体情况仍然是收不抵支。而大量发行的国债又加大政府的债务风险[1]和偿债压力）。

（2）地方政府融资受限。2014 年 10 月 2 日，国务院发布了《国务院关于加强地方政府性债务管理的意见》（简称“43 号文”），明确指出首要目标为治理政府性债务。“43 号文”对地方债务开启了严监管模式，使地方政府融资能力大幅受限，城投债风光不再。

2）高速公路建设选择 PPP 模式

（1）积极引入社会资本进入高速公路建设领域成为重要的解决之道。

一边是大力发展基础设施建设和社会公用事业的需求，一边是我国经济发展进入新常态的现实，引进社会资本以 PPP 模式[2]参与基础设施建设和社会公用事业成为现实的选择。现代 PPP 模式诞生于 20 世纪 90 年代的英国，随后在美国、加拿大等西方主要国家得到广泛响应，很多国家和地区成立专门机构推动 PPP 并进行了成功的实践。近年来我国才从政策层面提出 PPP 概念，自 2014 年才开始大力从中央到地方大力推广 PPP。2014 年 9 月，财政部发布《关于推广运用政府和社会资本合作模式有关问题的通知》，明确政府和社会资本合作模式是在基础设施及公共服务领域建立的一种长期合作关系。由社会资本承担设计、建设、运营、维护基础设施的大部分工作，并通过“使用者付费”及必要的“政府付费”获得合理投资回报；政府部门负责基础设施及公共服务价格和质量监管，以保证公共利益最大化。2015 年全国两会，“PPP”模式和“互联网 +”同时被提

[1] 中国社科院估算，地方政府总负债已超过 30 万亿元。对于高达 30 万亿的地方债规模，仅 2015 年到期的地方债规模就有 2.9 万亿元。

[2] PPP 是英文 Public-Private-Partnership 的简称，即公私合作模式。从各国和国际组织对 PPP 的理解看，PPP 有广义和狭义之分。广义 PPP 是政府与私人组织之间为合作建设城市基础设施或为提供某种公共物品和服务，以特许权协议为基础，彼此之间形成的一种伙伴式的合作关系。而狭义的 PPP 可以理解为一系列项目融资模式的总称，包含 BOT、TOT、BOO 等多种模式。

升到国家战略高度。在中央和各地政府的大力推广下，我国 PPP 发展呈现速度快、力度大、范围广的特点，而 PPP 的应用领域也从早期的高速公路等基础设施领域迅速向污水处理、垃圾处理等市政建设领域拓展，目前应用到环保、能源、水利、医疗、养老、文化、旅游等 19 个行业。

（2）高速公路 PPP 项目在交通运输 PPP 领域占有重要地位

作为最早采取 PPP 模式引进社会资本的领域之一，我国在探索和实践高速公路 PPP 模式方面取得了长足的进步，多个高速公路 PPP 项目成功落地，为其他行业采取 PPP 模式起到了示范作用。以财政部第三批 PPP 示范项目为例。第三批示范项目覆盖了能源、交通运输、水利建设、生态建设和环境保护、市政工程、城镇综合开发、农业、林业、科技、保障性安居工程、旅游、医疗卫生、养老、教育、文化、体育、社会保障等行业。其中，交通运输类项目共计 62 个（项目数量在所有示范项目中占比为 12%，排名第二），投资总额 5065.9 亿元（在所有示范项目中占比为 43.3%，排名第一，比第二名市政工程高出 16 个百分点）。进一步研究发现，对应二级行业项目数量前 5 位中，高速公路项目以 26 个占据第一，占比 42%；投资总额高速公路项目以 3689.4 亿同样位居榜首，占比 73%。此外，与第二批示范项目相比，新增项目 42 个，其中高速公路和一级公路两个二级行业新增项目较多，分别为 20 个和 13 个，占新增项目的 78.6%。

（3）高速公路采取 PPP 模式的优点

①与其他行业 PPP 项目相比，高速公路 PPP 项目具有十分独特的优势，主要表现在垄断性和排他性上。由于高速公路工程量大、投资规模大、涉及大量的拆迁、环境保护和社会稳定，因此某个区域范围内不可能像建设城市道路和一般公路那样纵横密布，退一步讲根据社会经济发展情况也不需要一哄而上在某个区域建很多条高速公路。高速公路建成后，可以利用其快速、便捷的优势收取车辆通行费、沿线广告费以及高速公路服务区的经营性收入，再加上有政府的可行性缺口补贴、税收优惠，因此有利于吸引社会资本积极介入。

②在传统的高速公路投资模式下，政府并不具备技术、管理方面的优势。而在 PPP 模式下，社会资本具有资金、技术和管理方面的优势，因此，可以提高建设和运营效率、降低工程造价和规避各类风险。事实上，为了降低投融资风险、综合投资回报期限，社会资本有充分的动力和积极性节约建设资金和运营成本。

调查显示，与传统的投融资模式相比，在保证工期和质量的前提下，PPP 项目可以节约 17% 左右的费用。

③高速公路采取 PPP 模式，在大大降低地方政府债务风险、缓解地方政府财政压力的同时，还推动了政府职能的转变。在 PPP 模式下，社会资本方的主要职责是投资、融资、建设、运营和维护，而政府方的角色由过去的“投资者”转变为“监督者”，主要负责高速公路的工程建设质量和运营服务水平。正是这种科学的安排，可以让专业的人做专业的事，这对加快政府职能转变，有效提高公共服务产品的供给效率和质量具有重要作用。

2015 年 5 月 22 日，国务院办公厅转发财政部、国家发改委、央行《关于在公共服务领域推广政府和社会资本合作模式的指导意见》(国办发 [2015]42 号，以下简称《指导意见》)，指出在公共服务领域推广政府和社会资本合作模式，是转变政府职能、激发市场活力、打造经济新增长点的重要改革举措。《指导意见》同时指出了实施 PPP 的重大意义之一便是有利于加快转变政府职能，实现政企分开、政事分开。作为社会资本的境内外企业、社会组织和中介机构承担公共服务涉及的设计、建设、投资、融资、运营和维护等责任，政府作为监督者和合作者，减少对微观事务的直接参与，加强发展战略制定、社会管理、市场监管、绩效考核等职责，有助于解决政府职能错位、越位和缺位的问题，深化投融资体制改革，推进国家治理体系和治理能力现代化。

（二）高速公路各种操作模式比较

自 20 世纪 80 年代开始，我国高速公路从无到有，短短的三十多年时间里高速公路里程位居世界第一。我国高速公路的飞速发展，与我国一系列高速公路建设支持政策、各种行之有效的操作模式密切相关。我国高速公路建设传统以政府为主导，主要融资方式为银行信贷、债券等，这类模式为我国高速公路建设作出过重要贡献。不过，随着我国经济缓增长、政府财政收支矛盾突出，再加此前投融资渠道单一（高速公路是国家重点的基础设施，我国一直提倡“投资主体多元化，投资渠道多元化和筹资方式多样化”，然而，长期以来，我国在高速公路建设过程中，政府部门一直充当着投资主体和管理主体的双重角色，造成政府财政压力过大、建设资金严重短缺的问题），引进各类社会资本以 PPP 模式介入高速公路建设并拉动经济增长成为重要的选择。研究发现，PPP 模式下我国高速公路操作方式主要有以下几类：

1. BOT 模式下的高速公路项目

1）BOT（Build-Operate-Transfer）

BOT 即建设 - 经营 - 转让，BOT 是指政府就某个 PPP 项目与社会资本签订特许权协议，授予社会资本承担该项目的投资、融资、建设、运营和维护的权利和义务，在特许期限内社会资本对项目进行投资、建设、运营和维护并获取合理回报。特许期满后社会资本将该项目无偿移交给政府部门或者政府指定的其他机构。通常情况下，一个 BOT 项目的操作流程如下：政府部门确立 BOT 项目（或者项目由社会资本发起）—向社会招投标—社会资本投标—中标—政府与社会资本签订 BOT 合同—社会资本成立项目公司（或有）—社会资本对项目融资—项目建设—项目经营管理—特许经营期结束后项目移交。

BOT 具有较多优点：一是可以减少政府直接投资、减轻政府的财政负担；二

是有利于发挥社会资本的资金、技术、工程管理经验优势，提高项目的建设
营效益；三是使一些本来急需建设但政府因为财力有限无力投资的基建项目
社会资本的力量提前建成发挥作用，从而满足社会公众的需要；四是带动
业、刺激经济增长，有利于与 BOT 项目相关的上下游行业加入项目建设、
五是可以分散风险，社会资本把整个项目分成设计、工程建设等多个子项
这些子公司分包给不同的主体，从而分散整个项目风险[1]。不过，BOT 项
在一些不足，主要表现在谈判成本高、时间长[2]、前期工作复杂且风险大（
示，由于项目前期风险高，高速公路 BOT 模式受阻程度明显，从而抑制
高速公路 BOT 项目的推进）、合作流程长[3]，而且项目涉及金融、法律
技术、管理等各种行业，需要政府和社会资本各方投入大量的人力和物力

2）高速公路 BOT 项目

研究发现，当下我国操作的高速公路 PPP 项目，绝大多数以 BOT 模
见案例【2-1】。

【2-1】京津冀一体化快速推进，北京市新建第二机场、2019 年延
园会和 2022 年世界冬奥会即将召开……北京新建高速公路里程将超过
公里。作为 2019 年延庆世园会重要的配套交通基础设施之一，兴延高速
工程投资规模大（项目总投资约 143 亿元，单公里造价达 3.4 亿元）、施
度大（路线全长约 43 公里，桥隧比超过 70%）、施工工期紧张（理论工
40 个月）。如果按传统的“政府资本金 + 债务性融资”的融资方式，北
政府当期财政资金负担过重。兴延高速公路最终确定采用 PPP 模式与社
本合作进行投资、建设及运营管理，兴延高速公路也是北京市乃至全国
公开招标确定社会投资人的第一条高速公路 PPP 项目。

[1] 资料显示，我国第一个 BOT 基础设施项目是 20 世纪 80 年代由香港合和实业公司和中国发展投资公司等作为承包商在深圳建设的沙头角 B 电厂。随着 PPP 模式在我国的大力推广，交通运输、能源、市政工程、生态治理和环境保护、水利建设等领域的一大批 BOT 项目应运而生。

[2] 通常情况下，一个 PPP 项目从开始立项到准备，需要 6 个月或者一年。截至 2016 年 6 月 30 日，财政部两批示范项目 232 个（第一批 30 个，后剔除 4 个，第二批 206 个），总投资额 8025 亿元，其中执行阶段项目 105 个，总投资额 3078 亿元。基于已录入的项目信息，对 53 个示范项目分析表明，平均落地周期为 13.5 个月。

[3] 按照财政部 2014 年 12 月下发的《关于印发政府和社会资本合作模式操作指南（试行）的通知》（财金[2014]113 号），规范政府和社会资本合作模式（PPP）项目识别、准备、采购、执行、移交各环节的操作流程。

兴延高速PPP项目主要合作内容为：北京市政府授权市交通委作为实施机关，市交通委通过公开招标选择社会投资人。首发集团作为政府出资人代表与社会投资人共同成立项目公司（首发集团不参与分红）。北京市交通委通过PPP合同授权项目公司投资、建设及运营管理兴延高速公路，期限届满移交政府。项目特许经营期内的特许经营权包括高速公路收费权、沿线广告牌以及加油站经营权。兴延高速PPP项目是北京市转变政府职能、积极吸引社会资金方面作出的大胆探索尝试，项目降低了政府当期资金投入压力、有效控制了政府的债务风险、提高了项目的建设和运营效率，还营造了平等的投资环境。

2. TOT模式下的高速公路项目

1）TOT（Transfer-Operate-Transfer）

TOT即转让-经营-转让，TOT模式是一种政府部门通过出售现有资产以获得增量资金进行新建项目融资的一种方式。前些年由于大力进行基建项目投资，地方政府面临巨大偿债压力。通过这种模式，政府盘活了资产，以存量换增量，在缓解偿债压力的同时还可以获得新的投资建设资金，进行新的投资，可谓一举多得。需要指出的是，由于TOT模式下没有BOT模式中B(Build即建设)的过程，对社会资本而言，其不参与TOT项目建设过程，从而了降低项目准备阶段和建设阶段的风险。

具体来说，TOT模式下，社会资本首先购买地方政府已有某项资产（通常为已建成）的全部（部分）产权（经营权），然后对项目进行经营管理。社会资本在特许经营期内通过对项目经营收回全部投资并取得合理回报，待特许经营期结束后再将项目产权（经营权）无偿移交给政府或者政府指定的其他机构。资料显示，安徽省合肥王小郢污水处理厂是我国第一个试水污水TOT模式的PPP项目。

2）高速公路TOT项目

研究发现，与高速公路BOT项目相比，高速公路TOT项目目前所占的比例并不高。目前，部分地方政府正积极推进高速公路 TOT 项目。

3.“BOT+EPC”模式下的高速公路项目

BOT+EPC 模式，即政府与社会资本合作，授予其在特许经营期内进行投资、建设、运营管理的权利。同时，在项目的建设过程中，社会资本采用 EPC（即设计、采购和施工一体化，也就是总承包模式）的模式施工。待特许期限结束后，社会资本将该项目移交给政府或者政府指定的机构。具体来说，“BOT+EPC”模式融合了 BOT 模式和 EPC 模式两种模式的优势：一是发挥了社会资本的资金优势；二是发挥了社会资本的技术和管理优势，大大节约了设计、建设和施工的协调时间和成本；三是高速公路通常投资规模大、建设难度大，风险相对也大，这种模式可以发挥社会资本积极性，从而降低建设和运营成本，提高建设质量[1]，避免“豆腐渣”工程。“BOT+EPC”模式在国外已有上百年的历史，目前在我国交通运输、水利等领域已有成功的运用。

[1] 从未来高速公路项目运营和收益的角度考虑，如果工程质量高，就可以减少后期的养护成本，缩短大中修的周期，增加净现金流的产生能力。

（三）高速公路 PPP 项目风险分析与防控

高速公路 PPP 项目以其投资规模大、技术难度高、盈利性不大、回报周期长等特点受到各类投资主体的高度关注：与传统的由政府主导的建设模式相比，高速公路 PPP 包括运营期的风险，受到车流量、政府支付信用、汇率、税收等多重风险的影响，且其风险贯穿 PPP 项目的全生命周期[1]。此外，政府主导的高速公路项目通常关注建设期风险，而高速公路 PPP 项目不仅关注建设期风险，还包括长达 20 ~ 30 年的运营期风险，其风险范围覆盖了项目的洽谈、立项、融资、设计、建设、运营、养护、维修、移交等各个环节，且各个环节风险均不一样。

1. 高速公路 PPP 项目的风险类型

（1）法律政策变更风险。所谓 PPP 项目法律政策变更风险，主要是指由于国家和地方颁布、修订、重新诠释法律政策而导致 PPP 项目的合法性以及社会资本的投资回报等重要因素发生重大变化，导致项目不能正常建设或运营，甚至直接导致项目失败，从而给 PPP 项目本身和社会资本带来巨大损失。在实践操作中，由于法律政策变更而导致项目失败的例子很多，业内比较知名的案例如长春汇津污水处理厂法律纠纷[2]。就高速公路 PPP 项目而言，其受国家法律政策变化的影响较大。如果国家和地方颁布、修订、重新诠释法律或者政策，可能会对高速公路 PPP 项目社会资本产生不利影响。有分析称，为体现公路的公益性，有些国家对高速公路社会资本的投资回报率或最高费率作出限制。这方面我国还未出台政策。

[1] 全生命周期（Whole Life Cycle），是指项目从设计、融资、建造、运营、维护至终止移交的完整周期。

[2] 1999 年，长春市人民政府对该市污水处理项目进行招商。2000 年，香港汇津中国污水处理有限公司投资 3200 万美元建成国内首个外商直接投资的城市污水处理项目。为此，长春市人民政府还颁发《长春汇津污水处理专营管理办法》，规定长春市政府授权排水公司与汇津公司订立合作合同。不过，在项目运行两年后，2003 年长春市政府发文废止了上述《长春汇津污水处理专营管理办法》，导致项目无法继续运营。

（2）金融风险。所谓 PPP 项目金融风险，是指对包括项目融资、利率变动、通货膨胀和汇率变动（高速公路投资规模大，往往需要借用国际资本的力量）风险。概括来说，高速公路 PPP 项目工程规模大，投入资金多，动辄几十亿甚至上百亿，尤其是路线长、隧道和桥梁多、地质条件复杂的高速公路投资规模更大。社会资本利用自有资金完成几十亿上百亿的高速公路 PPP 项目并不现实，需要向国内外银行等金融机构融资。如果融资受阻，将直接影响项目的成败。此外，为规避利率风险，对 PPP 项目银行一般会以某种浮动利率作为基数，加上一个利差作为项目的贷款利率。而汇率变动、通货膨胀都将直接影响项目的建设和运营成本，进而影响项目的偿债能力和实际收益。

（3）信用风险。对于社会资本而言，政府信用是其最为关心的问题之一。实践中，有部分地方政府为快速推进 PPP 项目，在短期利益驱使下，承诺过高回报率和过高收费标准与社会资本签订脱离实际的特许经营协议。当 PPP 项目建成后，政府因缺乏承受能力从而产生信用风险，直接危害社会资本的利益。此外，社会资本还担心未来地方政府换届对政府应承担的 PPP 项目义务推诿导致自身权益受损[1]。

研究发现，由于高速公路属于准公益性项目，政府对于社会资本的投资回报往往采取“使用者付费 + 政府可行性缺口补贴”的模式，因此，社会资本对政府的支付信用也十分谨慎。

（4）建设风险。建设风险主要指在项目建设和运营中出现成本超支、项目质量不达标甚至停工的风险。高速公路建设技术难度大、地质条件复杂，如果设计单位设计深度不够、承包商投入不足、工程质量不达标等，都将导致项目进度延误，导致社会资本投资受损。

（5）收益不足风险。主要是指 PPP 项目运营后收益不能满足社会资本收回投资或达到预定收益。高速公路 PPP 项目收益不足风险主要受交通流量大小、

[1] 2015 年 4 月，财政部发布《政府和社会资本合作项目财政承受能力论证指引》，旨在规范 PPP 项目财政支出管理，防控财政风险，有利于保障优质 PPP 项目的财政支付。《指引》称，通过论证采用 PPP 模式的项目，各级财政部门应当在编制年度预算和中期财政规划时，将项目财政支出责任纳入预算统筹安排。其中，地方政府每年全部 PPP 项目从预算中安排的支出责任，占一般公共预算支出比例不应超过 10%，各地可根据实际情况制定具体比例。2015 年 6 月，财政部金融司发布《关于进一步做好政府和社会资本合作项目示范工作的通知》，其中明确规定，严禁通过保底承诺、回购安排、明股实债等方式进行变相融资，将项目包装成 PPP 项目。

经济发展情况以及市场需求预测影响。

（6）公众反对风险。主要是指由于征地、环境污染等原因导致公众利益得不到保护或受损，从而引起公众反对项目建设所造成的风险。对高速公路 PPP 项目而言，主要表现在对征地、移民、生态环境的影响。如征地对以粮食种植为主要收入的家庭来说影响深远，赖以生存的土地被征用将直接导致地区农民失去经济来源、丧失家园、被边缘化、食物没有保障等。此外，高速公路建设施工期产生大量粉尘、烟雾、灰粉等污染，机械化施工、挖方、取土、弃土而造成土地（农田）水土流失、植被破坏，还有大量的固体废弃物污染，从而威胁沿线居民及各种生物的生存环境，产生严重的生态环境风险。

（7）不可抗力风险。不可抗力是指不能预见、不能避免并不能克服的客观情况。不可抗力在我国《合同法》中有明确规定。《合同法》第一百一十七条规定，因不可抗力不能履行合同的，根据不可抗力的影响，部分或者全部免除责任，但法律另有规定的除外。当事人迟延履行后发生不可抗力的，不能免除责任。法律中对不可抗力的规定，具体来说包括：①自然灾害。这类不可抗力事件是由自然原因引起的，如水灾、旱灾、火灾、风灾、地震等。②社会事件。实践中，PPP 项目合作有许多因不可抗力因素而导致合作失败的案例。鉴于高速公路工程建设的复杂性，恶劣的自然灾害如地震、滑坡、泥石流等不可抗力事件都会给项目带来损失。

2. 高速公路 PPP 项目的风险防控

综上所述，高速公路 PPP 项目是一个复杂的系统工程，项目本身涉及金融、财务、技术、管理、环境等多个方面，受到众多复杂因素的影响。进一步而言，任何一个小的因素或疏忽都可能导致项目最终功亏一篑。不仅如此，各个影响项目的风险因素之间相互作用，这对社会资本提出了更大的挑战。因此，为了项目在长达几十年的时间里顺利进行，采用综合性的风险防范措施显得十分必要。

（1）项目风险合理分担

在 PPP 模式下，项目的风险分担问题无论是对政府还是对社会资本而言都是十分看中的。PPP 模式下的风险承担与传统由政府主导的投资模式下的风险承担具有很大的不同，如传统的项目融资风险在政府方，而 PPP 模式下的项目融资风险则转移到社会资本方。可以说，PPP 模式下风险贯穿项目的整个全生命周期，不同的风险分担关系到不同主体的切身利益。对高速公路 PPP 项目而言，其具有投资规模大、回报周期长、建设管理复杂、不确定性因素较多等特点。因此，科学的风险分担关系到社会资本的投资积极性，也关系到整个项目的顺利推进。

财政部《关于印发政府和社会资本合作模式操作指南（试行）的通知》（财金 [2014]113 号）规定了风险分配基本框架。按照风险分配优化、风险收益对等和风险可控等原则，综合考虑政府风险管理能力、项目回报机制和市场风险管理能力等要素，在政府和社会资本间合理分配项目风险。原则上，项目设计、建造、财务和运营维护等商业风险由社会资本承担，法律、政策和最低需求等风险由政府承担，不可抗力等风险由政府和社会资本合理共担。

根据国家政策文件精神和实践操作的经验来看，PPP 项目的风险分担主要应遵循的原则有：

①风险与控制力相匹配。政府与社会资本各有其优势，职责也各不相同。因此，从整个项目顺利进行、从维护各方参与主体利益的角度考虑，PPP 项目风险应该由对该风险最有控制力的一方承担，这样可以在最大程度上避免项目风险损失。如果该风险双方均没有能力控制或风险边界模糊（如不可抗力风险），则本着公平的原则，由政府与社会资本双方共同承担。

②风险与收益相匹配。在一个成熟的市场中，投资者的风险和收益一般是相匹配的，风险小、收益大或者风险大、收益小不符合市场竞争的规律，也不具有持久性。PPP 项目亦如此，作为投资者，承担过高的风险而获得过低的回报，一是不会积极参与，二是参与后也不会持久。作为市场竞争主体的企业不是慈善机构，其最大的目的还是获得市场收益以图生存和发展，其自身也有着股东业绩方面的考核。如果在尽到社会责任的同时长期收益极低，这种机制很难持久；反过来，如果社会资本风险极低而收益很大，形成了垄断利益，政府将面临很大的压力，社会公众也很难承受。因此，高速公路 PPP 项目的风险与收益也应匹配，社会资本收益分配的比例，应取决于风险分担的比例。

③风险动态考虑。PPP 项目涉及技术、管理、金融、财务等方方面面，且建设运营期限长达二三十年，很难预测项目的所有风险，尤其如高速公路 PPP 项

目投资规模大、建设和运营周期长、参与主体众多且关系错综复杂[1]，在风险分配初期要预测项目所有风险不现实。因此，要公平合理地分担项目风险，需要进行动态考虑。根据国家政策文件精神和操作实践，通常情况下，一个 PPP 项目的风险分配见表 2-1。

某 PPP 项目风险分配表 **表 2-1**

风险因素		政府	社会资本	共同分担
设计建设			√	
融资			√	
运营维护			√	
市场需求				√
不可抗力				√
移交			√	
法律变更	政府可控的	√		
	政府不可控的			√
系统性金融风险				√

（2）项目风险转移

对社会资本而言，在承担项目风险的情况下，通过相关合同条件的限制，也可以实现项目风险的转移，从而降低自身的风险。如高速公路 PPP 项目社会资本在承担建设风险后，可以通过如下方式对项目风险进行转移：一是原材料价格，即在项目开始建设初期，根据项目整体建设情况，向钢铁、水泥、沥青等有关原材料企业商定购买合同并确定购买价格，将价格上涨的风险转移给原材料企业；二是与建筑商约定关于工期的保证条款，如建筑商不能按照合同规定的时限完成需要赔偿，从而将工期延长的风险转移给建筑商。

[1] 在一个高速公路 PPP 项目中，参与主体众多，主要有：政府、社会资本（社会资本联合体）以及金融机构（银行、基金、信托、保险等）、设计院、建设商、原材料商、运营商等，参与各方主体的优势和利益诉求都不一样。

（四）某高速公路 PPP 项目效益解读

1. 项目背景

某省位于我国西南中心腹地，周边与 5 省区毗邻，是西南地区通往珠江三角洲、北部湾经济区和长江中下游地区的交通枢纽。某省资源优势明显，省内有着丰富的矿产资源、生物资源、水能资源和旅游资源。不过，某公路交通对外通道不足，通达深度不够，道路等级较低、质量较差，受交通基础设施落后的制约，某省的多方资源优势难以转化为经济优势。作为国民经济和社会发展的基础性和先导性产业，交通运输是经济社会健康、快速、持续发展的基础保障。而高速公路是现代交通的主要运输方式之一，是综合运输体系的重要组成部分，对支撑和引领经济社会发展有着重要的支撑作用。为实现某省经济社会发展历史性的跨越，某省人民政府在该省东北地区新建一座高速公路（以下简称“本项目”），以满足区域通道内交通量发展、带动沿线区域产业发展、促进区域经济发展和拉动旅游业的发展。

2. 基本情况

本项目全长约 100 公里，建设总投资约 101 亿元。本项目全线设置桥梁 86 座约 28000 米，其中特大桥 3 座约 3600 米、大桥 73 座约 23000 米、中桥 9 座约 1000 米；隧道 21 座约 20000 米；设置 8 处互通立交；设置主线收费站 1 处、匝道收费站 6 处、管理中心 1 处和必要的交通工程设施。本项目采用四车道高速公路的设计标准。设计速度 80 公里 / 小时，全封闭，路基宽度 20.5 米：其中行车道宽 2×7.50 米，中间带宽 1.0 米，两侧硬路肩宽 2×1.5 米，土路肩宽 2×0.75 米，见表 2-2。

某高速公路 PPP 项目各项技术指标 表 2-2

指标名称		单位	指标值
地形类型		—	山岭重丘区
公路等级		—	高速公路
设计速度		公里 / 小时	80
路基宽度		米	20.5
行车道宽度		米	4 × 3.75
停车视距		米	110
平曲线	极限最小半径	米	250
	一般最小半径	米	400
	不设超高最小半径	米	2500
	缓和曲线最小长度	米	70
一般最小竖曲线半径	凸	米	4500
	凹	米	3000
最小竖曲线长度		米	70
最大纵坡		%	5
最小坡长		米	200
汽车荷载等级		—	公路 I 级
设计洪水频率		—	1/300
			1/100

3. 合作模式

本项目采取 PPP 模式下的 BOT 模式合作。根据《收费公路管理条例》规定，经营性公路建设项目和收费权转让项目都必须采用招标投标的方式选择投资者。此外，国家对 PPP 项目的采购方式也有明确规定[1]。实践中，某省交通运输厅依据《中华人民共和国招标投标法》、《中华人民共和国公路法》、《国务院办公厅关于进一步规范招投标活动的若干意见》、《收费公路管理条例》等相关法律法规进

[1] 按照财政部 2014 年 12 月下发的《关于印发政府和社会资本合作模式操作指南（试行）的通知》（财金 [2014] 113 号），规范政府和社会资本合作模式（PPP）项目识别、准备、采购、执行、移交各环节操作流程，并对 PPP 项目采购方式作出详细规定，应按照《中华人民共和国政府采购法》及相关规章制度执行，采购方式包括公开招标、竞争性谈判、邀请招标、竞争性磋商和单一来源采购。项目实施机构应根据项目采购需求特点，依法选择适当采购方式。

行招标，社会资本某公路工程公司中标。某省人民政府授权省交通运输厅作为项目执行机构与某公路工程公司签订特许经营协议。某公路工程公司根据《中华人民共和国公司法》等有关法律规定出资设立组建PPP项目公司，主要负责本项目的投资、建设和运营管理，并享有28年收费权益（含3年建设期）。社会资本回报方面，双方采取“使用者付费+政府可行性缺口补贴”模式。资金来源方面，某公路工程公司投入项目资本金30亿元，占项目投资总额的30%，全部以自有资金出资，其余建设资金额度71亿元，通过银行贷款等筹措。

4. 案例解读

1）社会影响分析

高速公路建设在促进经济发展的同时，也会带来环境污染、资源破坏和拆迁等问题，一旦处理不当就会引发各种社会矛盾。实践经验表明，如果单纯从技术经济角度分析评价，就不能科学地对项目做出最优选择，很可能导致项目建设不顺利和运营受影响，无论是政府、社会资本还是社会公众都会面临较大的风险。

（1）社会效益明显

①方便人民群众出行、外出求学、工作和就医等。

②有利于当地农民农产品出售。

③直接影响区内的企业，交通状况的改善可以降低物流成本。

④提升当地投资环境，有利于当地政府吸引投资，增加沿线地区就业机会。

⑤高速公路建设需要大量劳动力，沿线地区农民工通过参与工程建设会增加收入。

⑥有利于沿线地区旅游资源的开发，促进旅游业的发展。

⑦本项目的建设能够给当地矿产资源开发、运输创造良好的条件。

（2）社会风险分析

高速公路建设社会风险主要有：一是征地社会风险，二是拆迁社会风险，三是生态环境风险。以征地风险为例，征地对以粮食和经济农作物种植为主要收入的家庭来说影响深远，将直接导致这些家庭失去经济来源。需要采取适当措施帮助这些家庭恢复经济来源，如帮助其从第一产业转向从事第二、三产业。在政策

允许范围内协助其解决问题，使失去土地的家庭收入不能低于被占用土地之前的水平等。本项目社会风险分析结果见表 2-3。

某高速公路 PPP 项目社会风险分析　　表 2–3

序号	风险因素	持续时间	可能出现的结果	主要措施
1	征地	施工和营运期	失去经济来源	保障收入、合理补偿
2	拆迁	施工和营运期	生活条件和生产方式被改变	妥善安置、政策倾斜
3	生态环境	施工和营运期	生态系统破坏、环境恶化	减少污染、搞好绿化

（3）社会影响分析结论

总体看来，本项目的实施有利于促进沿线地区社会进步，维护和发展沿线地区的社会福利，得到了沿线地区广大群众和各级政府组织机构的支持，本项目实施具有较好的社会基础。

2）经济效益分析

（1）项目评价期。本项目评价计算年限等于建设年限加运营年限。建设期 3 年。运营年限 25 年。

（2）社会折现率。社会折现率表示从国家角度对资金机会成本和资金时间价值的估量，是建设项目经济费用效益分析的重要参数。根据《方法与参数》规定，目前社会折现率取 8%。

（3）影子汇率（SER）。影子汇率即外汇的影子价格，反映外汇对国家的真实价值，按“SER=OER × CF1”计算，其中，OER 为国家外汇牌价（买入卖出中间价），CF1 为影子汇率换算系数。本项目 OER 采用国家外汇管理局 2011 年 11 月公布的人民币外汇牌价 1 美元 = A 元人民币，目前我国的 CF1 换算系数取值为 B。影子汇率 1 美元 = A × B 元人民币 = C 元人民币。

（4）贸易费用率（SWCR）。贸易费用是指各商贸部门花费在货物流通过程中以影子价格计算的费用，贸易费用率是贸易费用相对于货物影子价格的综合比率，贸易费用率取 6%。

（5）影子工资（SWR）。影子工资按“SWR=MWR × CF2”计算，其中 MWR 为财务费用中的工资，CF2 为影子工资系数，影子工资系数与项目所使用的地方劳动力的状况、结构及当地就业水平有关。本项目在建设期需使用一定数

量的民工，民工的影子工资换算系数为 A，技术性工种劳动力影子工资换算系数为 B，本项目人工构成中民工按 C% 考虑，因此影子工资系数为 D。

（6）残值。公路项目的残值取建设费用的 50%，在评价期末以负值计入经济费用。

（7）经济费用调整。本项目经济费用调整是在投资估算的基础上调整确定的。在分析计算时，将建设费用中的主要材料费、人工费、土地占用费等费用调整为影子费用，并扣除税金、国内银行贷款利息等项，其他投入物按实际财务费用考虑，不进行经济费用调整。

（8）项目运营期养护、大修及管理经济费用。本项目所在地区高速公路的日常养护费用为 13 万元 / 公里 · 年，预计公路日常养护费用将以年增长 2% 的速度增加；大修费用每 10 年进行一次。经济费用按建设费用中建筑安装工程费的影子价格换算系数调整。

（9）经济费用效益分析指标及计算。通过各项评价指标计算，得出正常条件下本项目经济费用效益分析的内部收益率为 11.88%，净现值约为 50 亿元，动态投资回收期为 17.8 年（含三年建设期），评价结果良好。

23000米，隧道26座总长约25000米，桥隧总长占路线总里程约28%；互通式立交7处；连接线长度约8公里。本项目全线采用封闭式收费，设6处互通匝道收费站，收费方式推荐采用IC卡收费、计算机管理的全自动方式。全线设置服务区2处，停车区2处。本项目主要技术指标见表2-4。

表2-4

[illegible]	[illegible]	[illegible]	…道互通连接线
[illegible]	[illegible]	[illegible]	
[illegible]	[illegible]	[illegible]	60
[illegible]	[illegible]	[illegible]	10
[illegible]	[illegible]	…5	3.75
[illegible]	[illegible]	400	200
[illegible]	[illegible]	250	125
[illegible]	[illegible]	5	6
[illegible]	[illegible]	200	150
[illegible]	[illegible]	110	75
[illegible]	—	公路Ⅰ级	公路Ⅱ级
[illegible]	1/300	1/300	1/100
[illegible]	1/100	1/100	1/100
…涵洞	1/100	1/100	1/50

3. 合作模式

在国家大力推广 PPP 模式的背景下，某市人民政府经过充分研究，决定对本项目采取 PPP 模式下的 BOT 模式与社会资本合作建设。某市人民政府授权某市交通运输局作为项目的执行机构。按照国家规定通过公开招投标，社会资本由某公路工程集团、某投资集团组成的联合体中标，政府与社会资本方达成合作意向。联合体根据《中华人民共和国公司法》等有关法律规定出资组建某高速公路有限公司即 PPP 项目公司。PPP 项目公司主要负责本项目的投资、建设、运营和维护。根据特许经营协议，双方合作期限为 30 年（包括三年建设期）。特许经营协议约定，双方以“PPP+EPC”为合作模式。在具体操作上，联合体之间有明确的分工，即发挥各自的优势，某公路工程集团负责出资并进行 EPC（工程总承包），某投资集团主要负责出资。

4. 案例解读

1）与其他交通运输 PPP 项目不同，本项目采取“PPP+EPC”的模式合作，其优点在于：

（1）交通运输 PPP 项目尤其是高速公路 PPP 项目具有投资规模大（动辄数十亿甚至上百亿元）、投资回报周期长（一般长达二三十年），对社会资本而言，如果只是单纯投资 PPP 项目而没有 EPC，利润会更低、投资回报会更长。事实上，当下许多工程类社会资本参与 PPP 项目的一个重要因素是看中了工程建设环节的建设利润。通过“PPP+EPC”，社会资本（许多是社会资本联合体）发挥自己的资金和技术优势，而政府发挥监管优势，这样各方优势能够充分发挥，“众人拾柴火焰高”，巨大的合力能确保 PPP 项目的顺利建设、运营和维护。对于社会资本来说，通过 EPC 能够获得更多利润，实现经济效益最大化，也能够实现企业做大做强。

（2）能够提高项目的建设和运营效率。采取“PPP+EPC”模式，能够充分发挥社会资本尤其是工程类社会资本的技术、工程建设优势，提高项目的建设效率，更加注重成本控制（对交通运输 PPP 项目这类准公益类 PPP 项目而言，建设成本越大，社会资本的投资回报风险越高），社会资本会在保证项目安全生产和建设质量的前提下更加注重成本控制。

（3）采取“PPP+EPC”模式，对社会资本的实力也提出了挑战，通过项目的操作，可以提高社会资本在沟通管理、密切合作方面的综合管理能力。

（4）研究认为，“PPP+EPC”模式切合当前我国交通领域 PPP 项目的实际，符合社会资本尤其是工程建设类社会资本的切身利益，能够充分发挥社会资本的积极性，这种模式具有广阔的前景。

（5）社会资本以投资人联合体[1]形式操作 PPP 项目，实力更强，可以达到“1+1 ＞ 2”的效果。具体来说，本项目中联合体之一的某公路工程集团是大型国有独资公司，注册资本高达 20 多亿元，总资产 60 多亿元，具备住房和城乡建设部核定的公路工程施工总承包一级、市政公用工程施工总承包一级、桥梁工程专业承包一级、隧道工程专业承包一级等资质。联合体之二的某投资集团是国内

[1] 投资人联合体不是法人组织，也不是合伙企业，是一种以联合体协议为基础的合作关系。对外各成员承担连带责任，对内则按照联合体协议约定承担责任。其法律基础主要体现在《招标投标法》和《政府采购法》上。《招标投标法》规定：“两个以上法人或者其他组织可以组成一个联合体，以一个投标人的身份共同投标”。《政府采购法》规定：“两个以上的自然人、法人或者其他组织可以组成一个联合体，以一个供应商的身份共同参加政府采购”。

知名的投资公司，旗下各类的子公司共有 20 多家，涉及银行、证券、信托、保险、资管、基础设施、制造业等多个经济门类。联合体双方均具有雄厚的资金实力和强大的融资能力，双方均承诺在项目实施过程中一旦发生资金问题将给予全力支持。将本项目的投资、融资、设计、建设、经营进行一体化管理，可以确保本项目特许经营协议的签订、项目的设计、工程建设和经营管理的协调统一。

三

城市道路与 PPP

传统上我国城市道路投资和运营管理主要由政府主导，但随着我国经济发展进入新常态，地方政府性债务风险大以及财政收支矛盾加剧，在国家大力推广 PPP 的大背景下，通过积极探索和深入实践并以 PPP 模式吸引社会资本（包括国企、外资、民企、混合所有制企业等各类社会资本）对城市道路投资、建设、运营和管理成为重要的选择。

（一）如何平衡城市道路公益性和收益性——以安庆外环北路为例

城市道路[1]属于城市基础建设设施，属于公益性 PPP 项目，其公益性主要表现在改善城市交通环境、提升城市整体形象、为公众出行提供便捷和保障等。不过，从投资建设的角度看，城市道路在 PPP 模式的三类回报机制[2]中属于缺乏使用者付费基础和条件、现金流最不稳定、完全依靠政府付费收回投资和实现回报的项目，相比供水、供暖、供气等经营性项目和污水处理、垃圾处理等准经营性项目，其风险较大、社会资本参与积极性较差。

研究发现，在 PPP 模式下，从政府方的角度讲，其追求的是社会公众的利益最大化[3]，因此希望 PPP 项目的质量和社会资本提供的服务“越高越好”，同时又希望社会资本的投资回报率、政府可行性缺口补贴（如有）“越低越好”；从社会资本的角度讲，其追求的是在保证 PPP 项目的质量和提供优质服务的前提下自身的投资回报率和政府可行性缺口补贴（如有）“越高越好”。这看似一对不可调和的矛盾，但如果处理得好，政府方和社会资本方均可以平衡好项目的公益性和收益性之间的关系。下面，以一例成功的城市道路 PPP 项目来说明，见案例【3-1】。

---

❶ 国务院颁布的《城市道路管理条例》第 2 条规定：“城市道路是指城市供车辆、行人通行的，具备一定技术条件的道路、桥梁及其附属设施。”

❷ 依靠自身经营不需政府补贴的经营性项目、完成自身经营的同时收益不足部分由政府给予可行性缺口补贴的准公益性项目和完全依靠政府给予补贴的公益性项目。

❸ 在我国，关于 PPP 的定义有来自中央层面的解释。国家财政部发布《关于推广运用政府和社会资本合作模式有关问题的通知》（以下简称《通知》），《通知》明确政府和社会资本合作模式是在基础设施及公共服务领域建立的一种长期合作关系。通常模式是由社会资本承担设计、建设、运营、维护基础设施的大部分工作，并通过“使用者付费”及必要的“政府付费”获得合理投资回报；政府部门负责基础设施及公共服务价格和质量监管，以保证公共利益最大化。

【3-1】1. 项目背景

近年来，安徽省安庆市经济社会发展迅速，城区范围不断扩大，东西向距离不断拉大。安庆市外环北路所处位置正是安庆北部交通网上重要的缺口，此外，安庆市北部水网密集，水面形状狭长且呈大致南北方向分布，人民群众绕行困难。在此背景下，安庆市政府决定建设一条城市道路——安庆外环北路（以下简称“本项目”）。本项目是安庆市中心城区主干路系统的重要组成部分，也是贯穿西北 - 东南城区的主要干道。本项目建成后，成为一条联结安庆市内各建成区和南北出入口的快速通道，对安庆市形成“内成网、外成环”的城市道路框架、连接城市几大板块，打造安庆市互通互联交通体系、构建安庆市与周边区域城市快速连接、加速安庆东部新城乃至整个城市的经济发展有着重大的战略意义。

2. 基本情况

本项目全长约 14.93 公里，桥隧比为 28.68%，道路等级为城市主干路，设计速度 60 公里 / 小时，设计标准轴载为 BZZ-100，荷载等级为城市 -A 级。本项目建设内容主要包括道路工程、桥涵工程、立交工程、管线工程、交通工程、照明工程及绿化工程等。

3. 合作模式

经过充分研究，安庆市政府决定对本项目采取 PPP 模式下的 DBFO（设计 - 建设 - 融资 - 运营）模式。安庆市政府对本项目公开招标后，多家社会资本表达了投资建设本项目的强烈意愿。在激烈的竞争中，社会资本北京城建设计发展集团股份有限公司（以下简称“北京城建设计发展集团”）中标，中标合同总价为 19.76 亿元（本项目按工程量清单方式计价，工程建设投资部分控制价为 15.26 亿元，另有 4.5 亿元人民币为包干工程建设其他费用，共计 19.76 亿元人民币）。在确定社会资本合作方后，安庆市政府与社会资本就具体的合作模式与合作内容进行了敲定：

1）安庆市人民政府授权安庆市住房和城乡建设委员会为本项目的实施机构，授权安庆市城建投资公司作为本项目政府方出资代表，即代表安庆市政府的安庆市城建投资公司与中标社会资本北京城建设计发展集团共同出资组建PPP项目公司（其中北京城市建设计发展集团出资88%，安庆城建投资公司出资12%，PPP项目公司注册资本不低于5亿元。项目公司的注册资本金专门用于本项目的投资、建设、运营及维护等，亦可用来支付4.5亿元的工程建设其他费用）。

2）本项目中政府和社会资本的合作期限为13年，其中建设期不超过2年，运营期11年。

3）根据《安庆市外环北路工程PPP项目协议》，在职责分配方面，双方各司其职，发挥各自的优势：安庆市政府主要负责场地征地拆迁以及道路、通水、通电等配套基础设施的提供；本项目由政府方将本项目的设计、投资、融资、建设、运营维护等全部交给社会资本控股的PPP项目公司[1]。

（1）作为本项目的融资主体，PPP项目公司承担着向金融机构融资的职责（合同总价19.76亿元，减去5亿元注册资本金，剩余14.76亿元需对外融资。如果未来PPP项目公司不能顺利完成项目融资，社会合作方应采取股东贷款、补充提供担保等方式以确保项目公司的融资足额到位）。

（2）本项目采取一次性招标方式（即通常所说的"两招并一招"），具有相应资质的社会合作方除与安庆市政府出资代表出资成立PPP项目公司外，还有权为PPP项目公司提供施工总承包服务，由PPP项目公司与社会合作方直接签署《施工总承包合同》。

4）在社会资本投资回报方面，社会合作方通过运营期收取可用性服务费及运维绩效服务费收回全部投资。

5）安庆市人大通过将本项目政府购买服务的可用性服务费及运维绩效服务费纳入跨年度财政预算的人大决议。

6）待运营期满后，PPP项目公司将本项目完好、无偿移交给安庆市住房和城乡建设委员会。

[1] 财政部《关于印发政府和社会资本合作模式操作指南（试行）的通知》（财金[2014]113号）规定，"社会资本可依法设立项目公司。政府可指定相关机构依法参股项目公司。项目实施机构和财政部门（政府和社会资本合作中心）应监督社会资本按照采购文件和项目合同约定，按时足额出资设立项目公司。"

4. 案例解读

本项目是安庆市首个 PPP 项目，也是国内运用 PPP 模式建设纯公益性项目的首例，为安庆市、安徽省乃至全国纯公益性项目采用 PPP 模式提供了成功的经验。

本项目亮点颇多，作为纯公益类 PPP 项目（本项目属公益性项目，不能向使用者收费，只能由政府从财政预算内安排资金覆盖项目建设及运营成本及合理利润），从政府与社会资本的角度讲关键是如何平衡公益性与收益性。

1）本项目中，政府将传统上的“采购建筑”改为“改购服务”，即由政府主导投资建设改为政府向 PPP 项目公司购买符合绩效要求的维持项目可用性需要的运营服务费用。研究发现,这里面有两个关键词“购买服务”和“符合绩效要求”。其中，“购买服务”表明政府已从原来的投资者、运营者变为现在的社会服务购买者以及服务质量监督者;“符合绩效要求”表明社会资本提供的服务必须符合政府的要求，也必须符合社会公共利益需求，否则将无法从政府方获取运营服务费用。总之，这几个关键词都指向一个共同的目标：公共利益。换言之，如果社会资本方不能提供满足政府和社会公众满意的社会服务质量，将无法实现投资回报，这从机制上促进了社会资本为社会公众提供优质的服务。

2）本项目设计了激励相容机制，PPP 项目协议设置了明确的奖惩机制，即社会资本运维服务的优劣决定运维绩效服务费的多寡，这促使社会资本通过各种方式提高社会服务水平。

3）PPP 是当下政府与社会资本之间一种全新的合作模式，是一种市场化的经营合作行为。市场经济讲求的是互利、共赢。也就是说,单方的“赢”或“输”都不具有持久性，也不符合市场经济的原则。事实上，PPP 的核心要义即是“利益共享、风险共担”。

在满足政府方和社会公众利益需求的同时，社会资本方也必须实现收益，既是为了企业自身的发展、壮大,也是为了给项目提供更好的服务。本项目中，社会资本可以实现两部分的利益，一是前述政府方支付的“符合绩效要求的维持项目可用性需要的运营服务费用”；二是项目建设过程中的利润。

本项目中采取两次招标并一次的方式。按照国家法律法规，中标的社会资本如果具有设计、施工资质，通过公开招标后可以直接实施设计、施工而无须再次招标[1]。本项目中，具有相应资质的社会合作方有权为社会资本与政府出资方共同成立的PPP项目公司提供施工总承包服务，从而获取施工利润（这也是目前许多建筑类甚至工程机械类企业积极参与PPP项目的重要原因所在）。

[1] 《中华人民共和国招标投标法实施条例》第九条规定，除招标投标法第六十六条规定的可以不进行招标的特殊情况外，有下列情形之一的，可以不进行招标：（一）需要采用不可替代的专利或者专有技术；（二）采购人依法能够自行建设、生产或者提供；（三）已通过招标方式选定的特许经营项目投资人依法能够自行建设、生产或者提供；（四）需要向原中标人采购工程、货物或者服务，否则将影响施工或者功能配套要求；（五）国家规定的其他特殊情形。招标人为适用前款规定弄虚作假的，属于招标投标法第四条规定的规避招标。

（二）剖析某县城市道路PPP项目

1. 项目背景

某县位于山西省西北部，是一座资源强县，煤、铝矾土、铁矿、黄铁矿等资源丰富。某县人口10余万人，现已形成以电力、化工、商贸为支柱的产业结构。近年来，某县经济社会快速发展，2015年被评为全省县域经济发展先进县。为全面深化改革、进一步加快经济发展，某县人民政府决定加大招商引资力度，为城乡扩容提质，并提出新城综合片区建设。因此，需要优先建设主次干道及配套的各种市政管线（以下简称"本项目"），从而促进道路沿线土地开发、提高该区域的道路通行能力，为某县招商引资、经济发展以及人民群众出行提供保障。

2. 基本情况

本项目设计道路规模为次干路，道路红线宽度为24米，设计车速40公里/小时，道路总长约1500米。本项目为道路新建工程，建设内容包括道路路基路面、雨水工程、污水工程、给水工程、照明工程、强弱电工程、绿化工程。本项目建设周期为2年，设计使用年限15年。本项目总投资估算约6000万元人民币。本项目道路设计技术指标见表3-1。

某县城市道路PPP项目各项技术指标 表3-1

序号	项目名称		本项目
1	道路等级		次干路
2	设计使用年限	交通量达到饱和时	15年
		路面结构达到临界状态	15年
3	设计行车速度（公里/小时）		40公里/小时
4	缓和曲线最小长度（米）		25

续表

序号	项目名称	本项目
5	不设超高最小半径（米）	150
6	道路最小坡度（%）	0.3
7	道路最大坡度（%）	7
8	最小凸形竖曲线半径（米）	400
9	最小凹形竖曲线半径（米）	400
10	停车视距（米）	30
11	路面结构设计荷载	BZZ-100 型标准车

3. 合作模式

本项目采用 PPP 模式下的 BOT 模式与社会资本合作建设，在完成项目物有所值评价和财政承受能力论证工作之后，通过公开招标。

在具体操作上，由某县人民政府和中标社会资本某建设工程公司共同成立 PPP 项目公司，PPP 项目公司注册资金 1000 万元，其中政府投资 10%，社会资本方投资 90%。项目公司负责筹集资金完成建设,并负责项目的整体运营与管理。待特许经营期限结束后 PPP 项目公司负责将项目整体移交给政府或者政府指定的其他机构。在投资回报方面，项目完成验收后由政府方按照 PPP 项目特许经营协议根据项目的可用性和运维绩效向社会资本方支付服务费。此外，特许经营协议约定，政府方将服务费的支付纳入跨年度县级财政预算。

4. 案例解读

1）本项目建成后，具有明显的经济效益和社会效益：

（1）完善了某县新城综合片区的基础设施，为当地企业提供了便利的交通以及生产配套设施。

（2）有利于周边地块开发，提高该区域地块价值。

（3）改善区域投资环境，有利于新城综合片区的招商引资。

（4）方便人民群众出行。

（5）进一步美化周边环境，提升城市总体形象。

2）本项目 PPP 模式操作方面，具有重要的示范意义：

（1）综合考虑本项目的投资规模、建设难度、融资难度、风险分担以及项目投资收益等多方因素，本项目采取 PPP 模式下的 BOT 模式运作。为了项目顺利稳妥地运行，经过充分协商，本项目安排了科学的投融资结构。

（2）关于回报机制。通常情况下，PPP 项目的回报机制主要包括两个方面：一是 PPP 项目本身的投资回报机制；二是 PPP 项目公司的股东投资回报机制。

① PPP 项目公司投资回报。由于本项目是城市道路，不具有向最终用户收费机制[1]，双方采取政府购买服务的“绩效付费”机制。具体来说，本项目由政府向 PPP 项目公司购买符合验收标准的公共资产项目可用性服务费用（PPP 项目公司为建设本项目付出的投资、融资成本、税费及必要的合理回报）和符合绩效要求的运营维护服务费用（PPP 项目公司为维护本项目可用性之目的而付出的成本及必要的合理回报）。

②股东回报机制。社会资本投资 PPP 项目，如果一家社会资本单独投资，既可成立 PPP 项目公司（此时 PPP 项目公司回报和股东回报统一于一家社会资本），也可以不成立 PPP 项目公司；如果多家社会资本组成联合体或者社会资本与政府方合作，则需成立 PPP 项目公司（此时 PPP 项目公司本身的回报和股东的回报并不统一）。

就本项目而言，政府和社会资本组成 PPP 项目公司，就涉及股东回报的问题：一是政府方股东回报，政府方出资代表对项目公司进行了资本性投入，可以从项目公司的利润分红收回投资（通常是按股比分红）。不过，对城市道路等公益类项目而言，如果采用利润分配调节机制对社会资本方股东进行分红，利润分配比例可能低于其在项目公司所占股权比例，因此政府方股东一般不参与利润分红（我国很多高速公路、轨道交通等项目在政府方入股的情况下，政府方股东不参与分红）；二是社会资本方股东回报。需要说明的是，从 PPP 项目建设和运营环

[1] PPP 项目的还款来源主要有三个方面：一类项目为经营性项目，如供电、供水等项目收入完全来源于项目运营；二类项目为准经营性项目，如污水处理、垃圾处理等项目，使用者付费不足以使社会资本获得合理回报，政府通过可行性缺口补贴补充社会资本的收益不足；三类项目为公益性项目，如市政道路、排水管网、生态环境治理等项目没有收入或者只有很少收入，需要政府支付服务费用。

节来看，社会资本参与 PPP 项目的利润既有建设期的利润，也有运营期的利润。事实上，很多建设类的社会资本之所以积极介入 PPP 项目，一个重要的原因就是看中了建设期的利润。因此，社会资本尤其是具备相应施工总承包资质的建筑施工企业，除按 PPP 项目公司章程约定作为股东分红外，还可以与 PPP 项目公司签署施工总承包合同获得相应施工利润。

（3）“人大决议”在本项目中的应用

PPP 项目投资运营后能否实现预期收益是社会资本最为重点关心的风险之一，尤其对完全依靠地方政府采购服务的公益类项目更是如此。实践中，部分地方政府为加快当地基础设施建设以过高回报和过长特许经营期等方式吸引社会资本介入。但当项目建成后政府却因财政困难无法履行合同义务导致产生信用风险，导致社会资本切身利益受损。为此，地方人大决议将政府付费项目纳入跨年度财政预算成为许多社会资本规避风险的重要条件，如某环保项目中，政府和社会资本在合同中约定，“当以下先决条件满足时，双方（政府和社会资本）开始履行本协议项下义务：一是融资交割完成；二是甲方（政府）付款条件获得人大决议通过；三是依法清产核资、产权界定、资产评估、产权登记，并依适用法律获本城市人民政府相关部门批准；四是已经取得依法应当取得的其他批准文件。”具体到本项目，某县政府注重履约能力，人大常委会通过决议将政府的付费义务纳入跨年度财政预算，从而让社会资本的回报得到保障。

（三）某市城市道路 ROT 项目案例解读

1. 项目背景

近年来，随着某市经济社会的快速发展，人口规模的不断扩大，以及机动车数量的迅速增长，尤其是小汽车每年以 20% 以上的高速度增长，城市交通系统面临着越来越严重的挑战，“行路难，出行难”已成为倍受广大市民关注的民生问题。交通是城市的命脉，是实现城市现代化的基础工程，基于城市建设的整体性、功能性、治本性和可行性原则，为建设现代化的城市综合交通体系，2015 年 6 月，某市政府提出对某条城区主干道路进行整治改造（以下简称“本项目”）。本项目建成后，将是一条便捷、快速的交通要道，不仅能完善城市基础设施，缓解交通压力，还能改善城市环境，起到促进道路畅通和城市空间联系纽带的重要作用，社会效益巨大。

2. 基本情况

1）本项目全长约 1800 米，主要建设内容分为道路工程、排水工程、管线综合工程、照明工程、交通工程、绿化工程。其中，管线综合工程主要包括给水、燃气、热力、中水、强电、通信管线、路灯及交通设施管线等。

2）本项目工程技术标准为：道路等级为城市主干路；设计车速为 50 公里 / 小时；设计年限为交通量达到饱和状态时的设计年限为 20 年，路面结构设计年限为 15 年；路面类型为沥青混凝土路面；荷载标准为构筑物荷载标准为城 -A 级，路面结构计算标准荷载为 BZZ-100；水平向设计基本地震加速度峰值 0.05g；雨水设计为雨水重现期 P=5 年，径流系数为 0.65；污水设计为排污量 Q=200 升 / 人 × 日（按 400 ~ 500 人 / 公顷计）；净空高度见表 3-2。

某市城市道路 PPP 项目各项技术指标 表 3–2

道路种类	行驶车辆类型	最小净高
机动车道	各种机动车	4.5
	小客车	3.5
非机动车道	自行车、三轮车	2.5
人行道	行人	2.5

3）初步估算，本项目总投资 9000 万元，投资构成为：

（1）给水、污水管网敷设、专业管线的土建、路面道路工程等的投资。

（2）勘察设计费，工程监理费，建设单位管理费以及其他的前期工作费等，不包括拆迁安置费用。

（3）基本预备费以工程费用和其他费用之和的 10% 估算。

3. 合作模式

针对本项目，某市政府基于自身财政压力、本项目的实际情况，决定采取 PPP 模式下的 ROT 模式。所谓 ROT 模式即改造 - 运营 - 移交，是社会资本对政府建设的项目进行升级改造后再运营、维护，待特许经营期限结束后社会资本或者 PPP 项目公司再将项目移交给政府或者政府指定的机构。

本项目经过公开招标，某知名建设工程公司中标。经过协商，某建设工程公司在某市设立 PPP 项目公司。由某市人民政府授权某市交通管理局作为本项目的执行机构与中标社会资本某建设工程公司签订特许经营协议，特许经营期限 28 年（含 2 年建设期）。具体来说，某建设工程公司负责本项目的投资、融资、建设和运营。某市交通管理局负责本项目的监督和管理。社会资本投资回报方面，采取由某市政府向某建设工程公司支付可用性服务费和运营服务费的方式。按照双方签订的特许经营权协议，前述可用性服务费和运营服务费纳入某市跨年度财政预算，并提请市人大审议通过。

4. 案例解读

1）通常情况下，PPP 模式主要类型有：BOT（建设 - 运营 - 移交）、BOO（建设 -

拥有-运营)、TOT(转让-运营-移交)、ROT(改建-运营-移交)、LOT(租赁-运营-移交)、BBO(购买-建设-运营)、O&M(委托运营)、MC(管理合同)等。

根据财政部《关于印发政府和社会资本合作模式操作指南(试行)的通知》(财金[2014]113号),PPP模式包括委托运营、管理合同、建设-运营-移交(BOT)、建设-拥有-运营(BOO)、转让-运营-移交(TOT)和改建-运营-移交(ROT)等多种模式,这些模式可以广泛运用到交通、能源、生态环境保护、市政、水利、园区建设、文化、医疗、养老、旅游等不同的行业。而根据社会资本投资介入项目的不同时期,主要分为:参与项目初始投资建设、运营、维护,以BOT模式和BOO模式为主;项目由政府投资建成后由社会资本受让后运营、维护,最后再将项目移交给政府,以TOT模式为主;对政府建设的项目进行升级改造后运营,最后再将项目移交给政府,以ROT模式为主。本项目采取ROT模式,既缓解了某市政府的财政压力、提高了本项目的建设和运营效率、又拉动了地方经济增长,可谓一举多得。

2)近年来,某市市委、市政府适时提出"实现新跨越,建设新城市"的发展目标,围绕该目标某市坚持"高起点规划、高标准建设、高效能管理、高水平经营"的工作思路,新建、改建了绕城高速和多条城市道路,城市交通快速发展,城市面貌明显改观,城市综合服务功能大大提高。

(1)环境效益突出

按照项目总体规划,本项目道路建设工程内占压红线内的建筑将随着项目的建设而逐步拆迁,配合沿线道路绿化,形成新的城市绿化景观带,将有效地改善该地区的环境。

(2)经济效益显著

本项目的建设有利于推动项目周边地块的开发,同时进一步吸引更多人流、物流聚集,进一步促进商贸、服务业发展,从而带动城市经济社会的全面发展。随着道路建设和配套设施的逐步完善,本项目的潜能将会持续不断地得到发挥,有利于提升城市综合服务功能。

①本项目实施后,道路晋级效益[1]明显,区域运输状况将得到有效改善,客货

[1] 道路晋级效益是指由于道路建设项目的实施,改进了运输状况,使得旅客、货物运输成本降低,由此而产生的效益。

运输成本将随之降低。

②由于本项目的建设，可以吸引部分原行驶于其他相关道路的交通流，降低原有各相关道路上行驶车辆的运输成本。

③随着本项目的建成，可以节约货物在途时间，提高货物运送速度，缩短资金周转期，同时还可以减少货物在运输途中的损耗而产生经济效益。

④由于本项目的建成，区域交通出行安全环境得到改善，将减少交通事故的发生量，进而减少经济损失而节约费用。

⑤本项目建设可以拉动建筑业、建材业等相关产业的发展，还可以解决大量劳动力人口就业，从而促进区域经济发展。

（3）社会效益明显

本项目的建设符合某市市政基础设施建设发展规划，本项目建成后将促进区域内人员的快速集散，方便居民的出行，提高该区域交通网络的效率，从而整体上改善某市交通环境。此外，本项目的建设有利于提升城市品位和城市知名度，对改善城市投资环境具有重要的作用。

四

轨道交通 PPP 关键在模式创新

城市规模不断扩大、人口不断增长、城市交通压力日渐增大……交通问题已经成为制约城市经济社会发展的瓶颈。研究发现，在城市各类交通方式中，轨道交通以其方便、快捷、准时、节能环保且大容力的优势受到各方青睐。而轨道交通 PPP 也成为当下我国交通运输 PPP 领域的重要组成部分。

（一）城市轨道交通融资模式创新

随着我国经济建设的日新月异、城镇化建设的步伐不断加快，我国大城市人口急剧增长，城市流动人口迅速增长[1]。人口规模不断扩大，城市面临的交通压力日益增加，交通问题已经成为制约城市发展的瓶颈。为缓解交通压力，我国各大城市开始纷纷选择大力发展轨道交通系统。作为一种方便、快捷、准时、环保且大容力的城市公共交通方式，城市轨道交通在缓解城市交通拥堵和提高人民生活质量等方面作用明显。不过，城市轨道交通系统具有投资规模巨大、短期内盈利不足的特点。行业人士预计，未来 10 年内我国城市轨道交通建设总投资将超过 5 万亿元。在我国经济发展进入新常态、地方政府财政收支矛盾突出的背景下，单纯依靠地方政府的财政投入显然非常困难，资金缺口比较大。以北京市为例，2011 年至 2015 年 3 月，北京市财政和北京市基础设施投资有限公司共筹集轨道交通建设资金 1401.52 亿元，未来几年轨道交通建设投入缺口较大，亟待引入社会资本。据介绍，按照《北京市城市轨道交通建设规划（2014—2020）》所列的建设计划、建设规模以及目前实际投资完成的进度测算，未来 8 年北京市轨道交通建设在财政投入上平均每年面临超过 200 亿元的资金缺口。此外，2014 年“43 号文”[2]下发后，地方政府融资能力受限，在此背景下地方政府要上马巨额投资规模的城市基础设施建设项目和公用事业项目更是困难重重。可以说，随着我国城市轨道交通快速发展，传统的以政府为主导的投融资模式面临着资金不足的现实问题。

在 2016 年 9 月国家发展和改革委员会组织召开的城市轨道交通投融资机制

---

[1] 2016 年 10 月，国家卫计委发布《中国流动人口发展报告 2016》。《报告》指出，未来 10 ~ 20 年，我国人口流动迁徙仍将持续活跃。2015 年，我国流动人口规模达到 2.47 亿人，占总人口的 18%，相当于每 6 个人中一人是流动人口。按照《国家新型城镇化规划》的进程，到 2020 年，我国仍将有 2 亿以上的流动人口。《报告》称，“十三五”时期，人口将继续向沿江、沿海、沿主要交通线地区聚集，超大城市和特大城市人口将继续增长，中部和西部地区省内流动农民工比重将明显增加。

[2] 2014 年 10 月 2 日，国务院发布《关于加强地方政府性债务管理的意见》（简称“43 号文”），明确指出首要目标为治理政府性债务。“43 号文”对地方债务开启了严监管模式，使地方政府融资能力大幅受限。

创新研讨会上，国家发展改革委副主任胡祖才指出，近几年来我国城市轨道交通保持了高速发展态势，取得了显著成就。但与当前形势相比，城市轨道交通在投融资模式、体制机制等方面仍不适应，实现可持续发展迫切需要推进投融资机制创新。胡祖才副主任表示，投融资体制机制创新要着重把握四个关键环节：一是因地制宜选择投融资模式；二是树立外溢效益反哺轨道交通的理念；三是广泛吸引社会资本参与；四是政府加强规划和政策统筹。

由于城市轨道交通投资规模大，回报周期长，建设和运营的资金压力日益凸显。具体来说，轨道交通带有一定公益性，票价不能定得过高。而轨道交通的收益来源主要为实际客运收入以及广告等经营性收入。通常情况下，依靠票款和广告要实现投资回报周期很长。因此，开展广泛和多元化的融资、积极进行投融资体制机制创新成为现实的选择。研究发现，目前我国在政府加大扶持力度的同时，各城市结合本地的经济和社会实际情况在城市轨道交通投融资模式方面进行大胆地尝试和创新，且取得了明显的成果。

1. 我国城市轨道交通行业发展总体情况[1]

1）截至 2016 年上半年，全国有 43 个城市的轨道交通建设规划获得批复，规划总里程约 8600 公里。为提高工作效率，促进行业健康发展，按照放管结合原则，对城市轨道交通管理体制进行创新改革，自 2015 年 5 月起城市轨道交通首期建设规划仍由国务院审批，后续建设规划由国家发展和改革委员会会同住房和城乡建设部审批，报国务院备案，2015 年 11 月，城市轨道交通建设规划及规划调整由分头审核上报方式调整为由省级发改委会同省级住建（规划）等部门进行初审，形成一致意见，在规划环境影响评价审查意见，社会稳定风险评估完成后，省级发改委会签省级住建（规划）部门向国家发改委报送建设规划，同时抄报住建部，从而进一步优化审核流程，加强了部门间联动，提高了工作效率。

2）2015 年底，全国 37 个城市在建项目 159 个，总规模约 3800 公里，共完成投资 3683 亿元，较 2014 年增长 34%。从城市分布来看，北京、上海、广州、

[1] 2016 年 9 月国家发展和改革委员会组织召开的城市轨道交通投融资机制创新研讨会对我国城市轨道交通行业发展总体情况进行了介绍。

深圳投资之和占总量的 19%；成都、南京、重庆、青岛、杭州、长沙等城市增长迅速，排名前十位的城市投资之和占总量的 43%。各地根据建设条件因地制宜发展了 6 种运载系统投入运营，分别是地铁系统（A 型车、B 型车）、轻轨系统（C 型车）、直线电机系统、跨座式单轨系统、有轨电车系统和自动导向系统（未含上海高速磁悬浮和市郊铁路）。世界上现有的城市轨道交通主要系统制式基本在我国得到应用。

3）截至 2016 年上半年，全国 25 个城市开通运营轨道交通线路约 3400 公里（不含交通和现代有轨电车），其中 2015 年全年开通运营线路较 2014 年增加 26%。2015 年共完成客运量约 138 亿人次，较 2014 年增加 3%，日均客流量约 3753 万人次，较 2014 年增加 3%。运营里程排在前九位的有上海、北京、广州、重庆、深圳、大连、南京、天津、武汉，占全国总运营里程的 76%，客运量之和占全国总客运量的 88%，网络运营效益明显。到 2015 年年末，运营里程超过 200 公里的城市有 5 个，分别是北京（554 公里）、上海（558 公里）、重庆（202 公里）、广州（235 公里）、南京（224 公里），其中北京、上海地铁运营里程位居世界前茅；运营里程在 100 ~ 200 公里的城市有 4 个，分别是天津（139 公里）、深圳（179 公里）、武汉（123 公里）、大连（143 公里）；其余城市的轨道交通运营里程均在 100 公里以下。

2. 采取 PPP 模式政府少投入

研究表明，与传统的融资模式相比，在建设工期按时完成的情况下，PPP 项目平均为政府部门节约 17% 左右的费用。北京地铁四号线是我国轨道交通领域一个成功的 PPP 项目。经专业财务评估，该 PPP 项目政府少投入 16%。基于轨道交通运输 PPP 项目的特点，目前中车、中建、铁建等大型国企都在积极探索进入地方城市轨道交通 PPP 项目的模式。

3. 轨道交通运输 PPP 项目投资主体

目前，积极参与我国轨道交通运输 PPP 项目的投资主体主要有以下几类：第

一类是工程设计及承包商，主要是有资金实力和工程建设实力的大型企业；第二类是包括车辆及车辆段设备、牵引、信号、制动、综合监控系统等在内的机电系统设备供应商；第三类是在城市轨道交通领域有着丰富运营管理经验且有一定资金实力的运营商。此外，还包括一些战略投资者、金融机构等社会资本。

4. 轨道交通运输 PPP 项目的回报机制

通常情况下，一个轨道交通运输 PPP 项目的回报来源主要包括三部分：第一部分是向乘客收取的票款收入（按照 PPP 特许经营协议进行约定）；第二部分主要是广告经营、物业经营收入；第三部分主要是政府补贴，补贴的比例和额度主要是根据保底客流量和实际客流量的差来确定。社会资本投资回报总的原则是“盈利不暴利”，既能缓解政府的财政压力，又能保证公共利益最大化，还能实现社会资本的投资回报。

5. 轨道交通领域 PPP 成果显著

数据显示，为解决城市轨道交通系统建设资金来源需求，在国家大力推广 PPP 模式的当下，轨道交通也成为地方政府推广 PPP 的重要领域。2016 年 10 月 13 日，财政部公布的第三批 PPP 示范项目，计划总投资金额 11708 亿元。第三批示范项目覆盖了能源、交通运输、水利建设、生态建设和环境保护、市政工程、城镇综合开发、农业、林业、科技、保障性安居工程、旅游、医疗卫生、养老、教育、文化、体育、社会保障和其他 18 个一级行业。从本次示范项目投资规模分布情况来看，1 ~ 5 亿元区间的项目数量最多，为 168 个，5 ~ 10 亿元区间的项目为 111 个，二者占比达 54%；100 亿元以上的项目有 21 个，具体包括交通运输类 15 个、市政工程类 4 个（全部为轨道交通）、城镇综合开发类 1 个、生态建设与环境保护类 1 个。此外，市政工程类项目共计 223 个，投资总额 3205.96 亿元，项目数量占比 43%，投资总额占比 27%，其中，投资总额最大的轨道交通项目 850.6 亿元，占比 27%。

6. 轨道交通运输 PPP 行业标杆“香港地铁”

提到轨道交通操作的成功模式，就不得不提“香港地铁”。公开资料显示，香港地铁是一家政府控股的上市公司，主营业务为地铁投资和运营。在世界范围内地铁存在普遍的行业性亏损[1]的背景下，被称为“世界上唯一盈利的地铁公司”，香港地铁公司是多国学习和研究的榜样。从 1992 年开始香港地铁就开始盈利，这得益于香港地铁的独特模式“轨道交通 + 物业开发”模式，其核心在于为城市建设轨道交通的同时，由于地铁提供出行方便提升地价，土地价值的一部分通过物业开发回收以补贴地铁投资的资金缺口。香港地铁 2013 年年报显示，公司利润来源有五类，其中因土地资源配给带来的一系列收入占总收入的 43%，车站非票务收入占比 30%，而多数地铁公司极为看重的票务收入占比仅为 15%。

借鉴香港“轨道交通 + 物业开发”的模式，即通过轨道交通沿线土地与上盖物业的开发收益弥补轨道交通投资的资金不足，国内多个城市正借助 PPP 模式在轨道交通领域进行探索和尝试“轨道交通 + 物业开发”，如深圳在这方面做得很成功，效果明显（下文将有详细论述）。

[1] 世界上第一条地铁诞生至今已过去一个半世纪，然而，包括许多发达国家在内，世界上绝大多数国家的地铁公司都是亏损运营。发达国家建设地铁的时间较早，地铁定位于城市公共设施，实行低票价政策，存在普遍的行业性亏损。

（二）轨道交通运输 PPP 问题及解决途径

城市轨道交通是人们重要的公共交通方式，也是重大的民生工程之一。追溯城市轨道交通的历史，地铁在世界上已经诞生了 100 多年，此后出现了许多不同类型的轨道交通方式。近年来，我国国民经济蓬勃发展，工业化进程加快，城镇化快速推进，城市人口规模不断扩大，人们的工作节奏越来越快，城市交通需求矛盾日益突出。由于城区建筑物密度大，剩余空间越来越小，发展轨道交通已经成为城市发展的趋势。就我国而言，城市轨道交通经历了 20 世纪 50 年代的初级发展阶段和 20 世纪 90 年代以来的快速发展阶段，尤其是 21 世纪以来，随着我国经济建设的快速发展和城市规模的扩大，我国城市轨道交通建设进入高速度、跨越式大发展时期[1]。

轨道交通是我国 PPP 重点推广的领域之一，从财政部公布的前三批 PPP 示范项目来看，无论是从投资规模还是数量来看，轨道交通都占有重要的一席之地。那么，我国重点推广的轨道交通运输 PPP，现状如何？存在哪些问题？又应该如何解决？

1. 城市轨道交通投资规模大

近年来，我国城市轨道交通建设发展迅速，数据显示为运营里程年均增长近 400 公里，“十三五”期间我国城市轨道交通总投资规模将达到 3 万亿元。面对万亿级的投资规模，在我国经济进入缓增长、政府财政资金投入有限的情况下，以 PPP 模式引入社会资本成为各地的优选。

[1] 我国在北京、上海、天津、广州、深圳、武汉、南京、重庆、长春、大连这 10 个城市已建成轨道交通 835.5 公里，此外还有杭州、沈阳、哈尔滨、西安、济南、青岛、石家庄、郑州、长沙、徐州等 30 余个城市正在建设、筹划、规划中。预计到 2020 年我国城市轨道交通线路总长度将达到 7395 公里，总投资将超过 3.3 万亿，年均投资高达 2700 亿元。

2. 轨道交通运输 PPP 面临的问题

1）我国城市轨道交通运输 PPP 存在的问题主要表现在盈利模式单一、投资回报率低、投资回报时间长，进而影响了社会资本的投资积极性。实践中，由于轨道交通建设直接带动周边土地增值，同时带来房地产、写字楼、酒店、物业等商业机会。然而，此前的轨道交通运输 PPP 项目在政府与社会资本的商谈中并没有将土地增值收益、物业开发收益和商业经营收益统筹纳入到整个轨道交通运输 PPP 项目的投资、建设和收益回报，因此社会资本盈利模式单一、盈利空间有限。

2）与世界先进水平相比，我国城市轨道交通运输 PPP 项目在运营管理水平上还有一定的差距，这直接导致运营成本的增加。

3）风险问题。

（1）部分地方政府对 PPP 模式的核心要义认识不够，实践中甚至有部分地方政府将 PPP 模式简单地理解为政府融资的另一种方式，认为不过是“短债变长债”“甩包袱”，而对 PPP 模式能够节约成本、提高运营效率的优势认识不足，这种认识导致双方协商过程中政府过多地考虑资金问题和社会公众利益问题，对社会资本的投资回报考虑得不够。

（2）融资成本高、融资渠道有限。研究发现，鉴于我国资本市场尚不发达，直接融资手段并不丰富，目前我国 PPP 项目中社会资本的主要的融资方式仍是间接融资，即以向银行业金融机构贷款为主。而通过向银行贷款面临的现实问题是：一是银行对 PPP 模式贷款也是处于前期探索阶段，并非每一家商业银行对 PPP 项目都是持完全支持态度；二是银行业存在资金错配的问题，PPP 项目尤其是轨道交通这类巨额投资项目资金需求量大、投资回报期长[1]，导致银行风险大，因此非常谨慎。为顺利融资，社会资本只通过信托、资管等“绕一绕”，这样一来项目无形之中增加了资金成本[2]。

[1] 城市轨道交通项目属于具有一定社会公益的项目，从经济特征讲又是属于资金密集型项目。由于设计标准高、施工技术难度大，再加上项目前期用地成本和拆迁补偿等不断上涨，平均每公里综合造价 6 ~ 8 亿元，一般需要 20 ~ 25 年的运营期才能实现损益平衡。

[2] 社会资本除非申请到政策性资金，否则一般综合融资成本都在 8% 左右，而 PPP 项目回报率最高不过 9% ~ 10%（一旦超过 10% 政府将面临很大的压力，社会资本的风险也自然上升）。可见，如果社会资本融资成本大于过高，盈利水平就会很低甚至没有盈利，因此失去参与 PPP 项目的动力。

（3）研究发现，对于 PPP 模式而言，其主要存在政府决策失误风险（主要是由于部分地方政府缺乏 PPP 项目的运作经验和能力，导致决策程序不规范甚至决策失误，为未来 PPP 项目的建设和运营留下隐患）、法律政策变更风险（主要是指由于国家颁布、修订、重新诠释法律或规定而导致 PPP 项目的合法性、投资回报等重要因素发生重大变化，甚至直接导致项目中止和失败，为社会投资者和相关利益方带来巨大损失）、公众反对风险（主要是指由于各种原因导致公众利益得不到保护或受损从而引起公众反对项目建设所造成的风险，一是涉及拆迁、征地，各方对补偿款有争议；二是涉及环境污染）。此外，PPP 模式还存在着各种经济风险如融资风险（一是无法获得建设所需资金而导致项目无法顺利进行；二是融资结构不合理导致融资成本增加）、利率风险（由于利率变动直接或间接地影响项目收益）、外汇风险（汇率波动所造成的货币贬值等）、税收风险以及不可抗力风险等。

PPP 模式除了上述风险外，还存在着项目设计风险 、项目施工风险和项目运营风险。以轨道交通项目为例，其建设风险较大，主要表现在工程量大、专业领域广、施工技术难度高。城市轨道交通建设项目包括较多的桥梁、隧道、涵洞及站台配套工程，一般都有大量土石方工程。项目涉及路基、桥涵、隧道、轨道、房建、通信、信号、电力牵引、车务、电力、给水排水等十多个主要专业，而已有交通条件、周围建筑情况和管线布置导致施工环境错综复杂，可以说是千头万绪，再加上项目很多具体的工作都是在地下、隧道等特殊场合进行，危险性大，施工技术难度高。

3. 解决途径

1）深化城市轨道交通运输 PPP 投融资改革，拓宽投融资渠道，支持政策性银行为轨道交通运输 PPP 项目提供资金支持和综合金融服务，见案例【4-1】。

【4-1】北京地铁四号线是我国城市轨道交通领域首个 PPP 项目。2006 年 4 月，北京京港地铁有限公司（以下简称京港地铁公司）与北京市人民政

府签订《北京地铁四号线项目特许协议》。政府出资的北京市基础设施投资有限公司（以下简称“京投公司”）按照投资建设责任主体将项目的建设内容划分为A、B两部分，总投资预算为153亿元：A部分主要为土建工程投资和建设，投资预算为107亿元，由京投公司负责实施；B部分主要为设备和信号系统等采购和施工，投资额约46亿元，由京港地铁公司（京港地铁公司注册资本13.8亿元人民币，京投公司出资2%，北京首都创业集团有限公司和香港铁路有限公司各出资49%组建而成）负责实施。根据特许协议，京港地铁公司特许经营期限为30年。特许经营期内政府将A部分使用权租给京港地铁公司使用。此外，政府负责制定票价，并行使监督权力。京港地铁公司负责四号线的运营管理、全部设施的维护和除去洞体外的资产的更新及站内的商业经营。

北京地铁四号线是北京市基础设施投融资领域改革的重大举措，加快了北京市轨道交通的建设步伐，具有多方面的优点：一是降低北京市政府财力投入。京港地铁公司分担了项目建设期46亿元建设投资，运营期内减少政府补贴10.6亿元，政府还将增加所得税收入约9.1亿元；二是通过政府入股、租赁等多种方式，降低了社会资本的投资（社会资本只负责B部分，且京港地铁公司还有政府出资入股）；三是借助商业银行的力量，由于北京地铁四号线有良好的人流量保证且利润稳定，银行贷款安全性比较高。银行提供的贷款期限长、利率低；四是引进国际先进的地铁建设与运营管理理念，提高项目的建设和运营效率，提高公共服务水平，实现了政府、社会资本、社会公众和金融机构的多方共赢[1]。

2）创新盈利模式、拓宽盈利渠道。目前较成功的模式是以社会资本为主导的土地和物业溢价经营模式。相对而言，以社会资本为主导的土地和物业溢价经营模式动力更强、效率更高、专业技术更具优势（表4-1）。

[1] 北京地铁四号线是我国城市轨道交通领域首个成功的PPP项目。香港铁路有限公司中国业务首席执行官易珉认为，完善的政策保障体系、合理的收益分配及风险分担机制、完备的PPP项目监管体系、体现各方制约和平衡的PPP项目公司架构设计、通过项目贷款进一步提高PPP项目公司股东回报等因素，是该项目成功的重要经验。做好公共服务领域的市场化改革，“共”字很关键，即共享、共担、共存、共赢。

轨道交通两种模式比较 **表 4-1**

	政府主导的模式		社会资本主导的模式	
	政府	社会资本	政府	社会资本
土地规划权	√	—	—	√
物业开发权	√	—	—	√
增值分配权	√	—	—	√
优点	政府拥有土地规划和经营权，能够充分把控项目发展方向，政府享受增值收益		社会资本深度参与土地经营，有利于深度挖掘项目周边土地潜在价值；政府财政压力小	
缺点	建设单位积极性不高，难以深度挖掘土地价值；政府需要对项目建设兜底，财政压力较大		政府丧失土地经营控制权，对项目管理不再拥有全部控制权，主要通过 PPP 特许经营协议和制定政策进行监管	

3）对轨道交通运输 PPP 项目风险合理分担

在 PPP 的合作模式中，政府与社会资本应本着合作共赢、兼顾社会效益与经济效益的原则合理分担风险。财政部《关于印发政府和社会资本合作模式操作指南（试行）的通知》（财金 [2014]113 号）对 PPP 项目的风险分配基本框架作了规定：按照风险分配优化、风险收益对等和风险可控等原则，综合考虑政府风险管理能力、项目回报机制和市场风险管理能力等要素，在政府和社会资本间合理分配项目风险。原则上，项目设计、建造、财务和运营维护等商业风险由社会资本承担，法律、政策和最低需求等风险由政府承担，不可抗力等风险由政府和社会资本合理共担。对轨道交通运输 PPP 项目，应依据风险分担原则，同时参考国内外轨道交通运输 PPP 项目的风险分担实践经验，将项目风险在政府和社会资本之间合理分担。

（三）深圳地铁“轨道交通 + 物业开发”模式探析

一方面，我国经济发展进入新常态，地方政府财政压力大；另一方面，城市轨道交通系统具有投资规模大、盈利不足、回报周期长的特点。因此，以 PPP 模式操作城市轨道交通系统成为当下我国现实的选择。而如何提高社会资本的积极性，保障 PPP 项目在全生命周期（一般一个 PPP 项目的合作周期长达二三十年）持续、稳定的运营，成为政府和社会资本各方深入思考和探讨的问题。

所谓“他山之石，可以攻玉”。借鉴行业先进经验，近年来，国内部分城市相继探索出“轨道交通 + 物业开发”的发展模式。以深圳地铁为例：

1. 深圳地铁基本情况

作为我国改革开放的前沿阵地，深圳经济发达，人口规模大，也是我国较早进行地铁建设的城市。截至 2014 年底，深圳已经运营的地铁达 178 公里。早在地铁一期建设时，深圳就在探索轨道交通可持续发展模式。深圳与香港一水之隔，在学习借鉴香港地铁的丰富经验方面，深圳具有得天独厚的地理优势和先决条件。2009 年，深圳提出全面构建“轨道交通 + 物业开发”的可持续发展战略[1]。

2. 深圳地铁“轨道交通 + 物业开发”操作方式

1）依据深圳市地铁规划建设方案，深圳地铁建设分为一、二、三期。其中

[1] 回顾深圳轨道交通建设历史，其经历了一元化、二元化和多元化投融资模式的创新变革：深圳地铁一期工程采用一元化投资模式，主要靠政府直接财政投入；二期工程基本采用二元化投资模式，其中政府财政负责 50% 资本金，其余 50% 资金由企业采用债券、短融、银行贷款等形式融资；到三期工程时，深圳地铁在全国率先采用多元化投融资模式，具体来说，就是政府将地铁沿线上盖用地作价出资注入深圳地铁，项目采用“轨道交通 + 物业开发”的模式运作。

一期完全政府投资，70% 资金为市财政拨款，30% 资金由银行贷款。从 2007 年深圳地铁二期建设时开始探索 PPP 模式，政府和社会资本各占 50%。社会资本利用车辆段等上盖物业开发向银行融资还贷。

到深圳地铁三期建设时，完全由社会资本投资。项目采用“轨道交通 + 物业开发”模式，将轨道建设外部效益内部化，实现项目自身财务平衡和可持续发展。具体操作上，社会资本通过轨道交通提升物业价值、物业开发反哺地铁建设，共同促进轨道交通和物业开发的共同发展。

2）轨道交通物业开发用地获取方式

（1）轨道交通物业开发用地与其他土地特征不同。轨道交通物业开发用地主要涉及轨道交通站点、区间、车辆段以及上盖物业开发用地，这也是社会资本尽早实现投资回报的对象所在。研究发现，轨道交通物业开发用地具有三个方面的特征：一是附属于轨道交通，二是需要统一的规划才具有开发利用的价值，三是兼具城市基础设施的公益性和开发利用的经营性功能。

（2）实践发现，轨道交通物业开发用地取得方式主要有三种：第一种是“招拍挂”方式，根据我国《物权法》规定，经营性用地必须采用“招拍挂”方式出让，严格限制划拨方式以及协议出让。在 PPP 模式下，在政府与社会资本付出大量的时间成本和财务成本达成合作意向后，如果土地采取“招拍挂”方式，极易出现土地被第三方拍得的情况，在这种情况下，PPP 项目将成为“无本之木”，无法进行建设。因此，目前部分城市的轨道交通物业开发用地一般采取定向拍卖的方式，以保证土地能够被 PPP 项目的社会资本方所拍得；第二种是协议出让方式，指政府方以协议方式将建设用地使用权出让给社会资本方，社会资本方向政府方支付协议出让金。相比较“招拍挂”方式，协议出让方式不会出现土地被第三方拍得的情况，因此更受政府和社会资本的青睐；第三种是作价出资或入股，相当于国家将本应直接取得的出让金入股作为股权，由国家作为 PPP 项目公司的股东享有 PPP 项目公司的权益。这种方式优点比较多，一是缓解地方政府的资金压力，二是 PPP 项目有地方政府的参与无论是建设和运营质量都会有保障，能够实现公共利益的最大化，三是有政府参与，社会资本积极性更强，四是能够保障土地顺利留在 PPP 项目公司名下。

需要说明的是，PPP 项目土地取得的方式还包括划拨[1]。土地划拨的情况一般是针对公益性的项目。具体到轨道交通物业开发用地，由于轨道交通属于准公益性质的项目，再加上物业开发用地具有公益性和经营性双重特点，要实现划拨还有相当大的困难和障碍。

3）深圳轨道交通物业开发土地取得情况

由于较早时间就开始探索轨道交通沿线物业开发模式，在深圳地铁二期工程中，就通过“招拍挂”方式依法取得土地开发权。深圳地铁已取得土地开发权见表 4-2。

深圳轨道交通物业开发情况　　表 4-2

序号	项目名称	用地面积（万 m^2）	建筑面积（万 m^2）	地价（亿元）	土地取得形式
	已拿地项目合计	88.43	383.13	328.97	
1	蛇口西车辆段项目	6.37	11.03	7.69	招拍挂
2	前海车辆段项目	35.57	80.79	17.4	招拍挂
3	塘朗车辆段项目	4.36	26.15	21.04	招拍挂
4	横岗车辆段项目	11.12	32.20	11.83	作价出资
5	深大站项目	0.98	9.78	7.16	招拍挂
6	红树湾站项目	5.4	47.00	67.15	作价出资
7	前海枢纽项目	20.01	133.01	145.56	作价出资
8	车公庙枢纽项目	0.66	11.58	20.94	作价出资
9	深圳北站东项目	1.93	17.35	15.48	作价出资
		2.03	14.24	14.72	作价出资

4）深圳轨道交通物业开发项目情况

根据深圳地铁二期、三期已取得的地铁上盖物业开发权的分析统计，在深圳轨道交通物业开发项目中，主要有六类项目，即住宅、公寓、办公、商业、酒店和配套设施。从项目所占的比例（按建筑面积）来看，办公项目占比最大（41%），依次为住宅（20%）、公寓（16%）、商业（11%）、酒店（8%）、配套设施（4%）。

[1] 划拨土地即无偿取得、无期限、无流动，但土地前期开发需要支付相关费用和成本。《城市房地产管理法》和《土地管理法》均有相关规定，具体操作目前按照国土资源部 2001 年 9 号令中列举的划拨用地目录。实践中大部分是国有企业取得了划拨用地。

5）深圳轨道交通物业开发实践案例

前海车辆段物业开发项目（以下简称“本项目”），是深圳地铁 1 号线续建工程车辆段的上盖项目。为实现城市土地利用与轨道交通相结合，本项目总体规划要求合理布局、明确功能分区、注重环境以及配套设施完善。2005 年，本项目确定；2006 年，在完成初步设计后开展软基处理工程；2007 年，确定施工图后开展桩基施工；2009 年具备车辆段接车功能。需要着重指出的是，本项目上盖物业开发进度滞后于地铁建设，再加上本项目涉及的上盖物业开发需走“招拍挂”程序，所以直到 2008 年才签署土地使用合同。

（1）前期工作。如上所述，交通物业开发用地取得方式主要有三种：“招拍挂”方式、协议出让方式、作价出资或入股，本项目采取的第一种方式。总结本项目的经验，可以发现要取得上盖物业的土地使用权，以下前期工作非常重要：

①统一规划，统筹好宗地安排。会同有关部门做好轨道交通功能涉及的布局，为上盖物业开发提供基础。

②统一设计，统筹好立体功能接口。统一设计并统筹车辆段及上盖物业开发的设计接口的功能。核心是形成立体分层的宗地图和《地铁前海湾车辆段上盖平台同步建设技术要求》和《前海湾三条市政道路设计技术要求》。

③统一建设，统筹好建设时序。此阶段最主要的是土地底价确定和开发时序安排的总体筹划。

本项目上盖物业开发用地招拍挂转让技术流程如图 4-1 所示。

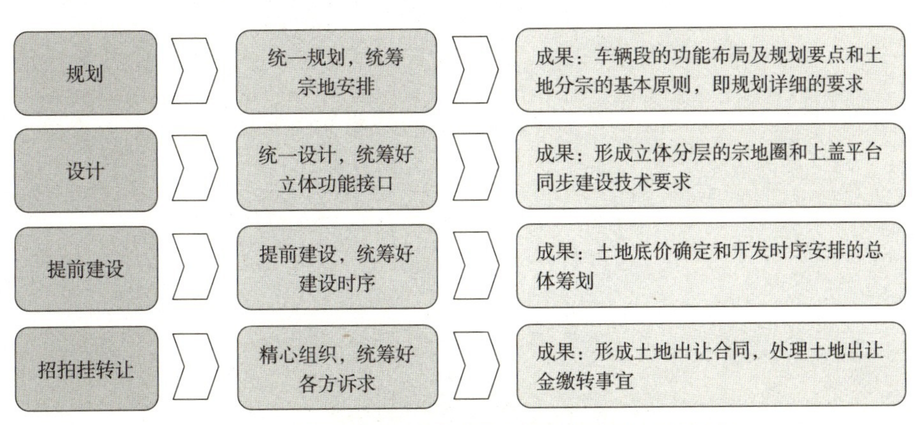

图 4-1 项目上盖物业开发用地招拍挂转让技术流程

（2）最后，明确本项目上盖物业开发用地挂牌的要素条件：

①确定竞买申请人为境内注册的公司、企业、其他组织，个人和联合体不得竞买。且须满足：具有地铁线路和附属设施建设经营范围，并拥有 1 条以上地铁线路建设经营经验；竞买人须通过竞买资格审查并取得证明。

②确定挂牌的其他要素条件：项目建设须符合《地铁运营管理暂行办法》《地下铁道建设管理暂行规定》《其他地铁建设和运营管理的相关规定》的规定；须与地铁建设同步进行上盖物业平台建设、柱网及相关设施建设，并符合《地铁前海湾车辆段上盖平台同步建设技术要求》，并在地铁“轨通”之前竣工；须建设前海湾跨车辆段的三条市政道路并符合《前海湾三条市政道路设计技术要求》，无条件建成后移交给政府。

③投资者如果需成立项目公司则须为全资子公司，该项目公司股权在地铁 1 号线续建工程试运营之前不得转让。

五

PPP 模式下的客运站和出租车服务区

相对来说，在城市基础设施建设项目和社会公共服务项目中，城市客运站和出租车服务区地位重要但回报收益率不高、风险较大，因此社会资本性的积极性有待提高。对此，如何引进优质社会资本，实现政府、社会资本和广大人民群众的“多赢”格局，需要各方创新的思维。

（一）某县客运站 PPP 项目风险分析

1. 项目背景

某县位于华北地区，旅游资源丰富，小商品经济发达，公路四通八达，交通便捷。某县县域总面积 3600 多平方公里，人口 100 余万人。近年来，某县综合经济实力显著增强，社会各项事业突飞猛进。随着经济加速发展，人民生活水平不断提高，周边区县、乡镇大量商流、人流、物流向某县聚集，在此背景下，某县客运需求不断增加。但某县现有长途汽车站始建于 20 世纪 90 年代，建设标准较低、设施设备较为破旧，不能满足客运需求，与某县建设高水平城市、大力发展旅游业、小商品经济的目标具有突出的矛盾，主要体现在：一是站场选址不合理，在空间分布上不能适应城市发展需要。现有汽车站位于穿过县城的省道上，交通流量大，运煤车辆多，再加上位于县城中心位置，交通高峰期来往通过省道的大型客车容易对该路段正常交通带来影响。同时噪声扰民现象严重，给附近人民群众的生活带来不便；二是站场规模严重不足，无法满足日益增长的客运需求；三是站场服务功能单一，只能提供售票、安检、问询、商务等低档次服务，不能提供医务和住宿等全方位立体化服务。此外，由于站场内技术设备落后，站场与车辆之间信息不畅、不衔接、不配套，只能采用传统的管理方法和手段，致使运输效益差，严重制约了运输组织化程度的提高。因此，某县亟待建立一个以中长途为主，服务于某县乃至更大区域的现代化综合汽车客运场站，为某县经济持续、快速、稳定发展奠定坚实的基础。2015 年，某县人民政府决定新建一座现代化的汽车客运站（以下简称“本项目”）。

2. 基本情况

1）本项目的市场定位是为某县域各乡镇出行的旅客及其周边区域的旅客提

供到发、中转等一系列服务，同时提供必要的生活辅助服务，将其发展为某县多功能、现代化的汽车客运站。本项目位于某县城乡接合部，与高速、省道连接，从而实现站场参营车辆对外集散。本项目主要有运输服务、运输组织、中转换乘、通信信息、生产辅助服务等五项功能。综合分析某县经济社会发展及旅客运输设施改善对客流的影响，结合其他城镇类似客流转移情况分析以及有关预测模型，预测到 2018 年、2023 年和 2028 年某县客运适站量将分别达到 366.68 万人、469.78 万人和 582.69 万人，日发送旅客量分别为 10000 人 / 日、12870 人 / 日以及 15960 人 / 日（表 5-1）。

某县汽车客运适站量预测 表 5–1

指标年份	2018	2023	2028
客运适站量（万人）	366.68	469.78	582.69
日发送旅客量（人 / 日）	10000	12870	15960

2）本项目设计日发送能力约 15000 人，占地面积约 60000 平方米，总建筑面积约 36000 平方米，其中：站务房建筑面积约 20000 平方米（2 层）、辅助用房建筑面积约 2000 平方米、道路及广场面积约 28000 平方米、绿地面积约 6600 平方米。此外，本项目容积率为 0.28，绿化率为 16.5%。

客运站场内旅客、行包、车辆的各种活动必然会产生各种比较有规律的流动过程和路线。根据流动生产过程，客运站场内发生的流线可分为：旅客流线（客流）、行包流线（行包流）和车辆流线（车流）。根据工艺流程设计的基本原则和站内旅客流线、车辆流线、行包流线的特征，本项目工艺流程如图 5-1 所示。

3）本项目总投资约 0.8 亿元，拟定于 2016 年 7 月开工建设，2018 年 1 月完工，并于 2018 年 2 月投入使用。

3. 合作模式

针对本项目，某县政府决定采取 PPP 模式与社会资本合作。经过公开招标，社会资本、某交通建设投资公司成功中标。某县政府授权该县交通运输局作为本项目的实施机构与某交通建设投资公司签订 PPP 特许经营协议。特许经营期限

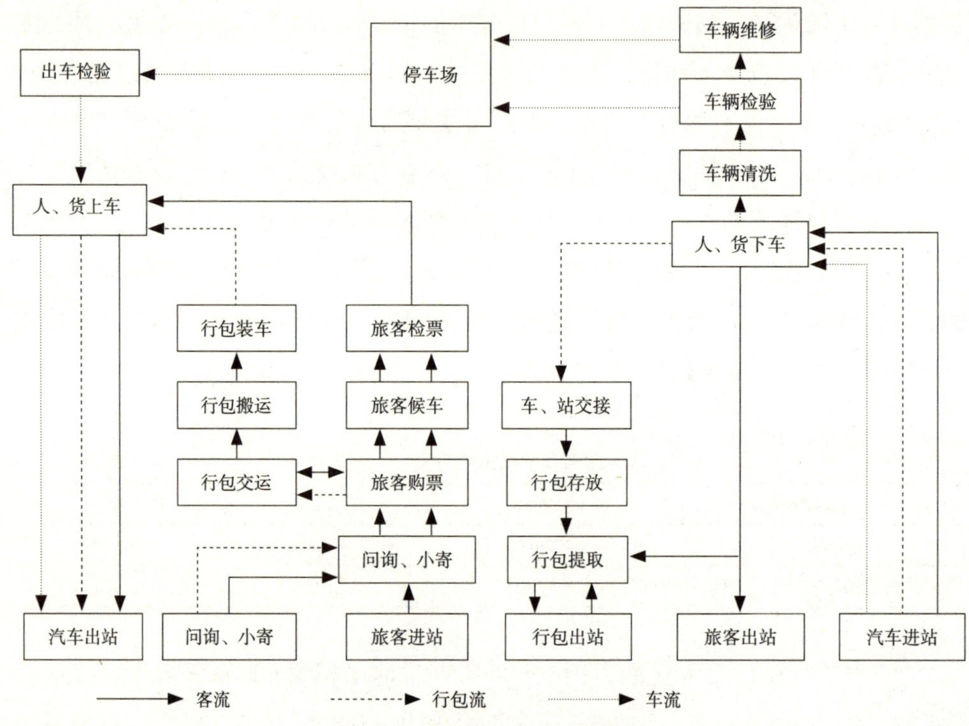

图 5-1 某县客运站工艺流程

15 年（含建设期一年半）。某交通建设投资公司负责本项目的投资、融资、建设、运营和维护。某交通建设投资公司投资回报方面，采取“使用者付费＋政府可行性缺口补贴”的模式。

4. 案例解读

汽车客运站 PPP 项目在 PPP 操作模式中属于“准经营性项目”[1]，项目经营

[1] 2014 年 12 月 4 日，国家发改委发布《关于开展政府和社会资本合作的指导意见》（发改投资 [2014]2724 号，以下简称《指导意见》），《指导意见》界定了三种项目的操作模式选择：第一种是经营性项目。对于具有明确的收费基础，并且经营收费能够完全覆盖投资成本的项目，可通过政府授予特许经营权，采用建设－运营－移交（BOT）、建设－拥有－运营－移交（BOOT）等模式推进。第二种是准经营性项目。对于经营收费不足以覆盖投资成本、需政府补贴部分资金或资源的项目，可通过政府授予特许经营权附加部分补贴或直接投资参股等措施，采用建设－运营－移交（BOT）、建设－拥有－运营（BOO）等模式推进。第三种是非经营性项目。对于缺乏“使用者付费”基础、主要依靠“政府付费”回收投资成本的项目，可通过政府购买服务，采用建设－拥有－运营（BOO）、委托运营等市场化模式推进。

收费不足以覆盖投资成本，需要政府给予一定的补贴才能实现社会资本的投资回报预期。因此，相对于经营性项目来说，准经营性项目的风险较大，社会资本更为慎重。就本项目而言，为了确保项目操作的可靠性，某交通建设投资公司对项目风险进行了科学的评估，并对风险提出了应对之策。

1）风险评估

（1）市场风险

本项目的建设有利于某县的城市建设规划，某县与三县毗邻，与省会城市相距仅 100 余公里。随着铁路、公路的不断完善，来某县做商贸的客户及在此中转的人数与日俱增，某县交通区位优势日趋明显，目前某县的交通量呈现增长趋势，因此本项目市场风险一般。

（2）工程建设风险

项目所在区域无复杂地形因素，项目本身无高难度技术问题，地区内有较充足的条件来实施该类工程，地质、水文等都经过提前考察论证，风险一般。

（3）投资风险

本项目投资风险主要与工程量、设备材料价格和工期有关。尽管客运站项目建设相对成熟，设备材料也比较常规，但本项目工程量较大、预计工期较短，可能存在由于工程量预计不足、设备材料价格上涨、计划不周等导致工期拖延带来投资增加。因此本项目投资风险较大。

（4）融资风险

本项目的资金来源以投资者自筹为主，投资者目前资金充足，因此融资风险一般。

（5）经营风险

客运站的经营运作在经营管理方面比较成熟，但存淡季、旺季之分。在经营成本方面可能存在成本上升的风险，因此本项目经营风险较大。

2）风险防范对策

本项目要获得成功，需要将项目风险损失控制在最小范围内。研究发现，在项目操作中，投资者可以采取风险回避和风险自担。所谓风险回避是彻底规避风险的一种做法，即断绝风险的来源。对投资项目而言，风险规避意味着推迟或否决项目。本项目属于政府规划、支持并投资的项目，经过规划、可研等阶段的研

究论证，具有可行性，因此不采用风险回避政策。而风险自担是将风险损失留给项目业主自己承担。适用于两种情况：一种情况是已知有风险但若想获利必须冒险，并且这种风险无法控制和转移；另一种情况是已知有风险，但若采取某种风险措施，其费用支出会大于自担风险的损失。对于本项目而言，不存在无法控制和转移的风险，因此不采用风险自担对策。

（1）风险控制。风险控制是针对可控性风险采取的防止风险发生、减少风险损失的对策。通过对风险因素的分析，本项目虽然总体风险水平较小，但仍然存在一些风险较大的因素，需要采取针对性的对策。

①市场风险方面。一是了解当地居民交通需求，同时通过定期进行市场调查了解中转旅客的交通需求，坚持以人为本设置线路；二是从旅客需求出发，提高服务多样化和人性化水平，提高竞争能力；三是在特许经营权协议内约定内容，适当浮动价格，同时应与其他客运站场的价格水平变化保持一致。

②工程建设风险。加强地质、水文方面的勘察，参考周边建筑工程的状况。

③投资风险。在工程量预计的基础上设定一个安全边际，并在资金安排方面相应留出预备费用。

④经营风险。一是加强客运站内部管理，提高内部效率；二是加强车站内部成本控制和管理，或者通过增加服务项目、提高服务水平以增加经营收入，以此来弥补成本对经营收益的影响。

（2）风险转移

风险转移是试图将项目业主可能面临的风险转移给他人承担，以避免风险损失的一种方法。在采购设备材料价格方面，可在项目开始建设的初期，根据设备配置的情况，向有关厂商洽谈商定购买合同，并确定购买价格，将价格上涨的风险转移给厂商；在建设工期方面，与建筑商签订合同，约定关于工期的保证条款赔偿条款（不能按照合同约定按时完成）等，将工期延长的风险转移给建筑商。

（二）某客运站 PPP 项目案例财务分析

1. 项目背景

某县位于华中地区三省交界处，总人口 50 多万人，旅游资源丰富、农业基础好，公路交通网络四通八达、经济较为发达。作为地方的一个窗口，客运站软硬件质量直接关系到地方的经济发展和对外形象。某县现有汽车客运站由于建设较早，设施陈旧，不能满足某县经济社会发展需要。鉴于此，某县急需建立一个以中长途为主，服务于某县以及周边区域的高效率的现代综合客运场站。2014 年中，某县人民政府决定新建一座现代化的汽车客运站（以下简称“本项目”）。本项目的建设是适应城市总体规划、加强公路客运管理、繁荣公路客运市场、增强公路客运企业自身发展能力的需要，也是适应和促进某县社会经济发展的需要。作为城市重要的交通基础设施，本项目社会效益和经济效益明显：一是可以缩短旅客运输的调配时间，降低运输企业的运输成本，从根本上改变管理落后、效率低下的状况；二是本项目的选址考虑了某县的城市发展规划、对外交通与城市交通条件的便利程度、旅客出行特点、土地利用等因素，布局合理。运输企业在现代化的经营、设备配置下，通过处理相当规模的作业量，能够实现经济效益，从而推动整个运输事业的发展。

2. 基本情况

本项目设计日发送能力为 8000 人次，占地面积，15600 平方米（折合 15 亩），总建筑面积 7800 平方米，站前广场面积 1600 平方米，停车场面积 3000 平方米，绿地面积 1500 平方米，容积率 0.26，绿化率 13%（表 5-2）。本项目总投资约 6000 万元。按照交通运输部《公路运输站场投资项目可行性研究报告编制办法》的规定，项目的设计年限一般取项目主体工程建成投入使用后的第 10 年。本项

目拟于2015年3月开工建设，2016年3月完工，2016年4月投入使用，设计年限为10年，因此拟定设计年度为2025年。根据本项目旅客发送量的预测结果，到2025年某县汽车客运站的年平均日旅客发送量为8000人次。考虑本项目的设计年度，结合本项目特点及功能定位，确定本项目的设计生产能力为8000人次/日。

某客运站设计指标 表5-2

<table>
<tr><th>项目</th><th colspan="2">站场设施</th><th>面积（平方米）</th></tr>
<tr><td rowspan="6">场地设施</td><td colspan="2">站前广场</td><td>1600</td></tr>
<tr><td colspan="2">停车场</td><td>3000</td></tr>
<tr><td colspan="2">车位面积</td><td>1000</td></tr>
<tr><td rowspan="2">其中</td><td>发车位面积</td><td>800</td></tr>
<tr><td>到车位面积</td><td>500</td></tr>
<tr><td colspan="2">合计</td><td>6900</td></tr>
<tr><td rowspan="20">站务用房</td><td colspan="2">候车厅</td><td>560</td></tr>
<tr><td colspan="2">售票厅</td><td>360</td></tr>
<tr><td rowspan="3">其中</td><td>购票室</td><td>180</td></tr>
<tr><td>售票室</td><td>100</td></tr>
<tr><td>票据库</td><td>60</td></tr>
<tr><td colspan="2">行包托运</td><td>300</td></tr>
<tr><td rowspan="3">其中</td><td>托运厅</td><td>75</td></tr>
<tr><td>行包受理作业室</td><td>60</td></tr>
<tr><td>行包库房面积</td><td>150</td></tr>
<tr><td colspan="2">行包提取</td><td>78</td></tr>
<tr><td colspan="2">综合服务处</td><td>150</td></tr>
<tr><td colspan="2">站务员室</td><td>225</td></tr>
<tr><td colspan="2">驾乘休息室</td><td>30</td></tr>
<tr><td colspan="2">调度室</td><td>60</td></tr>
<tr><td colspan="2">治安室</td><td>90</td></tr>
<tr><td colspan="2">广播室</td><td>60</td></tr>
<tr><td colspan="2">医务室</td><td>90</td></tr>
<tr><td colspan="2">残疾人服务设施</td><td>60</td></tr>
<tr><td colspan="2">卫生间</td><td>250</td></tr>
<tr><td colspan="2">办公用房</td><td>900</td></tr>
</table>

续表

项目	站场设施	面积（平方米）
站务用房	商店	90
	餐饮	450
	司乘公寓	1200
	合计	5578
生产辅助设施	检测台	300

3. 合作模式

本项目采取 PPP 模式下的 BOT 模式操作，通过公开招标，某交通建设投资公司中标。由某县人民政府授权该县交通运输局作为项目实施机构与某交通建设投资公司签订特许经营协议。特许经营期限 16 年（含一年建设期）。某交通运输建设公司作为社会资本方负责本项目的投资、建设和运营。社会资本投资回报采取“经营权收益 + 政府可行性缺口补贴”模式。

4. 案例解读

作为准经营性项目，汽车客运站项目在投资回报上存在一定的风险，因此科学的财务分析相当重要。本项目对社会资本投资回报进行了详细的分析，最终促使社会资本方下定决心以 PPP 模式和政府方合作。

1）财务评价基础数据及参数选取

（1）项目计算期

财务评价项目计算包括项目建设期和生产营运期。本项目拟于 2015 年 3 月开工建设，2016 年 3 月完工，2016 年 4 月投入使用，设计年限为 10 年，按照《公路运输站场投资项目可行性研究报告编制办法》的要求，本报告中营运期按 15 年计。项目计算期为建设期 1 年，营运期 15 年，共计 16 年。

（2）财务基准收益率的确定

财务基准收益率是项目财务内部收益率指标的基准和判据，也是项目在财务上是否可行的最低要求。本项目的财务基准收益率采用交通行业 7% 的平均收益水平指标。

（3）其他计算参数

根据《中华人民共和国企业所得税法》（中华人民共和国主席令第 63 号）企业所得税的税率为 25%。《财政部国家税务总局关于全面推开营业税改征增值税试点的通知》（财税 [2016]36 号）不动产租赁服务按 11% 缴纳增值税。附加税：按照增值税的一定比例计算，城市建设维护税 7%，教育费附加 3%，地方教育费附加 2%。

2）财务评价

（1）项目营运收入。本项目的主要功能是为旅客提供高速、快捷、舒适的服务，由此确定其主要收入为客运代理费收入、小件寄存收入、行李快递收入以及商业出租收入等。在计算营运收入之前，首先要确定运营负荷。该项目的运营负荷按到达设计年度之前根据一定百分比计算，到达之后隔年按设计能力计算。

①客运代理费收入，该收入是本项目为参营车辆组织旅客和提供站务服务按规定比例从售票营业额中的提成收入。它是按票房收入的一定百分比来提取的。

②小件寄存收入，指客运站向旅客提供小件寄存服务所收取的费用。旅客需要小件寄存服务，人数按旅客发送量的 2% 计算，每人次按 3 元计算。预计该项服务年收入约为 8 万元。

③行李快递收入，指客运站向旅客提供的超重行李托运服务。预计该项服务的收入约为 100 万元 / 年。

④司乘公寓收入，指客运站向司乘人员提供住宿服务所得收入。客运站建成后约有 36 间客房可提供住宿服务和休息场所，每天每间按 120 元计算，入住率按 70% 计算，司乘公寓年收入约 110 万元。

⑤商户和餐饮用房出租收入指将客运站内商业、餐饮用房出租所得的收入。预计未来本项目商业开发收入约为 30 万元 / 年。

3）项目总费用

（1）建设费用。根据《建设项目经济评价方法与参数》的规定，财务评价所用价格是建设期内的时价，项目运营期采用建设期末价格（不考虑营运期内通货膨胀因素），故财务建设费用等同于投资估算。

（2）固定资产折旧费。本项目的固定资产折旧按房屋站场和设备两部分提取。

①房屋站场固定资产折旧。房屋站场固定资产折旧采取平均年限法，根据国家规定房屋站场固定资产折旧年限为 30 ~ 50 年，本项目定位 30 年，净残值率 5%。计算公式如下：

$$年折旧率=\frac{1-净残值率}{折旧年限}\times 100\%=3.2\%$$

$$年折旧额=固定资产原值\times 折旧率$$

②设备固定资产折旧。设备固定资产折旧也采用平均年限法，净残值率为 5%，设备的折旧年限为 10 年，则：

$$年折旧率=\frac{1-净残值率}{折旧年限}\times 100\%=9.5\%$$

$$年折旧额=固定资产原值\times 年折旧率$$

（3）站场的日常修理费用。为保证站场生产的正常运行，站场日常修理费用一年按 20 万元计，财务评价期内以后每年按 3% 的增长率增长。

（4）站场职工的工资及福利。根据拟建设项目的规模，达到营运期预定规模时约为 40 人，根据某县现有收入水平，确定每人每年工资福利为 30000 元。由于运营期前几年本项目尚未达到设计发送能力，因此，职工人数未能达到 40 人，因此，运营第 1 年站场职工工资总数按 50% 计算，运营期第 5 年职工工资总数达到 100%，以后每年按 3% 递增。

（5）燃料动力费用。燃料动力费用包括为保证站场正常生产而耗费的水、电等费用，根据调研结果，预计第一年的燃料动力费为 18 万元，以后每年按 3% 递增。

（6）流动资金。为保证项目初期运营工作的顺利展开，作为生产性投入，需要先期投入一定金额的铺底流动资金，根据《建设项目经济评价方法与参数》中对流动资金“扩大指标估算法”的测量原理，计算得到第一年需一次性投入 36 万元作为项目的铺底流动资金。

（7）管理费。为保证站场内的正常生产而发生的职工差旅费、办公用品费等业务开支列为本项目的管理费，第一年 10 万元，以后每年按 3% 递增。

（8）其他费用。其他费用主要用于运营过程中未考虑的其他支出和突发事件，第一年需 10 万元，以后每年按 3% 递增。

4）财务评价指标

（1）项目财务内部收益率（FIRR）。项目财务内部收益率（FIRR）是指项目在整个计算期内各年净现金流量现值累计等于 0 时的折现率，它是考察项目盈利能力的相对指标。经计算本项目财务内部收益率为 9.23%，大于给定的基准收益率 7%，本项目有一定的盈利能力，但盈利能力较小。

（2）财务净现值（FNPV）

财务净现值（FNPV）是指按设定的折现率（本项目取值 7%）计算的项目计算期内各年净现金流量的现值之和，它是考察项目盈利能力的绝对指标。经计算本项目财务净现值为 216.9 万元，大于 0，表明项目的盈利能力超过设定折现率所要求的盈利能力。

（3）项目投资回收期

项目回收期是指以项目的净收益回收项目投资所需要的时间。经计算本项目投资回收期为 11.30 年，表明本项目有一定的盈利能力和抗风险能力，能够收回投资。

5）财务评价结论

根据财务评价指标分析，本项目在评价期内，财务方面效益可行。尽管本项目有一定的盈利能力，但盈利水平较低，投资回收期较长，是一个公益性较强的项目，需要得到政府部门大力支持。

（三）信息化技术在汽车客运站的应用

1. 项目背景

某县地处华北西北部，周边与四县二区相邻，总面积 3000 多平方公里，总人口达 60 多万人，境内有多条高速公路、国道和省道，是京、晋、冀、蒙经济文化交流的枢纽。近年来，该县县域经济持续健康发展，大量商流、人流、物流随之向县城聚集。但目前某县汽车客运站用地规模十分狭小、发车班次有限、设施简陋、管理落后，致使运输效益差，严重制约了运输组织化程度的提高，与现代客运交通枢纽的理念不符。此外，某县汽车客运站位于县城中心地段，此前规划的道路不宽，高峰时极易造成交通堵塞，而且噪声扰民现象严重，人民群众反应比较强烈。因此，某县急需建设一个以现代化的综合客运场站，以提升城市形象，提高客运站的信息化、智慧化管理，同时还可以拉动地方经济增长。2014 年，某县人民政府决定新建一座科技含量高的现代化汽车客运站（以下简称“本项目”）。

2. 基本情况

本项目位于某县县城南侧，距县城中心地区 3 公里，距国道不足 100 米。本项目的市场定位是为某县及周边区县出行的旅客提供到发、中转等一系列服务，同时提供必要的生活辅助服务。本项目占地面积约 25000 平方米，总建筑面积约 9000 平方米，道路广场面积约 13000 平方米，绿地面积约 6000 平方米，容积率 0.49，绿化率 16%。本项目总投资估算为 9000 万元。本项目拟定于 2015 年 3 月开工建设，2016 年 9 月完工，并于 2016 年 10 月投入使用。本项目担负着接送旅客并保证旅客安全、及时、经济、方便、舒适抵达目的地、组织参营客车运行、为旅客和参营客车提供综合服务等工作的职责。因此，客运站的生产过程是旅客运输

工作的主要内容，也是客运站场内部生产工艺组织的前提与基础。本项目生产业务流程如图 5-2 所示。

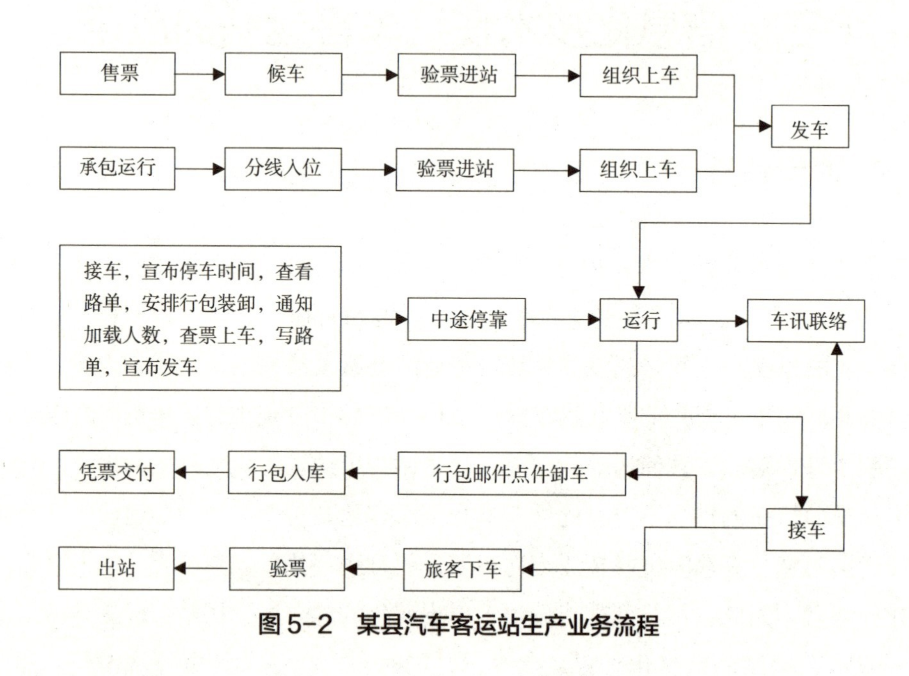

图 5-2 某县汽车客运站生产业务流程

3. 合作模式

针对本项目，某县人民政府决定采取 PPP 模式下的 BOT 模式与社会资本合作。通过公开招标，社会资本某交通建设投资公司中标。某县人民政府授权该县交通运输局作为项目的执行机构与某交通建设投资公司签订 PPP 特许经营协议。特许经营期限 10 年（不含建设期）。具体而言，某交通建设投资公司负责本项目的投资、融资、建设、运营和维护。某县交通运输局负责本项目建设、运营和维护的监督和管理。社会资本投资回报方面，采取“经营权收益 + 政府可行性缺口补贴”的模式。

4. 案例解读

汽车客运站网络化、信息化、智能化管理成为目前的新趋势。因此，为了提

高客运站的运营效率，提升城市形象，某县人民政府十分注重本项目的信息化管理、智能化运作，将各竞标单位提交的方案中“信息系统设施设计方案”作为重中之重的因素予以考量。本项目中，社会资本某交通建设投资有限公司根据生产调度和日常管理的功能需求，提出了符合实际且满足招标机构要求的“信息系统设施设计方案”，从而从多家竞争者中脱颖而出。具体来说，本项目配备 4 个不同功能作用的现代化应用管理系统，提供现代化的管理和服务手段，实现网络化、信息化、智能化的现代化管理模式。

1）网络信息系统

信息网络系统是客运站提高信息化管理的基础设施，其系统建设包括技术方案设计和应用信息系统资源建设。技术方案设计主要包括网络技术选型设计、结构化布线与设备选型；应用信息系统资源建设主要包括内部信息资源建设和外部信息资源建设。本项目网络系统原理如图 5-3 所示。

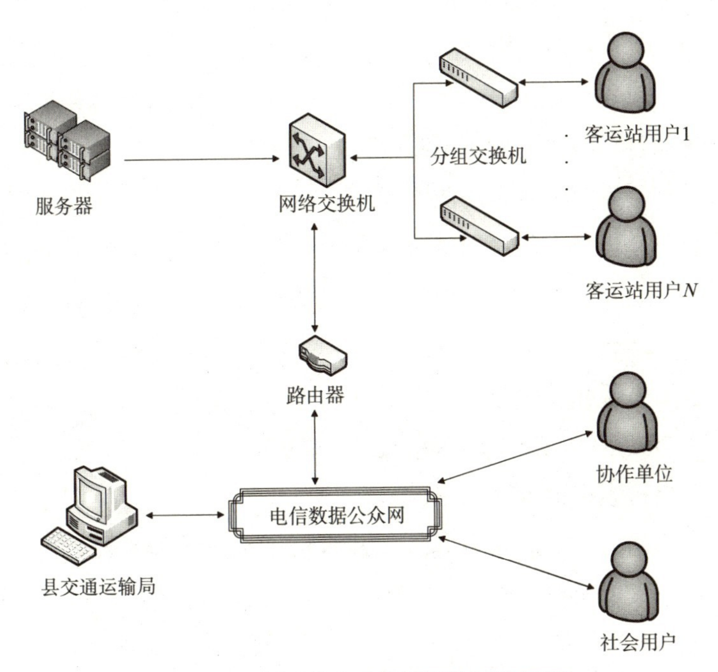

图 5-3 某县汽车客运站网络系统原理

（1）网络技术选型设计。根据客运站业务特点和运作模式，其网络系统采用

星型拓扑结构，依据其生产管理或者行政部门的划分，可设定不同的虚拟网。

（2）客运站网络中心的设计。根据客运站的业务流量和规模选用千兆以太网交换机作为客运站网络系统的中心交换机，向各分组交换机及其他分系统提供10/100Base 的通信端口。

（3）客运站网与 Internet 的互联。采用局域网专线接入方式，租用 DDN、FR 或 ISDN 专线实现与上级主管部门、协作单位等外界的数据传输和信息沟通。

（4）远程访问服务。为远程访问人员提供拨号上网服务。

（5）内部信息资源建设。内部信息资源建设主要可分为：生产计划管理模块、生产调度管理模块、售票管理模块、车辆管理模块、信息发布管理模块、人事管理模块、财务管理模块等，通过赋予各功能模块不同的功能作用，实现不同部门的业务管理需求。

（6）外部信息资源建设。外部信息资源建设包括的功能有：Internet 功能、远程访问功能、电子邮件功能、信息交换功能、信息发布功能等。

2）智能化公共广播系统

公共广播系统主要用于发布生产指令、乘车信息及消防应急广播等。公共广播系统可分为旅客负载区、发车负载区、办公负载区等。

（1）公共广播系统的基本功能要求

①具有全自动广播功能。根据预置参数自动生成播送内容，并选择相应广播负载区域播出相应的广播内容，播出后自动关机。本系统能根据发车计划信息，自动生成与实际运行相符的广播程序，自动更改和调整播音时间、内容和广播负载区域，实现无人干预下的全自动广播。

②具有半自动广播功能。当信息网络系统因故停用时，本系统可进行人工修改、调整和变更检索广播内容。

③应急广播功能。通过人工干预，选用独立的应急广播系统，实施人工口播。

此外，本系统以菜单、图形、表格、文字形式在显示器上显示广播运行程序及状态；本系统有任一信源通过控制播向一个或多个区域，多个信源可同时向不同负载区域播音；任一信源可任意加载或卸载；话筒任意插播。当话筒插播时，正在播出节目自动降低功放电平，插播完毕后电平自动恢复；具有自检、故障显示和报警功能。

（2）数据库。为保证系统的正常运行和灵活性，建立相应的数据库，即：播放数据库、信源库、广播类型库、班次发车规律库、常用语库、系统日志库等。

3）闭路监控系统

闭路电视监控系统是利用现代科技，对远端场景进行传感成像、集中监视及联动控制，提供直观、实时、丰富、客观的现场实时图像信息，为管理层的决策、生产部门的调度指挥、保卫部门的安全保卫提供可靠的信息和手段，本项目闭路监控系统原理如图 5-4 所示。

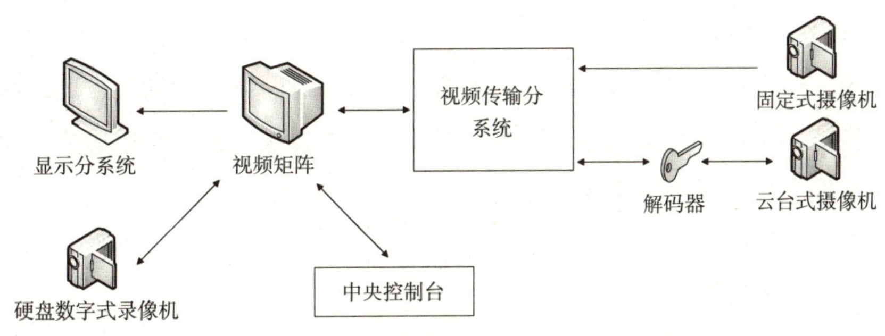

图 5-4　某县汽车客运站闭路监控系统原理

监控区的划分及设备配置要求：根据不同区域空间的功能作用，划分不同的监控区，不同的监控区对设备配置具有不同的功能要求。

（1）室外监控区

①站前广场监控区。站前广场人员杂乱，监控点的配置以云台式为主，固定式为辅。云台式摄像机选用高变倍镜头，全方位清晰扫描广场情景，重点部位配置固定摄像机重叠监控。

②停车场监控区。停车监控区以财产安全、秩序管理为主要目标配置摄像机。配备云台式、高变倍摄像机。摄像机数量的配置以有效监控区域半径不大于 80 米为宜。摄像机的位置以对角线的方式选定。

③发车站台监控区。发车站台监控区车辆多、人员密度大、位置固定，因此以固定式为主，云台式为辅，采取近距离、小范围、高密度的监控方式配置摄像机。

（2）室内监控区

①售票大厅监控区。售票大厅监控区分为旅客公共区和工作人员区。旅客公

共区以云台式摄像机为主，适当配置固定式摄像机，旅客排队购票区作为重点监控区域；工作人员区适当配置固定式摄像机。

②候车大厅监控区。候车大厅监控区只作一般监控要求。

③检票入口监控区。检票入口处由于空间狭小、人员拥挤，因此重点部位配置固定式摄像机进行监控。

④办公监控区。办公监控区可分为公共区、不同职能部门区和财务处区。财务处监控区是监控防范的重点，不但有监控功能，而且有非法入侵报警功能。其他办公区域只作一般监控要求。

4）信息发布显示系统。信息发布显示系统主要由信息大屏和显示条屏组成，主要用于发布发车时间、班车路线、票价、发车信息、乘车须知等方面的相关信息。从经济实用角度出发，显示屏的配置原则是尽量选用条屏、尽量少配大屏。

信息发布显示系统的主要功能要求：

（1）各显示屏可编组显示控制

（2）显示条屏的主要功能要求

①系统具有脱机运行功能。

②可滚动显示不同的信息内容。

③显示内容存储方式有长驻、暂驻和实时等方式。

④根据程序设定，可自动检索生产计划数据库，自动发布相应的发车信息。

（3）显示大屏的主要功能要求

①可播放多种文字的各种字体、字形和不同的文字信息。可实现翻页、滚屏、旋转、滚动、闪烁等多种显示方式。

②显示大屏可播放不同格式的图形、图像文件。如：BMP、JPE、JPEG、GIF 等。

③可在同一屏上显示多种信息，可任意编排。

④支持多媒体设备。

⑤具有播放来自电视、录像等多种外围设备的视频信号，并能随时切换不同的视频源和信息源。

⑥具有网络接口控制功能。

（四）某市出租汽车综合服务区 PPP 项目

1. 项目背景

某市位于华北地区，周边与多省多市县毗邻，区位优势明显，是重要的区域性城市，国内知名旅游城市，也是京津冀都市圈主要城市之一，辖区总面积约 4 万平方公里，人口约 500 多万人。近年来，某市呈现经济社会快速发展，人口规模不断扩大。作为现代化城市综合交通体系的重要组成部分，出租汽车是必备的公共交通设施，也是一个城市精神文明的窗口。目前，某市出租汽车产业发展迅速，有 7 家出租汽车公司，出租汽车约 4500 台，从业人员约 10000 人，年客运量为 1 亿人次。不过，某市出租汽车行业暴露出一些突出的问题：某市市区尚未设置一处专门的出租汽车综合服务区，出租汽车司机劳动强度大，相对固定的就餐休息地点难以保障，“停车难、吃饭难、如厕难”等“三难”导致不少司机落下职业病等。

为切实解决出租司机的现实困难、提高出租汽车服务质量、提升某市的城市品牌形象、为某市出租汽车行业的持续、快速、稳定发展奠定坚实的基础，某市人民政府决定新建一座出租汽车综合服务区（以下简称“本项目”）。本项目定位为：以某市出租汽车为主要服务对象，对其提供停靠、维修保养、清洗，同时为出租汽车司机提供餐饮、休息、信息发布等一系列服务。

2. 基本情况

通过调研显示：某市男性出租车司机所占比例约九成，女性出租车司机所占比例约一成；选择小饭店用餐的司机约占四成，选择路边摊位用餐的司机约占四成，选择家中用餐的司机不到二成，剩下的则是选择其他方式用餐的司机；患有职业病的出租车司机约占八成，未患职业病的出租车司机约占二成；会选择出租汽车综合服务区提供的服务司机超过九成。由此可以得出，由于忙碌及收入等问

题，大部分的司机选择路边摊位和小饭馆解决吃饭问题，大多数出租汽车司机身体健康存在一定问题，迫切需要帮他们解决这些问题。本项目总占地面积约 26000 平方米，总建筑面积约 2800 平方米，道路及停车场约 18000 平方米。本服务区设计同时停放、接待出租汽车 300 辆。参考其他地区经验并结合某市本地实际，确定本项目主要服务设施的建设规模，主要包括：主要建筑物（综合服务楼、维修间、洗车间、座套更换间、餐厅）以及停车场地等。其中综合服务楼为两层建筑，包括服务大厅、展示厅、会议室、休息室、各相关办公室、开水室、超市、公共卫生间等。具体指标见表 5-3。

某市出租汽车综合服务区主要功能及面积 表 5–3

序号	名称	主要功能	面积（平方米）
1	综合服务楼一层	服务大厅、展示厅、开水室、超市、银行、物业管理办公室、办公室、保安室、餐厅、公共卫生间	1200
	综合服务楼二层	会议厅、违章处理办公室、保险办理办公室、小会议室、公共卫生间	1000
	综合服务楼三层	办公室及公共卫生间	700
2	维修间	供 6 辆出租汽车同时维修保养	300
	洗车间	6 个洗车位	500
	座套更换间	3 间	100
3	配电室、热力交换室、室外卫生间及门卫	分配电压、提供热源	220
4	道路及停车场地	车辆停放	18000

出租汽车综合服务区选址应靠近城市干道或公路干线、出租汽车密集区以及旅客集散换乘中心，并具备良好的进出通道条件。本项目拟建于某市区北部，高速公路与省道交汇处。本项目总投资约 3000 万元。

3. 合作模式

本项目属于城市基础设施建设项目和社会公用事业项目，在我国大力推广 PPP 的当下，某市政府决定采用 PPP 模式和社会资本合作。通过公开招标，某交通建设投资公司中标。具体操作上，某市人民政府授权该市交通运输局作为本项

目的执行机构与某交通投资公司签订 BOT 项目特许经营协议。特许经营期限 16 年。某交通投资公司负责项目的投资、融资、建设、运营和维护，期满后将本项目完好、无偿移交给某市交通运输局或者某市政府指定的其他机构。某市交通运输局负责本项目的建设、运营环节的监督。在社会资本投资回报上，本项目采取“使用者付费 + 政府可行性缺口补贴”的模式。

4. 案例解读

1）本项目具有充分的社会效益

出租汽车综合服务区作为城市公共交通重要的基础设施，它的巨大效益更多地体现在社会效益上。本项目的建设是适应和促进城市社会经济发展的需要，具有明显的社会效益：

（1）大幅改善某市出租汽车行业服务现状，有利于出租行业稳定。

（2）提升某市出租汽车行业的服务质量和管理水平。

（3）某市正大力打造高品质旅游环境、较高知名度和美誉度的国际旅游城市，本项目建成运营后，将提升某市城市品牌形象。

（4）为某市发展第三产业提供有利机遇。

2）本项目经济效益分析

（1）项目运营收入估算。本项目建成营运后，主要收入包括：餐饮营业收入、车辆服务收入、车辆维修保养收入。

（2）成本费用估算（略）

（3）经计算本项目财务内部收益率为所得税前 8.87%，所得税后 7.81%，大于给定的基准收益率，本项目有一定的盈利能力。

（4）经计算本项目财务净现值为所得税前 180.86 万元，所得税后 30.88 万元，大于 0，表明项目的盈利能力超过设定折现率所要求的盈利能力。

（5）经计算本项目投资回收期为所得税前 5.97 年，所得税后 6.98 年，表明本项目有一定的盈利能力和抗风险能力，能够收回投资；但是回收期较一般工业项目长，表明这是一个具有一定社会效益的公益项目，需要政府及交通主管部门的大力支持。

铁路 PPP 前景广阔

研究发现，虽然随着其他交通运输方式的兴起我国铁路货物周转量占比持续下降，但在客运方面铁路仍占有重要的一席之地。“十三五”期间，我国新建铁路将不低于 2.3 万公里，总投资不低于 2.8 万亿元。铁路是 PPP 模式下重点推广的领域，国家有关鼓励社会资本投资铁路的政策纷纷出台。

（一）社会资本迎来投资铁路良机

1. 我国铁路交通现状

目前，世界上主要的交通运输方式有汽车、铁路、航空、水运等。其中铁路的优点是运输量大、准时且运价低，尤其对大宗货物长距离运输和长途客运适用。世界铁路的发展历史至今已经有两百多年，早在20世纪初就成为世界上最主要的交通运输方式。不过，随着汽车的兴起，汽车运输成为新的主流。

数据显示，2014年我国铁路旅客周转量占比为38.6%，仅次于公路运输。而随着高铁的逐步开通，高铁以其速度快、准点率高等优点受到越来越多旅客的欢迎，预计未来两年高铁客流量将保持20%以上的增速。到2017年，高铁客流量将达到约14亿人次，占铁路客流量的近50%。

近年来，我国加大铁路建设，铁路营业里程增速明显加快[1]（图6-1）。

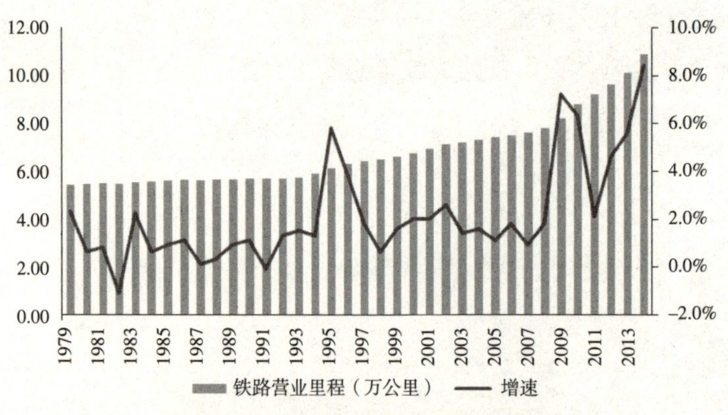

图6-1 近年来我国铁路建设增速表

（资料来源：Wind，中国产业信息网整理）

[1] 根据国家统计局的数据，2014年中国铁路营业里程已经达到11.18万公里，仅次于美国位居世界第二位，截至2014年底，其中高铁营业里程达到1.6万公里，占世界的60%以上。目前，"四纵四横"全国高铁骨干网已经基本建成，未来几年仍有部分高铁线路将陆续开通。

不过，我国铁路按人口路网密度（0.82 公里 / 万人）和面积路网密度（116 公里 / 万平方公里），与美国、英国和日本等主要国家有着相当差距。

“十二五”期间，我国铁路固定资产投资完成 3.58 万亿元，新线投产 3.05 万公里，是历史投资完成最好、投产新线最多的五年。“十三五”期间，我国新建铁路将不低于 2.3 万公里，总投资不低于 2.8 万亿元，如果将地方编制的一些投资项目纳入其中，“十三五”期间铁路投资将远超 2.8 万亿元。

2. 国家鼓励社会资本投资铁路的政策纷纷出台

近几年来，我国开始大力推广 PPP，其中铁路也是受到重点推广的领域，国家有关鼓励社会资本投资铁路的政策纷纷出台。

梳理发现，《国务院关于改革铁路投融资体制加快推进铁路建设的意见》（国发 [2013]33 号）（附录三）、《国务院关于创新重点领域投融资机制鼓励社会投资的指导意见》（国发 [2014]60 号）（附录四）及《国家发展改革委关于当前更好发挥交通运输支撑引领经济社会发展作用的意见》（发改基础 [2015]969 号）（附录五）等文件要求进一步鼓励和扩大社会资本对铁路的投资，拓宽投融资渠道，完善投资环境，推动体制机制创新，促进铁路事业加快发展。

2015 年 7 月，国家发展和改革委员会、财政部、国土资源部、银监会、国家铁路局等单位联合发布《关于进一步鼓励和扩大社会资本投资建设铁路的实施意见》（发改基础 [2015]1610 号，简称《实施意见》）（附录六），《实施意见》指出，铁路是国民经济大动脉和关键基础设施，加快推进铁路建设，对稳增长、调结构、惠民生具有重要意义。吸引社会资本进入是深化铁路投融资体制改革、加快铁路建设的重要举措。《实施意见》指出，要全面开放铁路投资与运营市场，一是积极鼓励社会资本全面进入铁路领域，列入中长期铁路网规划、国家批准的专项规划和区域规划的各类铁路项目，除法律法规明确禁止的外，均向社会资本开放；二是重点鼓励社会资本投资建设和运营城际铁路、市域（郊）铁路、资源开发性铁路以及支线铁路，鼓励社会资本参与投资铁路客货运输服务业务和铁路“走出去”项目。支持有实力的企业按照国家相关规定投资建设和运营干线铁路。推进投融资方式多样化，要支持社会资本以独资、合资等多种投资方式建设和运营铁

路，向社会资本开放铁路所有权和经营权；要推广政府和社会资本合作（PPP）模式，运用特许经营、股权合作等方式，通过运输收益、相关开发收益等方式获取合理收益。

2015 年 12 月，为打通社会资本投资建设铁路“最后一公里”，《国家发展改革委关于做好社会资本投资铁路项目示范工作的通知》（发改基础 [2015]3123 号）（附录七）发布，国家发改委推出铁路领域 PPP 示范项目，示范目的是发挥社会资本投资铁路示范项目带动作用，探索并形成可复制推广的成功经验，进一步鼓励和扩大社会资本对铁路的投资，拓宽铁路投融资渠道，完善投资环境，促进铁路事业加快发展。示范项目重点是社会资本以合资、独资或政府和社会资本合作（PPP）等方式参与铁路建设及运营，在项目公司运营、投融资模式等方面正在开展积极探索，具备一定工作基础条件的干线铁路、城际铁路、市郊（域）铁路等项目。

2016 年 10 月，国家发改委发布了两项铁路重大工程项目的批复，涉及总资金达 795 亿元。除政府进行直接资金支持外，随着国家和地方大力推广 PPP 模式，铁路项目将加快建设速度。

3. 铁路 PPP 项目占据 PPP 领域重要一席

2015 年 9 月，财政部公布了 206 个项目作为第二批 PPP 示范项目，从项目领域来看，第二批 PPP 示范项目主要集中在市政、水务、交通等领域。交通有城市轨道、公路和铁路等项目（表 6-1）。2016 年 10 月，财政部公布 516 个项目作为第三批 PPP 示范项目，示范项目覆盖了能源、交通运输、水利建设、生态建设和环境保护、市政工程等。其中，交通运输类项目共计 62 个，投资总额 5065.9 亿元，项目数量占比 12%，投资总额占比 43.3%。交通运输行业对应二级行业项目数量前 6 位分别是高速公路项目 26 个（占比 42%）、一级公路项目 16 个（占比 26%）、桥梁和其他类项目各 4 个（各占比 6%）、铁路项目（不含轨道交通）和港口码头项目各 3 个（各占比 5%）。其中，铁路项目（不含轨道交通）投资额 126.41 亿元，占比 2%（表 6-2）。

财政部第二批 PPP 示范项目名单 表 6–1

省市	项目	领域	总投资（亿元）
浙江	温州机场交通枢纽综合体及公用配套工程和市域铁路机场段	交通	58.58
河南	商丘市邢商永地方铁路	交通	27.10
甘肃	兰州新建铁路朱家窑至中川线及配套工程	交通	18.60

财政部第三批 PPP 示范项目名单 表 6–2

所属省	项目名称	项目总投资（万元）	一级行业
安徽省	马鞍山市郑蒲港铁路专用线 PPP 项目	196800	交通运输
山东省	山东省东营市东营港疏港铁路 PPP 项目	568030	交通运输
贵州省	贵州省新建地方铁路瓮安至马场坪线工程	499300	交通运输

（二）民间资本进入铁路建设

1. 铁路项目落地率不高

自 2014 年以来，国家从中央到地方开始大力推广 PPP，PPP 被看成缓解地方政府债务风险、提高项目建设和运营效率、拉动地方经济增长等的重要措施，由此国家和地方出台密集的政策推动 PPP 模式的推广。事实上，国内的确掀起了 PPP 的高潮，据财政部 PPP 综合信息平台的数据显示，截至 2016 年 6 月末，全部入库项目 9285 个，总投资额 10.6 万亿元。不过，与 PPP 推广高潮相对应的，是 PPP 落地率不高的问题。财政部 PPP 中心信息显示，截至 2016 年 4 月底，PPP 入库项目的落地率[1]为 21.7%。研究发现，在投资规模更大、回报周期更长的铁路投资领域，无论是推进项目还是落地率都不乐观。

2. 铁路投资需求大，民间资本投资面临机遇

公开资料显示，2015 年我国铁路固定资产投资完成 8238 亿元，超额完成 238 亿元；铁路新线投产 9531 公里，超额完成 1531 公里。铁路固定资产投资和铁路新线投资均创造历史最好水平。不过，超额完成投资的背后是上千亿的巨额债务的压力和铁路建设资金缺口大。此外，国家审计署发布的报告指出，2015 年铁路总公司共有 12 个铁路项目年度投资计划完成率偏低[2]。总的来看，面对大量等待投资的铁路项目，亟待以新的模式引进社会资本。因此，社会资本尤其是

[1] PPP 项目全生命周期管理包括识别、准备、采购、执行和移交 5 个阶段。项目落地率，指执行和移交两个阶段项目数之和与准备、采购、执行、移交 4 个阶段项目数总和的比值。处于识别阶段的项目没有纳入落地率计算，主要考虑在这个阶段的项目尚未完成物有所值评价和财政承受能力论证，只能作为 PPP 备选项目。

[2] 公告指出，截至 2015 年 10 月底，已开工的 339 个国家和合资铁路大中型项目中，有 12 个项目年度投资计划完成率低于 10%，涉及年度投资计划 85.70 亿元，低于年度投资计划的序时进度。中国铁路总公司反映，项目年度投资计划完成率偏低的主要原因是：项目可行性研究批复、初步设计、施工图以及工程招投标等环节需要较长的周期，个别项目地方资本筹集及银行贷款落实较慢。

民间资本面临着新的机遇。

2014 年 8 月，李克强总理到中国铁路总公司考察时提出，加快铁路建设不能只靠国家投资“单打独斗”，要拿出市场前景好的项目和竞争性业务吸引民间资本共同参与，通过创新融资方式、丰富多元投资主体，为铁路发展注入新动力。

2016 年 1 月，国家发改委推出 8 个社会资本投资铁路的示范项目，以鼓励广大社会资本进入投资领域。梳理发现，这些示范铁路项目涵盖三个类型：高速铁路、城际铁路和地方铁路，涉及的省份主要有山东、湖北、浙江、河北、重庆、安徽、河南等 7 个省份。

3. 民间资本投资铁路积极性有待提高

研究发现，在 PPP 领域，民间资本参与的力度不够。2015 年 8 月 25 日全国工商联发布的报告显示，2014 年，民企 500 强已通过 PPP 等方式进入公共服务及基础设施建设与运营领域的共有 58 家，占比 11.6%，有意向进入的企业有 136 家，占比 27.2%。当下我国正吸引推广社会资本投资铁路建设项目，但民间资本投资铁路的积极性仍然有待提高。

以 2014 年 12 月获得国家发改委批复的 7 个总投资额近 2000 亿元的铁路项目为例,其中只有正蓝旗至张家口铁路黑城子至张家口段工程项目[1]有民资参与，其余 6 个项目全部由地方政府和铁路总公司出资。

案例显示，2015 年 1 月，重庆市首条采用 PPP 模式投资建设的市郊铁路“渝合铁路”正式开工建设。渝合线是重庆市启动建设的第一条市郊铁路。项目全长 66 公里，铁路等级为 I 级，设计列车时速 160 公里 / 小时，建设工期为 4 年。不过，从社会资本投资方来看，该 PPP 项目的主要投资方分别是葛洲坝集团、重

[1] 新建铁路自内蒙古锡林郭勒盟黑城子站，至河北张家口市京包铁路沙岭子站，正线全长 191.7 公里。配套实施正蓝旗至黑城子段铁路电气化改造工程，正线全长 35.6 公里。铁路等级：国铁 I 级；正线数目：单线；牵引种类：电力。规划输送能力为客车 5 对 / 日，货运 2000 万吨 / 年。项目投资估算总额为 87.2 亿元。项目资本金占总投资的 25%，由内蒙古集通铁路（集团）有限责任公司、张家口通泰控股集团有限公司、冀中能源股份有限公司、冀中能源峰峰集团有限公司、中铁二十一局集团有限公司、中铁二十局集团有限公司按 4 ：2 ：1 ：1 ：1 ：1 的比例出资入股，组建河北集通正蓝张铁路有限责任公司。项目建设工期为 3 年 6 个月。

庆铁路集团[1]和重庆合川区。此外，我国首个PPP模式下自建自营的地方资源型货运铁路瓮马铁路，由社会资本联合体与政府共同出资，其中社会资本联合体出资51%，政府出资49%。而社会资本联合体分别为中铁二十局、中交路桥以及贵州桥梁集团。

4. 民间资本投资铁路的困难

无论是密集出台的PPP模式推广政策、巨大的铁路投资需求还是地方政府的财政支出压力等，各方信息显示民间资本迎来投资铁路的大好机遇。然而，对公共特征尤其明显的铁路来说，民间资本要想介入铁路PPP项目，还存有相当大的难度。

1）投资成本高

与公路、城市道路、桥梁等其他交通项目相比，铁路投资一个明显的特征是投资额大，动辄数十亿元、数百亿元甚至上千亿元，这对一般的社会资本尤其是民间资本来说往往很难承担。以2015年中国铁路计划开工项目为例（表6-3）。

2015 年中国铁路计划开工项目表（部分） 表 6-3

序号	铁路名称	投资额（亿元）
1	哈牡客专	356.4
2	商合杭客专	919.7
3	京张客专	311.76
4	郑万铁路	974.3
5	郑合高铁	427.2
6	济青高铁	600
7	汉十高铁	527.5
8	银兰客运专线	246.3

[1] 公开资料显示，葛洲坝集团是以建筑工程及相关工程技术研究、勘测、设计、服务，水电投资建设与经营，房地产开发经营为主业，是隶属于国务院国资委的国有大型企业（又称中央企业）。重庆铁路集团是由重庆城市交通开发投资（集团）有限公司出资组建的总部型企业，而重庆城市交通开发投资（集团）有限公司是重庆市委、市政府整合原开投公司、公交集团、站场集团组建而成，主要负责重庆市公交、轨道、站场、铁路、机场等交通基础设施投融资建设和运营管理，是一个集公益性、服务型为一体的市属国有重点企业。

续表

序号	铁路名称	投资额（亿元）
9	合湛铁路	138
10	吉永泉铁路	391
11	玉磨铁路	516.09
12	祥云至临沧铁路	155
13	弥勒至蒙自铁路	94
14	柳肇铁路	303.8
15	将军庙至淖毛湖至安北铁路	216.03
16	金华至台州铁路	160

2）收益回报慢

（1）由于铁路 PPP 项目投资规模大，社会资本需要借助金融机构的力量才能完成铁路项目的投资、建设、运营管理。无论是国有企业还是外资企业参与铁路 PPP 项目均需对外融资，相较而言资金实力稍逊一筹的民间资本自然也需要金融机构的大力支持。需要指出的是，无论是融资渠道还是融资成本，民间资本都不占优势：一是从信用来看，国企具有先天的优势，部分金融机构对民企的资信状况信心不足，导致民间资本融资难，条件要求苛刻；二是从成本来看，民间资本也处于劣势，首先民间资本很难获得资金成本较低的政策性银行的支持，其次金融机构要求民间资本的条条框框太多，抵押、质押、保证等一系列的要求让民间资本的融资成本高于国企，利润回报自然不敌国企。

（2）通常情况下，PPP 项目投资收益率普遍在 8% ~ 12% 之间。根据《2015 中国民营企业 500 强分析报告》，2014 年度民营企业 500 强的净资产收益率由上年的 14.35% 下降至 14.04%，虽然收益率下降，但也超过了大多数 PPP 项目的投资收益率。调查显示，客运铁路尤其是中西部的客运铁路盈利困难，其更多的体现在社会公益性上，铁路的行业性亏损对承担着经济压力和盈利重任的社会资本来说缺乏足够的吸引力。

（3）相对而言，货动铁路盈利预期比客动铁路要大。不过因为前期投入过大导致回报周期过长，社会资本对此类项目体现在两个“不足”上：一是动力不足，二是信心不足。世界银行在《吸引私有资本参与铁路发展》的报告中对中国提出

了几点建议[1]，其中一点即是建立适合私营部门投资的有利可图的铁路市场和实体。

（4）从体制上来看，社会资本介入铁路PPP项目，更多的是体现在“投资上”，对后期的运营、调度、线路管理等“发言权”较小，利益分配协调保障难，这进一步影响了社会资本投资铁路建设的积极性。

总的来说，出于对跨界太大（一般民间资本与铁路领域交集不大）、影响自身发展、回报不高等风险的担忧，目前民间资本进入铁路投融资领域的总体意愿不强。

5. 民间资本投资铁路的重要意义

民间资本投资铁路项目有着重要的意义，主要体现在：一是缓解政府财政压力，二是提高项目的建设效率，三是提高项目的运营效率，四是拉动经济增长[2]。需要着重指出的是，民间资本进入铁路领域，投资的不仅仅是看得见的“钱”，更重要的是看不见的商业化的“思维”和市场化的“理念”，这是单纯的政府投资模式所不具备的。

研究认为，当下我国要吸引民间资本进入铁路投资领域，最重要的是明确投资具体操作细则和退出方式、改革铁路系统的组织结构、清除影响民间资本进入铁路系统的障碍。

---

❶ 2014年8月，世界银行发布题为《吸引私有资本参与铁路发展》的报告称，世界各国吸引私人资本参与铁路建设历史悠久，可以为中国提供一些有益的借鉴。报告建议中国可考虑采取以下措施吸引私人资本参与铁路发展：保护铁路行业各类投资者的权益；建立适合私营部门投资的有利可图的铁路市场和实体；管理投资者对铁路相关业务和资产的风险认知；促进资产共享的机会；扩大铁路资产和服务领域的公私合作。

❷ 铁路建设是一个系统的工程，其包括轨道建设、电气化建设、控制系统、车辆生产等多个方面，涉及多个行业多种技术多个领域。铁路投资的40%左右将通过材料费、人工费、人员消费等方式留在铁路沿线，对沿线经济产生巨大的拉动作用。

（三）济青高铁（潍坊段）开创高铁 PPP 先例

1. 项目背景

山东济南至青岛的济青高速铁路（以下简称“济青高铁”）是我国“四纵四横”快速铁路网的重要组成部分，其西连济南枢纽，与京沪高铁（北京到上海）和石济（石家庄到济南）、石太（石家庄到太原）等客运专线相连，形成山东半岛到京津冀、东北方向、中原城市群和长三角的快速客运通道；济青高铁东接青岛枢纽，与青荣（青岛到荣城）城际、青连（青岛到连云港）铁路等衔接，构成连接济南青岛间多个中心城市和通达山东沿海城市的快速客运主通道，形成省内“2 小时”交通圈。济青高铁对更好发挥济南和青岛两大核心城市的带动作用、加快山东省基础设施建设、沟通山东省与三大经济带的连接以及推进国家发展战略具有重要的意义。

2. 基本情况

济青高铁是我国第一条以地方为主投资建设的高速铁路，贯穿山东半岛，车站数量 11 座，设计时速 350 公里 / 小时，线路全长 307.9 公里。济青高铁投资总额约 600 亿元（资本金占总投资的 50%，由山东省、中国铁路总公司分别出资 80% 和 20%），项目工期 4 年。2015 年 12 月，济青高铁项目全面开工建设，有望于 2018 年底建成通车。济青高铁项目建设主体为济青高铁公司[1]，公司成立于 2015 年 6 月。按行政区划划分，济青高铁可分为济南、青岛、淄博、潍坊、滨州等五段。其中潍坊段长 147 公里。

[1] 济青高铁公司成立于 2015 年 6 月，目前 5 大股东分别是中国铁路发展基金股份有限公司、中建山东投资有限公司、南车青岛四方机车车辆股份有限公司、山东铁投、国开发展基金，出资额依次为 60 亿元、26 亿元、13 亿元、193 亿元、8 亿元，依次持股 20%、8.67%、4.33%、64.33%、2.67%。

3. 合作模式

由于高铁沿线征地和拆迁补偿费用极高，地方财政压力巨大。在此背景下，对于济青高铁潍坊段，潍坊市决定采用 PPP 模式引进社会资本合作建设以缓解财政支出压力。济青高铁（潍坊段）PPP 项目（以下简称“本项目”）是全国首单地方高铁 PPP 项目，可以说开创了行业的先河。本项目计划投资规模为 40 亿元。根据本项目招标公告：项目授权主体为潍坊市人民政府，项目实施机构为潍坊市财政局。具体合作模式采取拆迁（征地）- 运营 - 移交即 BOT 模式运作，由中标社会资本与政府指定机构合资成立项目公司（SPV），分工方面由政府方负责沿线征地、拆迁和资金使用监管工作，社会资本方则负责征地拆迁补偿资金的筹集以及项目的运营管理工作。SPV 成立后统一入股到济青高铁公司，按持股比例获取济青高铁公司的运营收益。在项目期限和回购方式方面，项目期限不少于 10 年。

在实践操作中，本项目按照“公开招标—资格预审—竞争性磋商”的程序确定社会资本方。招标公告发布后，令各方未料到的是，本项目吸引了 15 家社会资本踊跃报名，意向投资额高达 420 亿元，远远超过本项目所需投资额。经过背对背报价和竞争性磋商，社会资本方中的中国邮政储蓄银行及其合作方以每年 6.69% 的收益率从多家竞标者中脱颖而出，成功中标本项目。社会资本中国邮政储蓄银行承担 40 亿元投资，随后政府通过指定机构与中国邮政储蓄银行合资成立 SPV。济青高铁公司按项目工程量对价给予 SPV 相应股权，SPV 据此获取济青高铁的运营收益。本项目合作期 15 年。本项目风险分担方面，由社会资本方承担项目的筹资和运营风险，政府方承担项目的推进风险。社会资本方享受高铁运营分红和财政可行性缺口补贴，政府方享受未来股权优先运作权。本项目合作框架如图 6-2 所示。

4. 案例解读

本项目是全国高铁首单 PPP 项目，也是潍坊市第一次成功运用竞争性磋商方式政府采购的 PPP 项目。本项目投资规模大，不确定性风险因素多，而且在

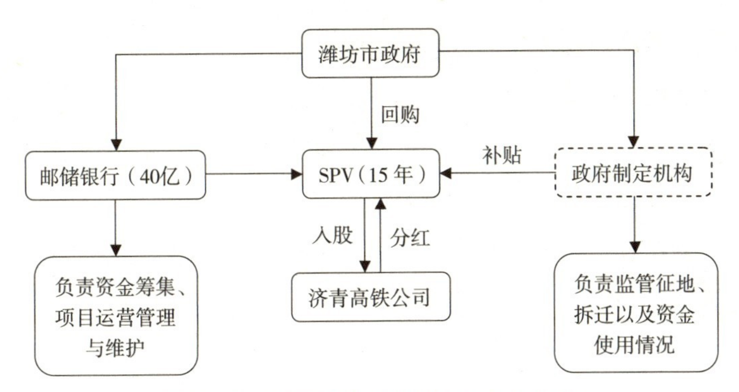

图 6-2　济青高铁（潍坊段）合作框架

我国高铁建设模式领域属于空白，没有成功的经验可资借鉴，更没有现成的案例可以复制。但是，本项目引入了资金实力雄厚且投融资和运营管理经验丰富的社会投资人，实践操作非常成功。可以说，本项目在有效缓解政府即期压力的同时，还充分激发了社会资本的投资潜力，成功撬动了社会资本的40亿资金。不仅如此，本项目还大大拓宽了社会资本的投资空间，拉动了地方经济增长。进一步研究发现，本项目对推进济青高铁整个项目的建设进程[1]、创新地方重大基础设施建设多元化投融资机制意义重大。本项目是济青高铁乃至我国高铁建设投融资创新的典型，具有重要的示范带动作用[2]。

1）作为我国首单成功的高铁 PPP 项目，本项目激发了社会资本投资热情，吸引了十多家社会资本的积极参与。经统计，各家社会资本意向投资额高达 400 多亿元，超过总投资的 10 倍。促使社会资本蜂拥而至的原因，主要有：

（1）山东省委、省政府高度重视，省发改委会同省有关部门和单位成立专门工作小组，与国内外投资者广泛洽谈会商。

（2）政府为本项目提供了各种优惠政策，如在济青高铁客流稳定后将参考广深铁路提高票价、通过直供电为济青高铁提供优惠用电价格以降低用电成本、计划对济青高铁站场周边土地进行综合开发，通过创收弥补高铁项目建设和运营的资金缺口（此模式类似于深圳地铁的“轨道交通 + 物业开发”模式，在业内已有

[1] 继济青高铁潍坊段后，济青高铁其他段也开始尝试 PPP 模式引进社会资本合作建设。

[2] 2016 年 1 月，国家发改委发布《关于做好社会资本投资铁路项目示范工作的通知》，公布了 8 个示范项目（含 3 个高速铁路项目，4 个城际铁路项目和 1 个地方铁路项目），其中济青高铁是山东省唯一入选项目。

成功的经验，效果良好，本书有专门介绍）。

（3）本项目短期拥有类似债权的无风险收益，长期还可以享受股权收益。具体来说，本项目中，社会资本在15年合作期限内不仅每年可以获得6.69%的债权收益，而且还可以长期享受股权收益。

（4）SPV公司拥有济青高铁公司的相应股权，高铁未来股权前景看好、价值上升空间大（以京沪高铁为例，其建成3年后即实现盈利）。此外，我国目前正在积极建设多层次资本市场，构建主板、中小板、创业板以及新三板在内的多层次资本市场，还在积极推动资产证券化，未来一旦济青高铁上市，SPV公司拥有的股权价值将变大，对社会资本来说盈利空间很大。

（5）除上述收益外，社会资本还享受政府财政补贴。政府将运营补贴支出列入财政年度预算以及中长期财政规划，对社会资本来说，将大大减少政策和法律风险。

2）风险的合理分配也是促使项目成功落地的重要因素。本项目中，政府和社会资本互相取长补短，按照风险分配优化、风险收益对等和风险可控等原则将特定的风险分配给最善于管理该种风险的一方，从而大大降低了项目运作风险，提高了项目的运营效率。具体来说，本项目中政府方负责征地、拆迁工作以及资金运用的监管工作，而社会资本方负责资金的筹集和项目的运营管理工作，发挥各自的优势，实现风险的合理分配。

七

桥梁 PPP 典型案例

研究发现，在众多的交通运输 PPP 项目中，桥梁 PPP 项目虽然数量并不多，但其具有自身的特点和优势：投资规模大、回报周期长，尤其是社会效益非常明显，主要体现在节能环保、节约人们的出行时间和工商企业的产品运输时间等。此外，桥梁 PPP 项目的建设和运营，起到拉动经济增长的作用。

（一）中外两例桥梁 PPP 项目之比较

1. 发达国家桥梁 PPP 项目情况

众所周知，PPP 模式的雏形最早起源于 17 世纪的英国，距今已有三百多年历史。自 20 世纪 90 年代开始，PPP 模式取得长足发展。PPP 模式在欧美和日本等地进行了成功探索和实践，在交通运输、能源、环境和卫生等领域产生了许多成功的案例，极大地促进了所在国经济社会的发展。研究结果表明，由于发达国家市场经济体系成熟、法律法规完善、操作流程更为透明，因此 PPP 项目质量较高，尤其在基础设施建设领域如公路、铁路、桥梁、地铁、轻轨系统、机场设施等方面取得了丰硕成果。

作为现代 PPP 模式的鼻祖[1]，近年来，英国在交通、环保、教育、卫生等诸多领域大力推广 PPP 融资模式，探索出了一整套完善的 PPP 模式发展体系和丰富的操作经验。以交通运输领域的桥梁项目为例，英国在运用 PPP 模式建设桥梁方面有着成功实践，见案例【7-1】。

【7-1】1. 项目背景

赛文河位于英格兰与威尔士之间，由于赛文河的阻隔，两岸交通联络受到很大制约，经济发展受到很大影响。1966 年时赛文河上第一大桥建成通车，不过，随着两岸经济社会的快速发展、交通量日益增长，大桥难以满足需求，需要在赛文河上新建第二座大桥以解决通行难题。因此，当地政府决定新建赛文河第二大桥（以下简称“本项目”）。

[1] 20 世纪 90 年代初，英国政府推出私人主动融资 PFI（Private Finance Initiative）模式，这标志着现代 PPP 模式的诞生。英国利用这种模式不仅建设和运营地铁、桥梁、机场、电厂、水厂、污水与垃圾处理等，甚至利用这种模式建设和管理医院和监狱。

2. 基本情况

本项目位于第一大桥下游5公里处，共有6车道，中央跨度1482英尺（456米），总桥长3081英尺（948米），距离河面高度120英尺（37米）。第二大桥建成后将有效缓解交通压力。本项目总成本为5.81亿英镑（包括新建第二大桥，还清第一大桥剩余债务，以及特许经营期内这两座大桥的运营和维护费用）。1992年本项目建成，同时赛文河第一大桥的修缮工作也基本完成。

3. 合作模式

在本项目建设时，当地政府却面临财政资金紧张的难题。于是，当地政府决定采用PPP模式吸引社会资本参与本项目的投资、建设、运维，同时，由社会资本对已建成的赛文河第一大桥适当修缮。该项目的政府方是英国国家道路局，社会资本方包括约翰·莱恩有限公司和GTM Entrepose公司，两家公司合资成立赛文河大桥公司，各持股50%，项目融资由美国银行和巴克莱银行完成。本项目定价机制为：收费标准根据自1989年以来物价指数增长情况，每年进行调整，以消除通货膨胀的影响。政府与社会资本方签订的特许经营协议还规定，当本项目收费达到特定额度时将提前终止特许经营期。

4. 案例解读

1）本项目建设可能会破坏赛文河两岸的生态环境。当地政府对此高度重视，对初步设计中涉及环境问题的部分进行了深入研究，积极制定解决之策，如建设独立的排水管网和排污口、收费站和赛文河两端的引路隔开、建造大量园林绿化带等。

2）本项目定价机制科学：收费标准根据物价指数增长情况每年进行调整，以消除通货膨胀的影响。政府与社会资本方签订的特许经营协议还规定，当本项目收费达到特定额度时将提前终止特许经营期。这种定价机制非常科学、合理，考虑到了政府、社会资本和社会公众各方面的利益：一方面，贷款利率、税率、汇率、通货膨胀等都是影响社会资本投资收益的因素，为了降低市场因素对社会资本投资收益的影响，根据物价指数增长情况每年进行调整符合社会资本的投资利益[1]；另一方面，政府与社会资本双方约定当本项目收益达到特定额度将提前终止特许经营期，则是保障政府和社会公众的利益，防止政府和社会公众负担过重而社会资本收益过高。

2. 我国桥梁 PPP 项目呈现投资大、以新建项目为主的特点

研究发现，在交通运输领域的 PPP 项目中，涉及桥梁工程的 PPP 项目并不在少数，且呈现投资大（项目总投资一般都超过 10 亿元）、以新建项目为主（主要是新建项目）的特点。

以财政部先后公布的第一批、第二批和第三批 PPP 示范项目为例，统计发现，前三批 PPP 示范项目涉及桥梁工程的 PPP 项目主要有：河南洛阳市政道桥（项目总投资 12.62 亿元，第二批）、重庆曾家岩嘉陵江大桥（项目总投资 32.78 亿元，第二批）、内蒙古自治区赤峰市红山区市政路桥建设项目（项目总投资 7.2 亿元，第三批）、内蒙古自治区通辽市霍林郭勒市河东新区部分道路桥梁及附属设施工程（项目总投资 1.1 亿元，第三批）、浙江省台州市台州湾循环经济产业集聚区路桥桐屿至椒江滨海公路工程（现代大道）PPP 项目（项目总投资 45 亿元，第三批）、安徽省广德县 S215 宜徽公路皖苏省界至广德凤桥段改建工程（项目总投资 15 亿元，第三批）、河南省国道 G107 官渡黄河桥大桥（项目总投资 35 亿元，第三批）、湖北省武汉市江汉六桥汉阳岸接线（汉阳大道—龙阳湖北路）工程（项目总投资 8.3 亿元，第三批）、湖北省宜昌市伍家岗长江大桥项目（项目总投资 33 亿元，第三批）、湖北省襄阳市庞公大桥建设项目（项目总投资 13 亿元，第三批）、湖北省赤壁长江公路大桥 PPP 项目（项目总投资 30 亿元，第三批，下文有专门论述）、广东省佛山市顺德区顺德北部片区华阳南路一环互通立交、菊花湾大桥、南沙新桥及北引道建设工程（项目总投资 12 亿元，第三批）、陕西省韩城市 108 国道禹门口黄河公路大桥项目（项目总投资 8.5 亿元，第三批），见案例【7-2】。

[1] PPP 项目经营周期长，期间通货膨胀率、利率、汇率等诸多因素都在发生变化，因此公共产品或服务的价格也必须作出相应调整，这样才能降低社会资本的风险。

【7-2】1. 项目背景

某县一直以来被一条大河分成南北两个部分，两岸人民交通只能通过轮渡，人民群众生产生活极不方便，也大大影响了当地的经济发展。为此，某县人民政府决定新建一座大桥（以下简称“本项目”），使某县南北地区真正成为一体。本项目建成后，将打破某县大河两岸一直以轮渡为唯一通道的交通现状，使国家高速公路和当地省道相互连通，在为人民群众提供极大方便的同时，还将节省人们出行成本、农产品和工业产品的运输成本，从而促进某县经济社会快速发展。

2. 基本情况

本项目建设内容主要是新建某桥梁，全长约 6 公里，采用双塔双索面组合混合梁斜拉桥方案。全线采用四车道一级公路标准建设，设计速度 60 公里 / 小时，路基和桥梁宽度均为 23 米。本项目总投资约为 7 亿元人民币，最终以某市政府财政部门审定的竣工决算金额为准。建设期计划工期为 2016 年 3 月至 2017 年 3 月，实际开竣工日期以签订的 PPP 项目合同为准。

3. 合作模式

为有效解决本项目建设资金需求，提高建设工程质量和效率，某市人民政府决定采用 PPP 模式完成本项目投资、融资、建设和运维。某市政府发布《某市桥梁 PPP 项目竞争性磋商采购公告》后，吸引了十多家社会资本踊跃竞标，这些社会资本主要包括工程建设类公司、重型工程机械类公司以及各类金融机构、战略投资者等。其中不乏大型央企、国企以及知名的上市公司。

经过激烈的竞争，社会资本某建设工程集团从众多竞争对手中脱颖而出最终胜出。在确定社会资本后，某市政府出资方代表与某建设工程集团成立 PPP 项目公司（其中某市政府出资方代表占股 20%，某建设工程集团占股 80%）。随后，由某市政府授权机构与 PPP 项目公司签署 PPP 合同。合作期限 12 年（包含 2 年建设期和 10 年运营期）。具体来说，本项目采取 PPP 模式下的 DBFOT 模式[1]，PPP 项目公司负责本项目的设计、建设、融资、维修

[1] 国家发改委印发关于《传统基础设施领域实施政府和社会资本合作项目工作导则》的通知（发改投资[2016]2231 号），政府和社会资本合作模式主要包括特许经营和政府购买服务两类。新建项目优先采用建设－运营－移交（BOT）、建设－拥有－运营－移交（BOOT）、设计－建设－融资－运营－移交（DBFOT）、建设－拥有－运营（BOO）等方式。存量项目优先采用改建－运营－移交（ROT）方式。同时，各地区可根据当地实际情况及项目特点，积极探索、大胆创新，灵活运用多种方式，切实提高项目运作效率。

养护（主要包括桥面铺装层，结构缺损修补，装饰涂料层修补，伸缩缝清理、维修及更换，栏杆、防撞墙维修，标线维修恢复，保养支座，进水口、排水管清疏，井环盖更换维修，桥梁日常巡查，不包括大修）及移交。维养期年维养绩效服务费每日每平方米约25元。

需要指出的是，PPP合同约定，如果因本项目规模或者贷款条件调整导致需要追加项目资本金，由中选的社会资本和某市政府出资方代表按照PPP项目公司原有股权比例同比例追加项目资本金。在追加项目资本金后，PPP项目公司原有股权比例、治理结构和决策机制保持不变。在社会资本回报方面，以某市政府通过政府付费的方式获得合理回报。此外，某市政府拟将本项目的可用性服务费及维养服务费纳入某市政府预算和中长期财政规划。待本项目合同约定期满后，PPP项目公司将本项目完好、无偿移交给某市政府或者政府指定的其他机构。

（二）赤壁长江大桥 PPP 项目案例剖析

1. 项目背景

赤壁与洪湖位于湖北南部，地处长江南北两岸，与湖北省省会武汉、江汉平原以及湖南北部的岳阳相邻，两市分属于两圈（武汉城市圈、生态文化旅游圈）一带（长江经济建设带）的节点城市。赤壁位于长江南岸，是著名的三国古战场。此外，长江南岸还有着岩盐、石灰石、白云岩、煤、金、银等丰富的矿产资源以及楠竹、木材、果茶等林业特种资源。位于长江北岸的江汉平原是全国重要的粮、棉、油农副土特产基地。然而，长期以来由于受长江阻隔，两岸交通基础设施建设比较薄弱，这一地域的经济社会发展受到很大的制约。在国家逐步实施开发长江经济带战略计划的大背景下，建设一座新的长江大桥以促进长江两岸、湖北南部地区、湖南北部地区、江汉平原地区以及毗邻的江西西部地区经济社会发展显得迫在眉睫。

2010 年前后，赤壁长江公路大桥项目（以下简称“本项目”）被提到议事日程，近两年推进非常迅速。公开资料介绍，本项目是《长江经济带综合立体交通走廊规划（2014—2020 年）》长江干线新建过江通道规划重点项目，是《国家公路网规划（2013 年—2030 年）》国道 G351 台州至四川小金跨越长江的控制性工程和《湖北省骨架公路网规划（2002—2020）》的组成部分。本项目是湖北省“六纵五横一环”公路运输网和随岳高速公路支线天门至赤壁跨越长江的特大型桥梁工程，是天门、仙桃、洪湖至赤壁公路的过江通道，是天门至赤壁一级公路的关键性控制工程，也是随岳、沪渝、汉洪监、京港澳、杭瑞等高速公路的重要节点。本项目建成后，真正实现“一桥飞驾南北，天堑变通途”，将优化路网结构、推动旅游产业、促进地区经济社会快速发展。

2. 基本情况

本项目起点位于湖北省洪湖市，顺接湖北天门至赤壁公路仙桃至洪湖段，在廖家墩（长江干堤 K493+550）跨越长江，止于赤壁市沧湖开发区，接已经建成的天门至赤壁一级公路赤壁段。本项目拟采用主跨 720 米双塔单侧叠合混合梁斜拉桥方案，路线全长约 14 公里，其中大桥总长 5.6 公里（主桥长约 1.3 公里）、接线全长约 7.7 公里（南岸接线长约 5.9 公里、北岸接线长约 1.8 公里），本项目采用六车道一级公路标准，设计速度 100 公里 / 小时，路基和大桥宽度均为 33.5 米。收费站后与赤壁一级路相接部分（AK29+650 ~ AK30+500）采用四车道一级公路标准，路基宽度为 21.5 米。本项目设置互通式立体交叉 2 处，主线收费站 1 处，管理养护中心 1 处。本项目推荐方案估算总金额约 29.8 亿元。

3. 合作模式

针对本项目的操作模式，经过充分研究讨论，湖北省政府批复同意本项目采取“BOT+EPC”模式招投标确定社会投资人。2016 年 3 月，咸宁市人民政府发出中标通知书，湖北省交通投资集团有限公司[1]联合中铁大桥勘测设计院集团有限公司[2]和中铁大桥局集团有限公司[3]中标本项目 PPP 合作人。中标本项目后，前述三家联合体与政府签订 PPP 项目合同，出资组建负责项目的筹划、资金筹措、建设实施（含勘察设计、工程施工）、运营管理、债务偿还、资产管理和项目移

---

❶ 湖北省交通投资集团有限公司是湖北省人民政府出资组建的国有独资交通投融资平台，以全省公路、铁路、港口、航空等交通基础设施投资建设为核心业务，以物流、地产、能源、科技板块为重点发展业务，以金融、健康、生态农业板块为战略培育业务。公司成立于 2010 年 10 月 28 日，注册资本金 100 亿元。

❷ 中铁大桥勘测设计院集团有限公司是中国中铁股份有限公司旗下的二级子公司，成立于 1950 年，是我国最早以桥梁为主的专业勘测设计集团，在多跨悬索桥、多跨斜拉桥、公铁两用桥、高铁大桥、跨海大桥、钢桁拱技术、深水基础等方面处于世界领先地位。现已发展成以桥梁勘测设计为核心，集咨询监理、桥隧诊治、铁路工程、建筑设计、城乡规划、市政工程、轨道交通为一体的国家高新技术企业集团。

❸ 中铁大桥局集团有限公司是中国中铁股份有限公司旗下的全资子公司，前身为 1953 年 4 月为修建武汉长江大桥经政务院批准成立的铁道部大桥工程局（2001 年改制为现名），是中国唯一一家集桥梁科学研究、工程设计、土建施工、装备研发四位于一体的大型工程公司，具备在各种江、河、湖、海及复杂地质、恶劣环境条件下修建各类型桥梁的能力。中铁大桥局是世界上设计建造桥梁最多的企业，迄今公司在国内外设计建造了 2000 余座大桥，总里程 2000 余公里，并先后参加了铁路干线和高等级公路建设。

交的项目公司，取得项目的投资 - 建设 - 运营的特许权。在具体操作上，本项目由湖北省交通投资集团有限公司牵头，采用“BOT+EPC”模式，中铁大桥局集团有限公司和中铁大桥勘测设计院集团有限公司负责设计施工总承包。

4. 案例解读

2014 年 5 月，国家发改委将本项目列入首批基础设施领域鼓励社会投资 80 个建设运营示范项目之一（发改基础 [2014]981 号）。2015 年 5 月，《交通运输部办公厅关于开展交通基础设施政府与社会资本合作试点项目（第一批）的通知》（交办财审函 [2015]298 号）中，本项目被列为 11 个 PPP 试点项目之一。2015 年 9 月，财政部公布第二批 PPP 示范项目，本项目被列为 206 个 PPP 示范项目之一。研究发现，“BOT+EPC”模式在本案例中发挥了重要的作用，在同类项目中产生了示范作用。

1）BOT 是“Build-Operate-Transfer”的缩写，即“建设 - 经营 - 移交”，这种模式以政府和社会资本达成协议为前提，由政府授予社会资本筹集资金建设某一基础设施并在特许经营期限内运营该设施，待特许经营期限结束后社会资本将该设施无偿移交给政府。EPC 则是“Engineering Procurement Construction”的缩写，即“设计 + 采购 + 建设”（通常所说的总承包）。这种模式对提高管理水平、缩短建设周期、提高工程质量、降低工程造价具有重要作用。

“BOT+EPC”模式充分发挥了两种模式的优点，即社会资本的资金优势、设计优势、建设优势和运营管理优势。PPP 实践操作中，有的社会资本资金优势突出，但没有实际工程设计和建设成果，更没有工程运营经验。而有的社会资本虽然有着丰富的工程设计和建设经验，但缺乏足够的资金支持介入 PPP 项目。如果将分别具有资金优势、技术优势、施工优势、运营管理优势的社会资本组成联合体，组成一个“1+1＞2”的“航空母舰”，PPP 项目中的参与各方都是愿意看到的：对于政府而言，社会资本越优质，综合实力越强，其承担的风险越小（这也是许多 PPP 项目中政府更愿与实力强大的社会资本合作的原因，主要是为了避免项目建设、运营过程中出现资金不到位、技术不过硬的情况甚至导致“半拉子工程”，这方面的例子很多）；反过来，对于社会资本而言，其组成联合体共同

投标，综合实力更强，中标的机率更大。另外，从法律法规的规定来看，社会资本组成的投资人联合体也有充分的法律基础，主要体现在两部法律上：一是我国《招标投标法》第三十一条规定："两个以上法人或者其他组织可以组成一个联合体，以一个投标人的身份共同投标"；二是我国《政府采购法》第二十四条规定："两个以上的自然人、法人或者其他组织可以组成一个联合体，以一个供应商的身份共同参加政府采购"。可以说，社会资本组成投资人联合体也是发挥"BOT+EPC"模式各种优势的充分条件。

2）本案例采用"BOT+EPC"模式，具体由湖北省交通投资集团有限公司牵头，中铁大桥局集团有限公司和中铁大桥勘测设计院集团有限公司负责设计施工总承包。在"BOT+EPC"模式下，社会资本发挥各自的优势，既大大缓解了地方政府的资金紧张困难，又很好地促进了设计与施工的紧密结合，为确保工程质量、缩短工期、节省工程建设和投资成本提供了充分的条件，可谓是一举多得。

（三）某大桥 PPP 项目结局引发的思考

1. 项目背景

20 世纪 90 年代，我国某市市内只有一座大桥（以下简称“A 大桥”），地方社会经济发展受到很大制约。因此，某市政府决定在市内再建一座大桥（以下简称“本项目”），本项目是某市政府重点建设的项目和为民办实事的民生项目之一。

2. 基本情况

本项目位于某市市区，是以公路交通为主兼顾城市的交通桥梁，大桥主桥长 1500 多米、宽 27 米、双向六车道、设计日通车量为 25000 辆，是当时某市最大型的公路桥梁之一。本项目总投资 25000 万元，实行双向收费。

3. 合作模式

为解决资金问题，某市政府决定采取 PPP 模式吸引社会资本合作建设。经过多方谈判，某市政府引入某民营企业以 PPP 模式下的 BOT 模式投资建设本项目，本项目也由此开创了某市民营经济投资基础设施的先河。在具体操作上，由某民营企业和某市政府授权的某路桥开发公司组成 PPP 项目公司（民营企业占股 60%，路桥公司占股 40%）。根据政府批准，本项目特许经营期 30 年。特许经营期满后 PPP 项目公司将本项目无偿移交给某市政府。

4. 矛盾纠纷

本项目建设期原计划为三年，实际上在保证质量的前提下两年半左右就已经

完成并开始运营。由于某市经济社会发展迅速，本项目通车后车流量上升迅速，在大大解决社会公众出行的同时，还促进了经济的发展，因此无论是社会效益还是经济效益都受到各方的高度肯定，本项目一时间成为民营资本投资基础设施的成功范例。然而，随着本项目进入运营期，项目各方主体遇到新的挑战：

1）由于本项目前几年盈利能力超过政府预期，再加上特许经营期限长达三十年，当地群众对项目收费问题颇有怨言。

2）某市所在省将 A 大桥收费权移交给某市，A 大桥和本项目直接形成竞争关系。此外，某市政府又投资建设了与本项目并行的两座新桥。到最后，本项目周边有多条不收费的政府建桥，这就形成某市多座大桥中除了本项目收费外其他大桥都处于免费通车状态，导致车辆能绕道就尽量绕道。具有竞争关系的不收费大桥建成后，造成两种弊端：一是本项目车辆被严重分流，收费不断下滑，投资主体和地方政府之间的矛盾开始产生；二是绕行车辆对此也有微辞。

在矛盾产生后，地方政府与社会资本之间开始不断扯皮，在长达一二十年的时间里造成很大内耗，同时也降低了项目的运营效率。最后，经某市市委市政府研究审定，提前收回本项目特许经营权，至此某市范围内不再有收费的普通公路桥梁。

5. 案例解读

本项目在桥梁 PPP 领域是“第一个吃螃蟹”的案例，虽然大桥建成通车后对某市的经济社会发展作出了重要贡献，但 PPP 实践结果却并不理想，并没有完全实现当初各方的初衷，经验教训值得总结借鉴。研究本项目失败原因，主要有以下几点：

1）我国早期 PPP 相关法律不健全。与当前较为规范的 PPP 法规政策相比，早期我国 PPP 相关法律并不健全，导致本项目在实践操作中缺乏具体的指导，也没有成功案例作示范，严格来说属于“摸着石头过河”。2015 年 5 月，国务院办公厅转发了财政部、国家发展改革委、中国人民银行联合制定的《关于在公共服务领域推广政府和社会资本合作模式指导意见》（国办发 [2015]42 号，以下简称《指导意见》）。《指导意见》体现了国家对推广 PPP 的宏观思考和总体把握以及对 PPP 发展各方面、各层次、各要素的统筹规划，一定程度上说，这就是推广 PPP 的“全局规划”和“顶层设计”。自 2013 年至今，国家部委和地方政府有关 PPP 的法规政策密集出台，国务院各部委出台 PPP 政策达 60 多个，各地方政府出台的 PPP 政策亦数以百计。随着未来我国 PPP 法律体系的不断健全和完善，形成对 PPP 项目参与各方的法律保障机制，从而规避争议的发生，对提高社会资本的投资积极性，促进 PPP 项目的快速落地具有重要的作用。

2）PPP 合同不完备，没有一整套的合同契约设计，导致未来的合作存在很大的不确定性。本项目在合同的签订上，更多是一种“合同就是一张纸”的色彩。而正是这种简单的“一纸”合同，为本项目的建设与运营埋下了巨大的隐患，也是未来双方产生争议的重要因素之一。

以排他性约定为例。在 PPP 项目操作中，排他性约定是一个很重要的因素，其与社会资本未来的收益和风险密切相关。国家发改委《关于开展政府和社会资本合作的指导意见》（发改投资 [2014]2724 号）明确规定，要准确把握政府和社会资本合作的主要原则“根据各地实际，通过授予特许经营权、核定价费标准、给予财政补贴、明确排他性约定等，稳定社会资本收益预期。加强项目成本监测，既要充分调动社会资本积极性，又要防止不合理让利或利益输送。”可以说，排他性对社会资本具有重要的保障作用，也是促使社会资本积极参与 PPP 项目的重要原因：政府如果上马新的与原有项目构成竞争关系的项目，则社会资本有优先选择与政府合作的权利，否则社会资本将只是个“趟路者”的角色，这既对社会资本的原有运营构成很大风险，又是对社会资本的不公平。

本案例中，多条不收费大桥和本项目直接形成竞争关系，这种情况下，本项目的运营情况不断下滑，未来运营可想而知，这有悖于社会资本的原有预期。分析认为，如果当初双方把“本项目前后多少公里政府不能建设大桥”或者“政府建设大桥本项目社会资本拥有优先投资权利”写进 PPP 合同，那么就为之后的隐患扫清了障碍，也成为解决诸多问题的重要依据。事实上，PPP 本来是政府与社会资本之间的合作伙伴关系，最后却变成了一场博弈，这是各方 PPP 项目参与主体都不愿意看到的。在本项目之后，当地的民营企业家再也不做基础设施建设，而根源就在于本项目 PPP 合同不完备。

八

大趋势：PPP 模式操作立体停车库

近年来，我国家庭小轿车数量呈直线上升趋势，城市停车矛盾日益突出。因此，国家和各地方政府提出要加快城市立体停车库建设，而为缓解政府财政压力、提高立体停车库项目的建设和运营效率，在国家大力推广 PPP 的背景下，鼓励社会资本参与立体停车库建设成为现实的选择。

（一）“互联网 + 智慧停车”渐成趋势

2015 年全国两会，“互联网 +”[1] 和“PPP 模式”同时被提升到国家战略高度。

随着国家大力推广“互联网 +”和“PPP 模式”，“互联网 + 科技”、“互联网 + 制造业”、“互联网 + 农业”等各类“互联网 +”风起云涌。与此同时，在能源、交通运输、生态治理与环境保护、市政工程、卫生、养老、旅游等领域也兴起了一股 PPP 的热潮。

作为人们出行的主要代步工具，近年来国内汽车保有量持续上升，造成城市交通拥堵，给人们的生产生活造成很大的不便。因此，立体停车成为解决城市土地空间不足、交通拥堵的重要手段。

研究发现，在我国大力推广“互联网 +”和“PPP 模式”的背景下，智慧停车兼具“互联网 +”和“PPP 模式”的特点：一是互联网信息技术为停车提供了更先进的平台，借助物联网及车联网的发展，实现智慧停车，解决城市停车难，同时提升城市形象；二是停车项目属于城市基础设施建设项目和社会公用事业项目，符合 PPP 的范畴。借助 PPP 模式，在政府和社会资本的通力合作下，大力建设智慧停车既能实现社会利益，也能实现经济利益。智慧停车 PPP 行业是我国目前重点推广的 PPP 领域。

1. 智能立体停车库介绍

当前，我国立体停车库在技术上已经与之前简单的机械停车不可同日而语，换句话说，立体停车库自身已经实现了智能全自动化，车主进入智能立体停车场停车时，车辆可以自动识别，存车只需刷卡或按键即可，取车也只需刷卡或按键，

[1] 2015 年 12 月，国务院发布《关于积极推进“互联网 +”行动的指导意见》，明确提出未来三年以及十年的发展目标。“互联网 +”简单地来说就是利用互联网与各个传统行业相结合，但并非二者简单相加，而是利用信息通信技术以及互联网平台，让互联网与传统行业之间进行一个有机的深度融合，将互联网渗透到传统行业中，以此创造出价值，创造出新的发展生态。

整个存取车过程快速便捷，已经实现智能化。

2. 借助互联网技术实现智慧停车

立体停车库虽然自身已经实现智能全自动化，但并没有实现真正的“智慧化”，即如何寻找停车位、到哪里能寻找到停车位以及如何提高车位的利用率，包括车位的共享、电子支付快进快出等。由于停车管理和信息技术不发达，实践中常出现一种极端现象：即一方面车主到处找停车位却无法找到，而另一方面政府或者社会资本斥巨资建设的立体停车库却无车可停，处于闲置状态，停车效率低下。

在我国互联网、物联网、车联网技术快速发展，智慧城市建设快速推进，人们的生活水平越来越高的大背景下，智能停车还需进一步升级：借助互联网技术实现智慧停车。运用互联网技术和大数据、云计算打造的智慧停车成为解决城市找车位难、停车难等问题的最好方式。

具体来说，智慧停车主要包括以下几个方面：

1）智慧找车。在高楼林立、路网密集的城市中，找停车场、到哪里停车问题是每一位车主绕不开的话题。借助互联网技术、智慧停车手机 APP 平台[1]，可以让车主通过导航查询停车位，或者通过立体停车库管理平台预约停车，从而让车主迅速找到停车位，减少了车辆拥堵，还提升了停车位的周转率。

2）智能停车。如上所述，车主进入停车场后，可以通过刷卡或者按键的方式实现立体停车。目前国内立体停车主要有九大技术，如升降横移式、平面移动式、垂直升降式、垂直循环式、巷道堆垛式等。

3）智慧付费。停车付费符合市场经济规律，智慧付费主要是通过自助式缴费机进行缴费，或者通过微信、支付宝等互联网支付方式支付。对于一些停车次数多的车主，可以进行停车充值和自动扣费。移动支付可以解决现金、找零问题。此外，通过智慧付费，解决了部分人工收费立体停车库收费员私吞停车费的问题。进一步研究发现，在立体停车库的各项运营成本中，人工成本最大。如某立体停车库 PPP 项目，总投资约 1000 万元，其中运营成本包括：电器设备动力费用（每年约

[1] 国内某款 APP 包括互联互通、无卡进出、在线支付、在线查询、在线预约、一键锁车、场内导航等多种功能。车主可查询目的地周围停车场、空缺车位以及收费标准，还可提前预约车位。

13 万元）、运维工人工资福利（6 人共约 18 万元）、设备维修保养费用（每年约 9 万元）等，项目运营总成本每年约 40 万元，其中人工成本占的比例达 45%。因此，如何做到节省人工、减少人工投入，是未来立体停车库管理创新、技术创新的主要方向之一。调研发现，目前国内部分城市已经出现了全无人值守的立体停车管理系统，大大节约了人工成本，在采取 PPP 模式合作的情况下，社会资本能在更短的时间内收回投资，无疑会增强社会资本投资立体停车库的积极性。

车主通过智慧手机APP平台，可以实现在线支付、实时查询、实时定位等功能，为车主难寻停车位找到了解决途径。总的来说，在“互联网 +”时代下的智慧停车，实现了生态化、场景化、体验化，在有效解决城市停车难题时，也成为智慧城市建设的一个重要组成部分。

3. 国家政策支持“互联网 + 智慧停车”

专业研究认为，所谓“互联网 + 智慧停车”是指以整合停车资源为基础，以移动互联网为工具，以智能支付为手段，实现城市的智能化停车管理。

2016 年 6 月，由公安部交通管理科学研究所负责起草的公安行业标准《停车服务与管理信息系统通用技术条件》GA/T 1302—2016 实施。标准“一般要求”包括系统组成和系统设计：系统组成明确了系统结构图，由停车场（库）管理系统和停车服务与信息共享平台组成，停车场（库）管理系统由各个停车系统厂商开发，接入停车场设备并且完成业务管理，同时根据标准数据格式和接口协议，与平台进行数据的同步交换。停车服务与信息共享平台则包含信息采集、查询、统计分析和发布的基本功能，以及停车诱导、泊位预约、电子支付、信息共享等应用功能。

在“互联网 +”停车场应用的大背景下，该标准主要解决不同停车场（库）信息管理系统之间的不兼容，停车数据格式不匹配、数据传输接口不一致、停车信息不能共享等问题，为后续的停车信息大联网以及大数据应用打下坚实基础。

“互联网 + 智慧停车”是一种全新的商业模式，其具有简化停车流程、高效利用现有停车管理系统、有效缓解停车供需矛盾的作用。而在国家大力倡导 PPP 模式的环境下，社会资本介入“互联网 + 智慧停车”，还可以提高社会资本的投资回报率，从而促使社会资本积极投资立体停车 PPP 项目。

（二）立体停车库产业万亿大市场

自动机械立体停车库是近年来为解决城市日益严重的停车难问题而快速发展起来的新兴产业。研究发现，在欧美、日本等发达国家和地区以及我国的北京、上海、广州、深圳等经济发达城市，自动机械立体停车库已被广泛运用于繁华商业区、医院、居民区、旅游区等，被称为解决城市停车难问题的优选手段。

1. 我国国情决定必须大力发展自动机械立体停车库

1）汽车保有量持续增加。

截至 2015 年底，全国机动车保有量达 2.79 亿辆，其中汽车 1.72 亿辆。2015 年新注册登记的汽车达 2385 万辆，保有量净增 1781 万辆，均为历史最高水平[1]。2015 年 9 月，经国家发展和改革委员会初步测算，汽车保有量年净增约 1900 万辆。

2）停车位严重不足。

一方面是我国汽车保有量不断增加的现实，另一方面是我国大中城市停车位规划相对滞后。在此背景下，我国城市停车位缺口很大。目前我国大城市小汽车与停车位的平均比例约为 1∶0.8，中小城市约为 1∶0.5，而发达国家约为 1∶1.3。按照国际通告标准计算，目前我国国内汽车停车位总需要量约 1.2 亿个，现有停车位严重不足。主要表现在商业区、写字楼、小区、行政机关等人流量多的地方停车位“一位难求”，交通堵塞，而医院停车位的紧张甚至造成人们就医时间的推迟，给病人造成不便。总的来说，由于城市交通拥堵现象严重，我国交通压力正逐步从动态向静态转化。

3）由于停车泊位严重不足，造成一系列的负面影响：

[1] 汽车占机动车的比率迅速提高，近五年汽车占机动车比率从 47.06% 提高到 61.82%。大城市汽车保有量走在全国前列，2015 年，全国平均每百户家庭拥有 31 辆私家车，北京、成都、深圳等大城市平均每百户家庭拥有私家车超过 60 辆，全国已有 40 个城市的汽车保有量超过百万辆。

（1）城市停车难、乱停车、交通拥堵现象严重，给人们的生产生活造成很大的不便。

（2）因停车难导致的交通拥堵造成较大的经济损失。据有关部门统计，北京市在高峰期间仅在主干道行驶和拥堵的车辆就接近 300 万辆，造成很大的经济损失：一是造成人们的时间损失，二是增加了人们的生产和商贸成本，三是直接的燃油损失，仅高峰时期这 300 万辆汽车燃油经济损失就超过 2000 万元。

（3）尾气排放造成的空气污染。研究显示，如果在车辆不多的情况下，大气的自净能力尚能化解车辆排出的毒素，但如果车辆过多造成拥堵的情况下，汽车的尾气所排出的一氧化碳、一氧化氮、碳氢化合物等污染物将直接影响城市环境及人们的身体健康。

（4）限制了我国汽车工业的进一步发展。

2. 机械立体停车库优点明显

1）提高交通车辆的流通速度。研究发现，立体停车起源于 20 世纪 20 年代的美国，立体停车库一个重要的目的是为了解决大城市内停车难的问题。通过建立地上、地下立体停车库，可以大大增加停车位，从而提高交通车辆的流通速度，化解停车难。

2）大大节约土地。相比传统的平面停车场（平均 15 平方米才能停一台车，土地综合利用率低下，是造成城市交通拥挤的一个重要因素），机械立体停车库技术先进，具有很强的灵活性，不受土地面积的限制，立体停车库可高可低，可大可小，完全可以根据现有土地资源建设不同层数的机械立体停车库，从而充分节约城市宝贵的土地资源，实现更大的社会效益与经济效益。

3）机械立体停车库的建设，将大大改善城市现有停车状况，从而大幅提升城市的整体形象。

4）通过机械立体停车库的建设，可以带动就业，拉动地方经济增长。

5）国家和地方政策大力支持立体停车库建设。

鉴于城市停车位严重不足以及机械立体停车库具有多方优势，国家和地方政府相继出台政策大力支持立体停车库的建设。

（1）立体停车库市场作为一个新兴的行业，我国“十三五”规划已明确将立体停车库作为重要的发展项目。

（2）2015年8月，国家发改委、财政部、住房和城乡建设部等发布《关于加强城市停车设施建设的指导意见》（附录八），2015年9月，住房和城乡建设部印发《城市停车设施规划导则》。

（3）为支持立体停车库建设，地方政府也相继出台支持政策，包括配套商业建筑的补贴、在税收方面的优惠政策等。如北京市《北京市机动车停车管理办法》（附录九）、河北省委省政府发布《河北省停车场管理暂行办法》（附录十）。

3. 国家鼓励采用PPP模式引进社会资本建设立体停车库

1）自2014年以来，我国大力推广PPP，从中央到地方掀起PPP的推广热潮。根据国务院办公厅转发的财政部、国家发改委、中国人民银行《关于在公共服务领域推广政府和社会资本合作模式的指导意见》（国办发[2015]42号），PPP共包括能源、交通运输、水利建设、生态建设和环境保护、市政工程、片区开发、农业、林业、科技、保障性安居工程、旅游、医疗卫生、养老、教育、文化、体育、社会保障、政府基础设施和其他等19个行业。进一步研究发现，交通行业在PPP领域占有重要的一席之地[1]。作为静态交通的立体停车库，也是国家重点支持的以PPP模式建设的领域。国家发改委、财政部、国土资源部、住房和城乡建设部、交通运输部、公安部、银监会等七部委于2014年发布《关于加强城市停车设施建设的指导意见》，提出鼓励社会资本参与，通过各种形式广泛吸引社会资本投资建设城市停车设施，大力推广政府和社会资本合作（PPP）模式，鼓励企事业单位、居民小区及个人利用自有土地、地上地下空间建设停车场。此外，多地省、

[1] 2014年12月，财政部公布的第一批PPP示范项目30个，总投资规模约1800亿元，涉及供水、供暖、环保、交通等多个领域。2015年9月，财政部公布的第二批206个PPP示范项目，总投资金额6589亿元，示范项目主要集中在市政、水务、交通等领域。2016年10月，财政部公布516个项目作为第三批PPP示范项目，计划总投资金额11708亿元，示范项目覆盖了能源、交通运输、水利建设、生态建设和环境保护、市政工程、城镇综合开发、农业、林业、科技、保障性安居工程、旅游、医疗卫生、养老、教育、文化、体育、社会保障和其他18个一级行业。其中，市政工程、交通运输、生态建设和环境保护、城镇综合开发这4类行业项目数最多，占比分别为43%、12%、9%、6%，合计占比达70%；交通运输、市政工程、城镇综合开发、生态建设、环境保护的投资额最大，占比分别为43%、27%、10%、7%，合计占比达87%。

市也相继出台地方性法规，支持以 PPP 模式引进社会资本建设机械立体停车库。如《某市机动车停车管理办法》明确规定：制定优惠政策，鼓励社会资本投资建设公共停车场，鼓励社会资本和有停车条件的单位、小区、个人开展多种形式合作，共同建设公共或专用停车场，重点是建设节约土地资源的机械式智能立体停车场（附录十一）。

立体停车库属于城市基础设施建设项目和公共服务项目，按照此前的操作模式，由政府主导进行建设和运营。但在我国经济发展进入新常态、政府债务风险大、国家大力推广 PPP 的背景下，以 PPP 模式操作城市机械立体停车库成为现实的选择：一方面可以缓解政府的财政压力，另一方面可以发挥社会资本在资金、技术、管理、运营和维护方面的优势，提高项目的建设和运营效率，有效破解城市的停车难题，从而保障公共产品的有效供给，提升城市建设管理水平，实现社会效益和经济效益。

2）从产业发展角度看，目前我国城市停车位缺口超过 5000 万个，立体停车库产业市场高达万亿元。

（三）某市智能立体停车场 PPP 项目捆绑打包案例

1. 项目背景

某市是国内一座知名的旅游城市。近年来，某市机动车辆保有量增长迅猛，给城区道路和停车场带来巨大压力，尤其在中心城区更是堵塞严重。某市停车现状主要表现在四个方面：第一，停车位严重不足，缺口高达 20 万个以上；第二，用地相对不足，静态交通规划难以适应路面停车需求；第三，非法停车严重，交通拥堵频发；第四，停车场散、乱，影响了某市作为旅游城市的整体形象。为了改善某市现有停车状况，提升城市整体形象，某市多位人大代表提议规划建造一批智能立体停车场。2016 年，某市政府决定建设一大批智能立体停车库（以下简称“本项目”）。

2. 基本情况

经过某智能立体停车场投资管理有限公司（以下简称某智能停车场投资公司）的前期调研，某市需建智能立体停车库项目约 50 个（重点是中心区），总投资规模约 6 亿元。本项目计划于 2016—2021 年建设完成。某市各街道办事处和镇办拟建项目数量和投资额明细见表 8-1。

某市各街道办事处和镇办拟建智能立体停车库项目数量及投资规模　　表 8-1

序号	区域	项目	投资额（单位：亿元）
1	A 街道办事处	10	1.28
2	B 街道办事处	14	1.36

续表

序号	区域	项目	投资额（单位：亿元）
3	C 街道办事处	7	0.49
4	D 街道办事处	2	0.45
5	E 街道办事处	4	0.62
6	F 街道办事处	2	0.29
7	G 街道办事处	2	0.56
8	H 镇	5	1.06
9	I 镇	3	0.8
10	J 镇	1	0.05

3. 合作模式

针对本项目，某市政府决定采取 PPP 模式下的 BOT 模式和社会资本合作。本项目由某智能停车场投资公司发起，向某市政府提交《某市智能立体停车库项目建议书》（附录十二），并为某市制定了智能立体停车场规划（附录十三）。某市政府与某智能停车场投资公司签订 PPP 特许经营协议。特许经营期限为 25 年。某智能停车场投资公司是一家专业从事智能立体停车库的规划、设计、投资、建设、管理、运营于一体的公司，以 BOT 模式和政府合作，投资、建设、运营某市商业区、医院、小区等主要区域的智能立体停车库。社会资本投资回报方面，采取“使用者付费＋政府可行性缺口补贴”模式。此外，为提高投资回报率，某智能停车场投资公司重点考虑出租、售卖停车位，并着力打造集智能立体停车、LED 广告、分布式光伏、充电桩、洗车房以及超市等于一体的商业综合体。

4. 案例解读

本项目建设运营不但能拉动某市经济增长，而且促进某市智慧城市建设，在业内具有良好的示范效应。

1）在 PPP 项目的项目识别阶段，有的项目由政府发起，有的项目由社会资本发起，大多数项目都是由政府发起。本项目则由社会资本发起。

2014 年 11 月，财政部印发《政府和社会资本合作模式操作指南（试行）的通知》（财金 [2014]113 号，以下简称《指南》），《指南》适用于规范政府、社会资本和其他参与方开展政府和社会资本合作项目的识别、准备、采购、执行和移交等活动。在项目识别阶段，政府和社会资本合作项目由政府或社会资本发起，以政府发起为主。一是政府发起。财政部门（政府和社会资本合作中心）应负责向交通、住建、环保、能源、教育、医疗、体育健身和文化设施等行业主管部门征集潜在政府和社会资本合作项目。行业主管部门可从国民经济和社会发展规划及行业专项规划中的新建、改建项目或存量公共资产中遴选潜在项目；二是社会资本发起。社会资本应以项目建议书的方式向财政部门（政府和社会资本合作中心）推荐潜在政府和社会资本合作项目。

2）某市政府高度重视本项目，从几个方面重点支持：一是政策支持，市主管部门专门出台政策支持本项目，本项目建设被列入某市政府民生工程；二是规划支持，某市新开发用地和老城区规划用地，在规划上留出立体停车场建设用地，由社会资本“统一规划，统一建设，统一管理”；三是特许经营权支持，由社会资本在某市内以特许经营的方式和政府合作；四是资金支持，由政府相关部门申请国家专项资金和省、市资金，支持社会资本。

3）某市作为旅游城市，每年旅游旺季都会有大批外地游客来到某市进行自驾游，这也对某市的停车现状提出严峻的考验，通过本项目的建设、运营和维护，可以促进某市智能装备制造业以及战略性新兴产业的集群发展。

4）投资规模和盈利预测

本项目总投资为 60718.04 万元人民币，其中，项目建设投资共 59451.85 万元，流动资金投入 1266.19 万元。资金来源于拟建公司的注册资本金 5333 万元。

本项目平均销售税金及附加 1071.23 万元，利润总额平均为 3778.51 万元，项目投资利润率为 9.04%，投资回收期为 12.83 年，财务上可行，见表 8-2。

项目主要财务数据及评价指标表 表 8–2

序号	名称	单位	数量
一	财务数据		
1	总投资	万元	60718.04

续表

序号	名称	单位	数量
2	固定资产投资	万元	59451.85
3	项目资本金（货币）	万元	5333.00
4	营业收入（经营期平均）	万元	9995.01
5	营业税金及附加（经营期平均）	万元	1071.23
6	总成本费用（经营期平均）	万元	5145.27
7	利润总额（经营期平均）	万元	3778.51
8	所得税（经营期平均）	万元	566.78
9	税后利润（经营期平均）	万元	3211.73
二	财务评价指标		
1	投资利润率	%	8.00
2	财务内部收益率（所得税后）	%	9.04
3	财务净现值（所得税后）	万元	14469.59
4	投资回收期（所得税后）	年	12.83

财务估算及经济评价见附录十四。

（四）EPC+ 委托运营：某县立体停车库创新 PPP 合作模式

作为静态交通领域的立体停车库，具有鲜明的特点：一是投资额比较大，尤其是地下立体停车库涉及的土建工程量更大。目前地上立体停车库每车位投资约 5 万元左右（包括设备、土建、消防等），而地下立体停车库每车位投资是地上的 1.5 ~ 2 倍；二是土地价格高，立体停车库往往是“哪里拥堵建哪里”，而“哪里拥堵”往往是商业区、行政单位附近、小区、旅游区等黄金地段，“寸土寸金”，土地价格高昂。如果土地属于政府所有，尚可通过协商由政府作为公益项目行政划拨，减轻投资者的风险，而如果土地属于民营企业主或者小区业主所有，则土地的价格方面很难达成一致；三是协调难度大，立体停车库大都是目前闲置或者现有平面停车场改建，涉及遮光、噪声扰民等现实问题。立体停车库虽然往往以配套设备的名义立项，但需要与多方面进行沟通，否则项目很难落地；四是收费低，目前停车收费在一、二线城市尚能被大多数车主所接受，但在很多三、四线城市，尤其是县城，广大车主对停车收费的概念并不明确；五是投资者回报周期长，社会资本尤其是民间资本兴趣不大。总的来说，立体停车库属于社会公益类项目[1]，如果以 PPP 模式操作，社会资本风险相对较大。

案例【8-1】是一例立体停车库 PPP 创新案例。

【8-1】为破解某县县城交通拥堵问题，加强城市管理水平，满足人民日益增长的停车需求，某县人民政府拟以 PPP 模式与社会资本合作建设一座立

[1] PPP 模式下按照项目的性质和收入来源主要有三种：一是市场化项目，如供水、供电、供暖等项目，依靠完全经营性的资产经营收入；二是准公益类项目，如污水处理、垃圾处理，政府通过补贴方式满足项目收益不足，从而保障项目运行和维护；三是公益类项目，公益性资产获取政府的资产服务购买收入，如生态治理、河道治理项目。

体停车库。经过协商，某县人民政府与社会资本某投资公司达成初步合作意向。后某投资公司经过测算后发现，在以BOT模式合作的情况下，社会资本的投资回报不到5%，近20年才能收回投资。换句话说，社会资本的投资回报周期太长，投资回报太低。于是社会资本开始打退堂鼓。鉴于某投资公司在立体停车库行业丰富的投资、建设、运营和维护经验，某县人民政府经过慎重考虑，决定双方仍以PPP模式合作，但由政府进行建设，将建设完的项目委托给某投资公司运营。具体操作为：

1. 项目介绍

项目为新建5层升降横移式立体停车库，可提供停车位156个，较平面停车场可节省土地面积70%以上，单个车位投资成本仅4万多元，可同时满足主流SUV车型和普通小轿车停车要求。

某县新建立体停车库项目还包括在立体车库顶部铺设太阳能光伏板，通过并网发电，不仅可供给立体车库电气设备电源，而且可获得国家和所在省新能源补贴（0.62元/度），降低立体停车库的运营成本。

立体停车库全钢结构设计，缩短了施工周期、降低了建设难度。立体停车库可通过外立面材质、风格的设计做到与周边建筑和城市风格相适应，同时可保证电气设备运行时对周边不产生噪声影响。辅以绿化点缀还可使立体停车库与整体环境更协调。项目总投资约980万元，项目预计工期120天。

2. 项目合作模式

1）某县人民政府与某投资公司建立“EPC+委托运营”合作模式，具体来说，由某县人民政府与某投资公司签订EPC工程总承包合同，在某县县城新建立体停车库。新建项目建设按照总承包合同约定执行。某县政府按照工程总承包合同按期支付某投资公司工程建设费用。待项目验收通过后，某县政府委托某投资公司对新建立体停车库进行运营、维护，根据新建立体停车库的实际运营收入情况，双方协商签订运营合同，确定合理的停车收费标准和政府运营补贴机制，以保证运营主体即社会资本方的合理收益。在规定的运营期内，社会资本方依法享有在立体停车库运营所获得的收益，依法获得拟定的政府运营补贴，未经政府方同意，社会资本方不得擅自调整停车收费标准，未经政府方同意，社会资本方不得将特许经营权及相关权益进行转让、抵押等处置。

2）在 PPP 模式的各种模式中，委托运营不失为一种引进社会资本、发挥社会资本优势的重要模式。根据财政部 2014 年 11 月发布的《政府和社会资本合作模式操作指南（试行）的通知》（财金 [2014]113 号）文件，PPP 模式包括委托运营、管理合同、建设 - 运营 - 移交（BOT）、建设 - 拥有 - 运营（BOO）、转让 - 运营 - 移交（TOT）和改建 - 运营 - 移交（ROT）等多种模式，这些模式可以广泛运用到市政行业的城市供水、供暖、供气、污水和垃圾处理、地下综合管廊和轨道交通等领域。而根据《关于在公共服务领域推广政府和社会资本合作模式的指导意见》，PPP 共包括能源、交通运输、水利建设、生态建设和环境保护、市政工程、片区开发、农业、林业、科技、保障性安居工程、旅游、医疗卫生、养老、教育、文化、体育、社会保障、政府基础设施和其他等 19 个行业。

3. 项目投资回报机制

1）某县立体停车库投资成本回报机制。立体停车库工程总投资约 980 万元，具体还款要求根据工程总承包合同确定。

2）某县立体停车库委托运营回报机制。某县立体停车库委托运营成本包括：电器设备动力费用（每年约 10.56 万元）、运维工人工资福利（6 人共 14.40 万元）、设备维修保养费用（每年约 9.18 万元）等，项目运营总成本每年约 36.20 万元。

某县立体停车库收入项目包括：停车服务收入、光伏发电收入、政府补贴收入三项。通过市场调查，兼顾经济效益和社会效益，暂定立体停车库停车收费 2 元 / 小时，按照保底车位占用比，每日 8 小时使用计算，立体车位停车服务费为 63.77 万元。光伏发电收入包括国家和省新能源补贴 0.62 元 / 度和上网发电售价 0.385 元 / 度，根据经验数据，光伏发电净收益 7.74 万元。

（五）综合体模式破解立体车库推广难

研究发现，固然立体停车库具有缓解停车压力、节约土地资源、解决劳动力就业、拉动地方经济增长等多方面的优势，且成为我国的一大新兴产业。但在现实推广中却存在诸多困难。在一系列阻碍立体停车库推广的困难中，经济因素是最重要的方面。具体来说，立体停车库在部分城市尤其是三、四线城市以及县城区域还没有被大多数人所接受。主要表现在存车难、取车难（有的立体停车库设计不合理，导致取车时间过长，车主等待麻烦）。调研显示，部分车主宁愿把车停放在路边被罚款也不愿意将车停放在立体停车库里，主要就是用户体验比较差，“存车难、取车难，太麻烦”。事实上，国内一些斥巨资建成的立体车库使用率并不高。如国内某大城市有多座立体停车库在投资上亿元建成后却只有 1 ~ 2 层在工作，更高层的车位处于停用状态，这在业内被称为“死库”。

由于部分车主不愿意将车停放在立体停车库，导致投资者收费困难，情况较差的甚至无法维持立体停车库的运营和维护费用，更不用说投资回报。因此社会资本投资积极性不够。以一个投资 1000 万元的立体停车库项目为例，经测算后发现，如果单纯依靠停车费收取，不包括政府可行性缺口补贴，社会资本要收回投资需要达十七八年甚至二十年以上。在 PPP 模式下，投资回报是摆在社会资本面前的一个现实问题，也是一个很大的考验。

在确保社会利益的前提下如何实现盈利，需要社会资本积极创新。以下的例子是某社会资本在以 PPP 模式介入某医院立体停车库项目后，通过打造综合体模式，实现多方盈利，确保了项目的落地，实现了政府、社会资本和公众的多方“共赢”，见案例【8-2】。

【8-2】医院属于人流和车流集散地，但国内许多医院在建设初期并未过多考虑停车需求问题，再加上近年来自驾车就医者不断增加，从而导致医

院周边交通拥堵，增加了就医者的就医时间。某市医院占地面积 178 亩，核定床位 1200 张，根据规划，医院投入使用后年门（急）诊量预计将达到 60 万人次，考虑到医院停车空间不足以及来医院就医者停车难问题，某市政府与某立体停车投资公司采用 PPP 模式进行立体停车库项目建设。为保障项目的顺利落地，进一步提升某市医院的公共服务水平，保证投资人的合理收益，本项目在立体停车库节省的土地上建设综合超市、餐馆、全自动洗车房等商业配套设施。

1. 项目经济技术指标

某市医院立体停车库项目总投资 2180 万元，包括机械式立体停车库主体工程及配套服务工程。立体车库主体工程为 6 层升降横移式立体停车库，可提供 156 个停车位，占地面积约 600 平方米，投资为 600 万元；地面停车场占地约 800 平方米，共 43 个停车位，投资 20 万元；配套服务工程包括洗车房、超市及餐馆等，占地面积约 3000 平方米，投资 600 万元。

2. 项目收入估算

（1）停车泊位出租收入。通过对某市内现有停车场收费情况调查，停车时间不超过 2 小时，停车费用为 5 元，超过 2 小时每小时加收 2 元。由于某市医院建成运营初期的就医量并不能达到日门诊量 1600 余人次，而是有一个增长的过程。据此，预计立体车库建设初期的就医量可达到预计日门诊量的 40%、第 5 年达到 50%、第 10 年达到 60%，在所有的就医者中驾车就医的比例按 30% 计，停车时间不超过 2 小时的有 50%、超过 2 小时不超过 3 小时的有 30%、超过 3 小时的有 20%。由此，立体停车库运营初期可得收入为 44.85 万元，第 6 年可得收入为 56.06 万元，第 11 年可得收入为 67.28 万元。

（2）商业铺面出租收入。为方便医院工作人员、来院就医人员及附近居民的工作、生活，在立体停车库周边配置建设相应商业用房，总占地 3000 平方米，按 100 平方米每间规划，共约 30 个商铺，按每个商铺租金 5 万元 / 年，每年可得商业铺面出租收入 150 万元。

（3）广告位出租收入。某市医院立体停车库为公共立体停车库，符合广告位设置的规划和标准，因此拟建立 100 平方米的 LED 显示屏，根据某市广告费租赁的收费标准，100平方米的LED显示屏每月租赁标准为5000元，则一年可得的广告位租赁收入为6万元。

（4）洗车收入。为来院就医人员提供快速的洗车服务，某市医院立体停车库项目配套建设全自动洗车房，洗车设备的类型为隧道式洗车设备，在连续洗车的情况下，每辆车的洗车时间不足2分钟，可较大程度节省车主的洗车时间。根据某市医院运营后的预计日门诊量及洗车收费标准，预计一年可得的洗车收入为9.13万元。

3. 项目成本费用估算

立体停车库泊位投入运行后的费用相对较单一，主要包含管理人员的工资薪金、停车库的运行电费及设备维修保养费。计算结果为工资薪金合计21.06万元/年、电费合计15万元/年、设备维修保养费为12万元/年、管理费用及其他为10万元/年。

4. 财务评价

（1）项目财务内部收益率（FIRR）

项目财务内部收益率（FIRR）是指在项目整个计算期内各年净现金流量现值累计等于0时的折现率，它是考虑项目盈利能力的相对指标。经计算某市医院立体停车库项目所得税前财务内部收益率为6.56%，所得税后财务内部收益率为5.51%，大于给定的基准收益率5%，本项目具有一定的盈利能力。

（2）项目投资回收期

项目投资回收期是指以项目的净收益回收项目投资所需要的时间。经计算某市医院立体停车库项目所得税前投资回收期为10.92年，所得税后投资回收期为12.10年，表明本项目有一定的盈利能力和抗风险能力，能够回收投资。虽然能够在12年回收投资,但项目属于具有较大社会效益的公益项目，还需要政府及相应管理部门的大力支持。

（六）某智能立体停车库 PPP 项目财务分析

某县广电中心位于县城中心区域，是人民群众看电影、娱乐、休闲的重要场所。但由于广电中心平面停车场狭小，最多只能停二三十辆车，再加上县城中心地区寸土寸金，停车位极度紧张。近年来，随着人们生活水平的提高，家庭小汽车保有量持续上升。每到晚上或者节庆日，人们开车争相拥入广电中心，却因为停车位严重不足，导致区域交通堵塞，严重影响了当地和周边区域人们的出行和生活。在此背景下，2016 年，某县人民政府决定在广电中心建设一座智能立体停车库，以解决人民群众停车难的问题。

由于智能立体停车库在我国大部分城市尤其是县级城市还属于新生事物，政府主管部门没有成熟的操作经验。再加上政府财政压力较大，收支矛盾突出。在我国大力推广 PPP 的背景下，某县政府决定采取 PPP 模式下的 BOT 模式与社会资本合作。在具体操作上，某县人民政府授权该县住建局作为项目执行机构对外推介项目。该县住建局通过与某智能立体停车场投资公司进行竞争性磋商后，达成合作意向。为慎重起见，双方约定先对某县广电中心智能立体停车 PPP 项目进行试点，如果项目运作良好，则开始在某县进行大面积推广。本智能立体停车库总投资约 1000 万元，一共建设 210 个停车位。

事实上，在与某县住建局磋商的过程中，某智能立体停车场投资公司对某县经济、汽车保有量、停车现状和项目所在地停车情况都进行了详细的调研。调研结果显示，目前某县汽车保有量持续上升，停车位严重不足。虽然停车问题十分突出，但现有停车场（目前主要是平面停车场）收费并不理想：一是收费低（有的地方每小时 3 元钱，有的地方前一小时甚至免费）；二是“停车交费”的观念并没有深入人心。总的来说，某县停车需求量大，但投资风险也较大。某智能立体停车场投资公司从项目财务分析入手，对项目进行了科学的财务评价。

1. 财务估计

1）计算原则

（1）项目计算期

项目计算期按 26 年计算，其中建设期 1 年，生产经营期 25 年。

（2）利息计算

项目利率按人民币贷款五年以上基准利率上浮 20% 计算，即 5.88%（4.9%×1.2），借款期限 10 年，按年度等额本息还款。同时假设在建设期内均匀借款，即建设期利息按 50% 计算。

（3）税金

①所得税：根据《中华人民共和国企业所得税法》（中华人民共和国主席令第 63 号）企业所得税的税率为 25%。

此外，太阳能光伏发电企业符合《企业所得税法实施条例》第八十七条及《公共基础设施项目企业所得税优惠目录》（财税 [2008]116 号）“由政府投资主管部门核准的太阳能发电新建项目”，自项目取得第一笔生产经营收入所属年度起，第一年至第三年免征所得税，第四年至第六年减半征收企业所得税。由于本项目光伏发电收入较低，且为兼营项目，暂不予考虑。

②增值税：《财政部国家税务总局关于全面推开营业税改征增值税试点的通知》（财税 [2016]36 号）不动产租赁服务按 11% 缴纳增值税。

《中华人民共和国增值税暂行条例》（国务院令第 538 号）规定，销售电力产品按 17% 缴纳增值税。另根据《财政部国家税务总局关于光伏发电增值税政策的通知》（财税 [2013]66 号），自 2013 年 10 月 1 日至 2015 年 12 月 31 日，国家电网公司所属企业应按发电户销售电力产品应纳税额的 50% 代征增值税税款。由于优惠期已过，新优惠政策尚未出台，本项目按无优惠政策考虑。

③附加税：按照增值税的一定比例计算，城市建设维护税 7%，教育费附加 3%，地方教育费附加 2%。

（4）固定资产折旧年限及其他费率估计

折旧年限按照实际运营年限 25 年计算，由于项目结束后固定资产将全部移交，因此净残值为 0 元。

年大修理及日常维护费：按项目总投资额 ×1.10% 计算。

管理费用等其他费用综合费率按营业成本的 15% 计算。

（5）财务基准收益率

财务基准收益率是项目财务内部收益率指标的基准和依据，是项目在财务上是否可行的基本要求，也用作计算财务净现值的折现率。根据本项目的特点，并考虑一定的风险溢价，本项目的财务基准收益率取 6%。

2）项目投资估计

按照项目方案估计的投资明细见表 8-3。

某智能立体停车库投资明细　　表 8-3

序号	项目	规模		造价		合计	比例（%）
		建设规模	单位	单价	单位		
一	建安费					734.56	68.52%
1	立体车库主体工程	900.00	m^2	—	—	630.00	58.77%
2	配套用房	15.00	m^2	2000.00	元 /m^2	3.00	0.28%
3	道路及场地硬化工程	3385.00	m^2	250.00	元 /m^2	84.63	7.89%
4	室外管线及照明	3385.00	m^2	50.00	元 /m^2	16.93	1.58%
二	设备费					158.80	14.82%
1	光伏发电设备	1.00	套	1000000.00	元 / 套	92.80	8.66%
2	充电桩	10.00	台	5000.00	元 / 台	5.00	0.47%
3	车辆管理系统	1.00	套	100000.00	元 / 套	10.00	0.93%
4	配电设备	1.00	套	400000.00	元 / 套	40.00	3.73%
5	办公设备	1.00	套	50000.00	元 / 套	5.00	0.47%
6	消防设备	2.00	套	20000.00	元 / 套	4.00	0.37%
7	取暖设备	1.00	套	20000.00	元 / 套	2.00	0.19%
三	其他费用					178.63	16.66%
1	前期咨询费	—	—	—	—	17.07	1.59%
2	市政设施配套费	3400.00	m^2	20.00	元 /m^2	6.80	0.63%
3	建设单位管理费	893.35	万元	1.50%	—	13.40	1.25%
4	工程监理费	893.35	万元	—	—	18.50	1.73%
5	勘察设计费	893.35	万元	—	—	34.98	3.26%
6	环境评价费	—	—	—	—	5.00	0.47%
7	招投标代理费	893.35	万元	0.55%	—	5.96	0.56%

续表

序号	项目	规模		造价		合计	比例（%）
		建设规模	单位	单价	单位		
8	联合试运转费	893.35	万元	0.05%	—	0.45	0.04%
9	预备费	893.35	万元	8.00%	—	71.47	6.66%
10	铺底流动资金		万元		—	5.00	0.47%
	总计					1071.99	100.00%

按照财税 [2016]36 号文件规定房屋建筑物从 2016 年 5 月 1 日起可抵扣进项税，抵扣后实际入账固定资产金额为 996.12 万元，具体明细见表 8-4。

某智能立体停车库具体投资明细 **表 8–4**

	实际投入资金	进项税额	入账金额
建安费	734.55	72.79	661.76
设备费	158.80	23.07	135.73
其他费用	178.63	5.20	173.43
资本化利息	25.21		25.21
合计	1097.19	101.06	996.13

3）营业收入估计

据项目现场勘察，停车泊位可达到 210 个。假设停车场利用率为 55%，车辆周转率为 3 次 / 天，平均每次停车收费为 3 元，则停车泊位出租收入为 210 × 55% × 3 × 3 × 365/10000=37.94 万元 / 年。

光伏电板共计铺设 77.385kW，按照每瓦一年发一度电，每度电上网电价 0.4 元，政府补贴 0.6 元计算，光伏发电收入为 77385 ×（0.4 +0.6）/10000=7.74 万元 / 年。具体明细见表 8-5。

某智能立体停车库收入 **表 8–5**

	数量	使用效率	单价	总价（万元）	税率	税额	不含税价
停车泊位出租收入	210	165%	3.00	37.94	11%	4.17	33.77
光伏发电收入	77385	100%	1.00	7.74	17%	1.32	6.42
营业收入合计				45.68		5.49	40.19

4）营业成本估计

生产成本是建设项目投产运行后一年内的生产营运而花费的全部成本，包括外购原材料、燃料和动力、工资及福利费（按 3 万元 / 人，共 6 人计算）、维修费和折旧费等。停车泊位及光伏发电均无外购原材料，其他成本明细见表 8-6。

此外由营业成本 15% 估计的差旅费、业务招待费等管理费用为 72.15 × 15%= 10.82 万元 / 年。

某智能立体停车库营业成本 表 8–6

项目	金额	备注
燃料及动力	2.51	水电消耗
职工薪酬	18.00	含操作、维修等员工工资及福利
修理费	11.79	维护费、备件备品费等
折旧费	39.84	
营业成本合计	72.14	

5）税金及附加估计

由营业收入表可知年销售需缴纳的增值税销项税额为 5.49 万元，在投资活动中取得的可抵扣进项税额为 101.06 万元，在 25 年经营期内产生的销项税额不足抵扣该笔进项税，故本项目中不产生营业税金及附加。

6）利息费用估计

我们预计初始投资额 80% 为贷款，即贷款总额为 1071.99 × 0.8 = 857.59 万元。按照年利率 5.88%，11 年期（第一年均匀借贷，故按 0.5 年计算）等额本息还款方式计算的还款数额见表 8-7。

某智能立体停车库利息费用 表 8–7

项目	数额
年利率	5.88%
还款期限（年）	10.5
贷款总额	857.59
年还款额（本金 + 利息）	111.77

续表

项目	数额
还款总额	1173.59
支付利息总额	316

2. 财务评价

1）内含报酬率分析

内含报酬率是指能够使未来现金流入量现值等于未来现金流出量现值的折现率，或者说是使投资项目净现值为零的折现率。它是根据项目的现金流量计算的，是项目本身的投资报酬率。

为保证项目内含报酬率达到 6%（即至少高于银行利率 5.88%），在既定的收入成本情况下，政府补贴收入需至少达到 98 万元。在此前提下，项目财务净现值为 3.12 万元（资本成本为 6%），内含报酬率为 6.05%。

各年利润表及现金流量表见表 8-8、表 8-9。

2）会计报酬率分析

会计报酬率 = 年平均净收益 / 原始投资额 ×100%

根据表 8-8 利润表可以得出项目年均净收益为 32.71 万元，。随着贷款的逐渐偿还，所支付的利息逐年减少，销售净利率逐年增加，运营期内平均销售净利率为 23.67%，项目的会计报酬率为 3.05%。

3）盈亏平衡点分析

盈亏平衡点是指全部销售收入等于全部成本时（销售收入线与总成本线的交点）的产量。以盈亏平衡点为界限，当销售收入高于盈亏平衡点时企业盈利，反之企业就亏损。

由于支付利息逐年减少，净利润逐年增加。在其他因素不变的情况下，当政府补贴低于 92 万元时，会出现单个年度亏损情况，此时 25 年净利润合计为 705.31 万元，内含报酬率为 5.12%；当政府补贴低于 54.39 万元时，25 年净利润合计为 0 万元，内含报酬率为 –0.92%，该项目不再具有投资价值。

项目年度利润表

表 8–8

序号	项目	1	2	3	4	5	6	7	8	9	10	11	12
1	营业收入	40.19	40.19	40.19	40.19	40.19	40.19	40.19	40.19	40.19	40.19	40.19	40.19
2	营业成本	72.15	72.15	72.15	72.15	72.15	72.15	72.15	72.15	72.15	72.15	72.15	72.15
3	营业税金及附加	–	–	–	–	–	–	–	–	–	–	–	–
4	管理费用	10.82	10.82	10.82	10.82	10.82	10.82	10.82	10.82	10.82	10.82	10.82	10.82
5	财务费用	48.62	44.91	40.98	36.81	32.41	27.74	22.80	17.57	12.03	6.16	–	–
6	营业外收入	98.00	98.00	98.00	98.00	98.00	98.00	98.00	98.00	98.00	98.00	98.00	98.00
7	利润总额	6.60	10.31	14.24	18.40	22.81	27.48	32.42	37.65	43.19	49.05	55.22	55.22
8	所得税	1.65	2.58	3.56	4.60	5.70	6.87	8.10	9.41	10.80	12.26	13.80	13.80
9	净利润	4.95	7.73	10.68	13.80	17.11	20.61	24.31	28.24	32.39	36.79	41.41	41.41

序号	项目	13	14	15	16	17	18	19	20	21	22	23	24	25
1	营业收入	40.19	40.19	40.19	40.19	40.19	40.19	40.19	40.19	40.19	40.19	40.19	40.19	40.19
2	营业成本	72.15	72.15	72.15	72.15	72.15	72.15	72.15	72.15	72.15	72.15	72.15	72.15	72.15
3	营业税金及附加	–	–	–	–	–	–	–	–	–	–	–	–	–
4	管理费用	10.82	10.82	10.82	10.82	10.82	10.82	10.82	10.82	10.82	10.82	10.82	10.82	10.82
5	财务费用	–	–	–	–	–	–	–	–	–	–	–	–	–
6	营业外收入	98.00	98.00	98.00	98.00	98.00	98.00	98.00	98.00	98.00	98.00	98.00	98.00	98.00
7	利润总额	55.22	55.22	55.22	55.22	55.22	55.22	55.22	55.22	55.22	55.22	55.22	55.22	55.22
8	所得税	13.80	13.80	13.80	13.80	13.80	13.80	13.80	13.80	13.80	13.80	13.80	13.80	13.80
9	净利润	41.41	41.41	41.41	41.41	41.41	41.41	41.41	41.41	41.41	41.41	41.41	41.41	41.41

项目年度现金流量表

表 8–9

序号	项目	0	1	2	3	4	5	6	7	8	9	10	11	12
1	现金流入	857.58	138.19	138.19	138.19	138.19	138.19	138.19	138.19	138.19	138.19	138.19	138.19	138.19
1.1	营业收入		40.19	40.19	40.19	40.19	40.19	40.19	40.19	40.19	40.19	40.19	40.19	40.19
1.2	政府补贴		98.00	98.00	98.00	98.00	98.00	98.00	98.00	98.00	98.00	98.00	98.00	98.00
1.3	贷款金额	857.58												
2	现金流出	1127.86	156.55	157.48	158.46	159.50	160.60	161.77	163.00	164.31	165.70	167.16	56.93	56.93
2.1	建设投资	1071.98												
2.2	付现成本		43.13	43.13	43.13	43.13	43.13	43.13	43.13	43.13	43.13	43.13	43.13	43.13
2.3	所得税		1.65	2.58	3.56	4.60	5.70	6.87	8.10	9.41	10.80	12.26	13.80	13.80
2.4	利息支出	25.21	48.62	44.91	40.98	36.81	32.41	27.74	22.80	17.57	12.03	6.16		
2.5	本金偿付	30.67	63.15	66.86	70.79	74.96	79.36	84.03	88.97	94.20	99.74	105.61		
3	净现金流量	–270.28	–18.36	–19.29	–20.27	–21.31	–22.41	–23.58	–24.81	–26.12	–27.51	–28.97	81.26	81.26
	折现系数	1.0000	0.9434	0.8900	0.8396	0.7921	0.7473	0.7050	0.6651	0.6274	0.5919	0.5584	0.5268	0.4970
4	各年现金流量现值	–270.28	–17.32	–17.16	–17.02	–16.88	–16.75	–16.62	–16.50	–16.39	–16.28	–16.18	42.81	40.39
序号	项目	13	14	15	16	17	18	19	20	21	22	23	24	25
1	现金流入	138.19	138.19	138.19	138.19	138.19	138.19	138.19	138.19	138.19	138.19	138.19	138.19	138.19
1.1	营业收入	40.19	40.19	40.19	40.19	40.19	40.19	40.19	40.19	40.19	40.19	40.19	40.19	40.19
1.2	政府补贴	98.00	98.00	98.00	98.00	98.00	98.00	98.00	98.00	98.00	98.00	98.00	98.00	98.00
1.3	贷款金额													
2	现金流出	56.93	56.93	56.93	56.93	56.93	56.93	56.93	56.93	56.93	56.93	56.93	56.93	56.93
2.1	建设投资													
2.2	付现成本	43.13	43.13	43.13	43.13	43.13	43.13	43.13	43.13	43.13	43.13	43.13	43.13	43.13
2.3	所得税	13.80	13.80	13.80	13.80	13.80	13.80	13.80	13.80	13.80	13.80	13.80	13.80	13.80
3	净现金流量	81.26	81.26	81.26	81.26	81.26	81.26	81.26	81.26	81.26	81.26	81.26	81.26	81.26
	折现系数	0.4688	0.4423	0.4173	0.3936	0.3714	0.3503	0.3305	0.3118	0.2942	0.2775	0.2618	0.2470	0.2330
4	各年现金流量现值	38.09	35.94	33.91	31.98	30.18	28.46	26.86	25.34	23.91	22.55	21.27	20.07	18.93

九

解读交通运输 PPP 前景

交通运输的发展与国家战略紧密相连。近年来，“西部大开发”“中部崛起”“振兴东北”“一带一路”“京津冀协同发展”“长江经济带”等国家大战略不断出台并逐步实施。此外，新型城镇化建设如火如荼。作为国民经济先导性产业的交通运输业迎来重要战略机遇期。《交通基础设施重大工程建设三年行动计划》提出，2016 年—2018 年，我国拟推进的交通运输项目总投资约 4.7 万亿元，其中蕴藏着巨大的 PPP 模式运作空间。

（一）交通运输 PPP 项目中的投资人联合体

当下，我国重点推广的 PPP 领域主要涉及基础设施建设项目和社会公用事业项目，其特点是投资规模大（动辄数亿、十多亿、数十亿甚至上百亿）、合作时间长（政府和社会资本合作时间长达二三十年甚至更久）、投资回报率不高（通常情况下只有 6% ~ 8%）。以交通（含市政工程类的轨道交通）为例，根据财政部公布的第三批 PPP 示范项目，100 亿元以上的项目有 21 个，具体包括交通运输类 15 个、市政工程类 4 个（全部为轨道交通）、城镇综合开发类 1 个、生态建设与环境保护类 1 个。因此，交通运输 PPP 项目对多数社会资本（无论是国企、民企、外资还是混合所有制企业）都提出了很大的挑战。

研究发现，PPP 模式下，社会资本主要负责 PPP 项目的投资、融资、建设、运营和维护，因此，整个过程涉及资金、技术、管理等方方面面。换句话说，投资 PPP 项目尤其是交通运输 PPP 项目这样“巨无霸”的工程，需要社会资本兼具资金实力、技术实力、工程建设实力和管理经验。

事实上，面对高达上万亿的 PPP 项目和十万亿的投资[1]，大多数的社会资本往往不具备资金、技术、工程和管理方面的综合实力。而要快速推进我国 PPP 项目的落地，将拥有资金、技术、工程、运营管理的各方社会资本进行资源整合、采用优势互补的投资人联合体模式[2]显得十分必要。

1）社会资本可以进行业务整合

（1）由于 PPP 领域涉及行业众多[3]，单个社会资本实力有限，需要与其他社

[1] 自 2014 年下半年以来，PPP 被列为国家发展战略并受到中央和地方政府的大力推广。截至 2016 的 6 月末，财政部 PPP 信息中心全部入库项目 9285 个，总投资额 10.6 万亿元。

[2] 所谓投资人联合体模式，即拥有各自优势的两家或者两家以上的社会资本共同参与 PPP 模式下政府方的社会资本招标采购，并最终成为项目投资人。与传统意义上相对单纯的设计 - 施工联合体、施工联合体不同，PPP 模式下投资人联合体无论是范围还是实力都更胜一筹，其包括投资 - 设计 - 施工 - 运营 - 维护。

[3] 根据国务院办公厅转发的财政部、发改委、人民银行《关于在公共服务领域推广政府和社会资本合作模式的指导意见》（国办发 [2015]42 号），PPP 共包括能源、交通运输、水利建设、生态建设和环境保护、市政工程、片区开发、农业、林业、科技、保障性安居工程、旅游、医疗卫生、养老、教育、文化、体育、社会保障、政府基础设施和其他等 19 个行业。

会资本一起组成联合体，发挥各自的优势，共同竞得项目、建设项目和运营项目。

（2）PPP项目要求社会资本兼具资金、设计、技术、工程、管理方面的实力，这样使得只具有某些方面优势（如工程施工）的企业意欲介入PPP项目而不能。通过组成联合体进行业务整合、强强联合，可以使勘察设计、工程施工单位介入PPP项目，既分得项目建设过程中的利润，还可以分享项目运营过程中的利润，无疑会提高各类社会资本介入PPP的积极性。以轨道交通运输PPP项目为例，其涉及投资、融资、勘察设计、工程建设和机电系统交付以及后续运营、管理、维护，行业内很难有一个投资人能够包揽全部工作。如果采用联合体投标既能增强社会资本的实力，又能降低项目建设和运营成本，还能有效规避各方风险，可谓一举多得。

2）我国法律法规为联合体提供保障

《中华人民共和国招标投标法实施条例》第九条规定："有下列情形之一的，可以不进行招标：（三）已通过招标方式选定的特许经营项目投资人依法能够自行建设、生产或者提供"。因此，拥有资金优势的社会资本可以和拥有设计、工程施工、项目运营和维护等优势的社会资本组成联合体，即将传统的投资人招标与设计、工程施工招标统一起来。

3）投资人联合体的优点

PPP模式下社会资本组成联合体，具有明显的优点：一是投资人联合体中标后，将按自身优势分工完成具体PPP项目，发挥设计、工程建设等方面的"投资人身份"优势，提高整体竞争力，共同合作，节约沟通、协调的时间成本和建设、运营、维护的资金成本，提高项目的建设和运营效率，体现了PPP模式全生命周期的理念；二是相对于单个投资者而言，投资人联合体还可以实现分散和降低经营风险的目的，见案例【9-1】。

【9-1】为进一步促进地区经济和社会发展水平、促进旅游业的发展、促进资源开发、完善路网结构，某市政府决定新建一条高速公路（以下简称"本项目"）。本项目全长78公里，技术标准为：双向四车道高速公路、设计速度80公里/小时、路基宽度24.5米，设置互通式立交9处，特大、大桥21座约26000米，中小桥19座约15000米，涵洞8道，隧道16座21000米，设置连接线3条，全线设服务区2处，停车区2处。本项目总投资约86亿元。

某市政府根据《招标投标法》等国家规定对外进行公开招标。招标公告发布后，国家十多家社会资本积极参与竞标。最后，由某公路工程集团（以下简称“A 公司”）和某交通投资公司（以下简称“B 公司”）组成联合体成功中标[1]。随后，某高速公路公司根据《中华人民共和国公司法》等有关法律规定，由 A 公司和 B 公司共同出资设立组建 PPP 项目公司，主要负责本项目的投资、融资、建设、运营和维护。PPP 项目公司负责本项目的设计、资金筹措、建设实施、运营管理、养护维修等，并享有 30 年的收费权益（社会资本回报方式为“使用者付费 + 政府可行性缺口补贴”）。

需要指出的是，在参与本项目的投标前，A 公司与 B 公司签订《某高速公路 PPP 项目联合体协议书》，协议书约定：A 公司、B 公司自愿组成某高速公路 PPP 项目联合体，共同参加某高速公路 PPP 项目的资格预审和后续的社会资本招标 / 竞争性磋商。现就联合体投标事宜订立如下协议：

1. A 公司为某高速公路 PPP 项目联合体牵头人。

2. 联合体牵头人合法代表联合体各成员负责项目的资格预审申请文件、竞争性磋商投标文件递交和合同谈判活动，代表联合体提交和接收相关的资料、信息及指示，处理与之有关的一切事务，并负责合同实施阶段的主办、组织和协调工作。联合体牵头方基本职责：

1）净资产应满足本项目财务要求的 51% 以上，并且联合体中标后承担项目资本金、项目总融资责任不低于 51% 以上。

2）牵头方应承担项目的总体管理、内部协调、向政府报告以及财务审计责任。

3）参加项目投标并负责提交投标保证金。

3. 联合体将严格按照资格预审文件和竞争性磋商招标文件的各项要求，编制资格预审申请文件和投标文件，履行合同，并对外承担连带责任。

4. 联合体内部各成员单位的职责分工如下：

[1] A 公司是国有独资公司，是交通系统大型骨干企业，具备住房和城乡建设部核定的公路工程施工总承包一级；市政公用工程施工总承包一级；桥梁工程专业承包一级；隧道工程专业承包一级；公路路面工程专业承包一级等资质。B 公司是一家大型交通投资公司，投资过多条知名高速公路。

1）联合体中标后将根据政府方对选择社会资本的各项要求成立项目公司并完成项目的融资、建设、运营、维护和移交等职责。

2）项目的工程建设和运营管理由具有相应资质和经验的联合体成员方承担。

3）项目公司成立后，各联合体成员方应根据项目特许经营协议以及项目公司股东协议承担责任并享受权利。

4）联合体各成员对本项目承担连带责任。

5. 本协议书自签署之日起生效，合同履行完毕后自动失效。

6. 本协议书一式叁（三）份，联合体成员和招标人各执一份。

牵头人名称：A 公司　　　　　　　　　　　（盖单位章）

法定代表人或其委托代理人（签字）：

成员单位名称：B 公司　　　　　　　　　　（盖单位章）

法定代表人或其委托代理人（签字）：

本协议签署日期　　年　　月　　日

（二）高速公路 PPP 项目之施工成本控制

所谓成本控制就是依据一定时期建立的成本管理目标，在控制主体责权范围内对各种影响因素所采取的预防和调节措施，成本控制的最终目标是降低成本水平。以高速公路施工成本为例，高速公路施工成本控制在整个项目目标管理体系中处于十分重要的地位。对高速公路 PPP 项目而言，科学控制高速公路施工成本，由于项目投资规模大（高速公路投资金额动辄数十亿、上百亿元，如果地质条件复杂、桥隧道比高，高速公路的投资额更大），施工阶段工期长（通常一条高速公路建设时期需 3 ~ 5 年）、回报周期长（通常一个高速公路 PPP 项目特许经营期限为 25 年以上，最长达 30 年甚至更久）、不可预见因素多，高速公路的成本控制的好坏与项目的效益密切相关。因此，高速公路 PPP 项目施工成本控制无论对政府方还是社会资本方以及广大高速公路使用者、社会公众而言都有着极为重要的意义。

1. 施工成本存在的主要问题

（1）施工合同条款不够严谨周密

无论是对民事类合同还是经济类合同而言，严谨周密是维护合同双方利益的重要保障。在工程建设项目的合同中，施工合同是主要合同之一，其是工程投资、质量和进度的重要依据。一个标准的施工合同，主要有合同的解释、总造价、工程实施范围、工程数量、工程款的支付方式、工期和质量的约定、风险责任分担、赔偿条款以及分包工程等。如果在实践操作中，施工合同款约定不明确、概念模糊、争议较大，或者权利义务分配不合理，都将给工程项目埋下隐患，对成本控制造成非常大的影响。

（2）施工组织设计不够优化

所谓施工组织设计是用来指导施工项目全过程各项活动的技术、经济和组织

的综合性文件，它能保证工程开工后施工活动有序、高效、科学合理地进行[1]。在工程实践中，比较常见的现象是施工单位为了节省人工成本、时间成本，为了尽早回笼资金，片面追求施工进度，忽视了对施工环节的严格管理，结果欲速则不达，质量事故和安全事故不断，反而还提高了施工成本，延长了施工时间。说到底，就是施工组织设计不够优化的表现。

2. 施工成本控制措施

（1）改进生产组织，提高劳动生产效率。具体操作上提高管理效率、压缩编制、减少非生产人员数量、不断提高员工技能、加强对零散用工的管理、安排好劳动组合和人机配套，从而控制劳动用工成本。

（2）节约材料费。工程建设中材料成本占整个工程成本的比重最大，一般可达六成甚至七成，对施工企业而言，控制材料费至关重要。具体操作上，可对材料限额发放，出台奖惩机制：节约材料给予奖励，超出由施工作业队承担。

（3）节约机械费用。合理组织施工和调配机械，减少施工中所消耗的机械台班量、降低台班使用费，提高机械设备的利用率和完好率。

（4）加强制度方面的建设。要建立一套完整、科学、规范的管理制度。如实行统一财务管理、统一内部控制，降低财务管理中的人为因素干扰，从制度设计上严控资金随意流动。

（5）优化施工组织设计。编织施工组织设计时要通盘考虑综合因素，根据实际情况安排施工过程。要正确处理施工工期、施工质量以及施工造价之间的关系。既要保证工程质量又能节约施工成本。

（6）加强施工过程中的合同管理。施工合同管理是建设单位管理过程中的重中之重。要制定科学、规范、严密的合同条款，既要合理分担风险，又能发挥各方的积极性，在保证工程质量和工期的前期下，寻求最大程度的施工成

[1] 施工组织设计一般包括五项基本内容，一是工程概况，指工程的基本情况，工程性质和作用，主要说明工程类型、使用功能、建设目的、建成后的地位和作用；二是施工部署及施工方案，指施工安排及施工前的准备工作；三是施工进度计划，指编制控制性网络计划；四是施工平面图，根据场区情况设计绘制施工平面布置图，大体包括各类起重机械的数量，位置及其开行路线，搅拌站、材料堆放仓库和加工场的位置，运输道路的位置，行政、办公、文化活动等设施的位置，水电管网的位置等内容。

本节约。

工程技术风险分析及控制措施见案例【9-2】。

【9-2】

某高速公路PPP项目（以下简称“本项目”）全长78公里，设计速度80公里/小时，双向四车道，全线共设特大、大桥21座，中桥10座，隧道19座，9处互通式立交，分离式立交6处，服务区2处，停车区2处。本项目总造价为76亿元。

1. 工程技术风险

1）路基工程风险

（1）特殊性岩土风险。测区内沿路线发现特殊性岩土为软土。此外线路经过区的花岗岩、砂岩风化土层液限较高，为高液限土，局部具有膨胀性，会影响到路基工程地基处理的经济性及运行期的耐久性。

（2）不良地质风险。测区内沿路线发现不良地质类型有崩塌、坡面冲刷、软土等。崩塌灾害发生的主导因素为碎破岩层。项目部分路段都存在不同程度的坡面冲刷问题。

2）桥梁施工风险

本项目部分桥梁跨越江河，会引起生态环境影响。此外，本项目几种基本桥梁结构的施工方案，各自存在不同的施工风险。

3）隧道建设条件风险

地形地貌（地表、偏压）、地质构造、水文地质、不良地质（滑坡、矿区等）及周边环境影响隧道洞口稳定及隧道结构安全。

4）工程技术风险评价

本项目工程技术风险主要包括不良地质及特殊性岩土危害风险、桥梁工程风险、隧道工程风险，经过对其风险等级进行评定，结果见表9-1。

2. 项目施工风险分析

1）在公路、桥梁、隧道的建设施工过程中，可能会遇到不可预知的恶劣地质结构，从而使施工难度加大，导致施工成本增加和施工工期延长。

工程技术风险评价　　表 9-1

类别	风险		发生概率	损失后果	风险等级
不良地质及特殊性岩土危害风险	路基桥基塌陷		B	3	二级
	路基沉降过大		C	2	二级
	桥基失稳		B	4	三级
	路面开裂变形		C	2	二级
	路堑路基浅层滑动		C	3	三级
桥梁工程风险	场地水文地质风险	软土产生桩尖不均沉陷	D	3	四级
	桥梁设计风险		B	4	三级
	桥梁施工风险	钻孔灌注桩塌孔	C	3	三级
		主梁支架失效	C	3	三级
		焊接质量事故	C	3	三级
		胎架范围内地基失效	C	3	三级
	桥梁运营风险	车辆超限超载	D	3	四级
		桥梁结构被车辆撞击而损坏	B	3	二级
		极端气候引起的混凝土剥落、钢筋锈蚀	A	1	一级
隧道工程风险	洞口失稳		C	3	三级
	塌方		C	3	三级
	突水涌泥		B	3	二级
	结构失稳		A	3	二级
	火灾		B	3	二级
	交通事故		B	3	二级

2）本项目建设所需的原材料如沙石、水泥、钢材及沥青等主要原材料的成本占工程建设总成本较大比重，如果此类原材料价格上涨将会导致公路施工总成本的上涨。

3）本项目工程施工完成后，需经过工程质量鉴定和验收方能投入运营。如果工程施工质量不合格未能通过鉴定和验收，则需要进行工程返工，影响经营收入。

3. 工程技术风险控制措施

1）路基工程危害控制措施

查明不良地质及特殊性岩土产生的地质背景和形成条件，探明其类型、性质、规模、形态、分布及其工程地质特征等，然后因地制宜，有针对性地采取防治措施；高边坡采用台阶式，周界设置截、排水沟。上植草，中护墙，下设挡土墙、抗滑桩、整体挂网喷浆、锚索等防护措施。

2）桥梁工程风险控制措施

（1）桥梁设计多采用设计、施工经验成熟的桥型；结构设计时遵循结构耐久性设计的原则，使结构具有可检性、可修性、可换性、可控性及可持续性，重要参数的取值应结合本项目的功能，考虑超限超载车引起的效应，保证桥梁在设计寿命期内的服务功能。

（2）桥梁施工期间加强施工管理，如在支架预压期间必须进行安全检查，遇阴雨天气要严防由于沙包浸水导致的支架坍塌等。

3）隧道工程风险控制措施

（1）隧道平纵面的选择一定要强调“地质选线”，使得地质构造、不良地质等对拟建的隧道不良影响减至最小。

（2）加强地质调查，采用综合勘探的方法查明隧址处的地质条件，为隧道设计提供充分的数据。

（3）采用安全稳妥的施工方法，并采取微差控制爆破、震动测试等措施对钻爆施工进行严格地监控，减小原岩的破坏。施工中高度重视超前地质预报工作，超前地质预报工作的准确与否直接关系到岩溶地质下隧道施工安全。

（4）施工中作好各种不良地质及特殊地质等的处治措施及未知突发事件的应急预案。

3. 项目施工成本控制措施

为降低项目施工成本，委托咨询机构对设计机构提供的设计成果进行咨询，确保设计方案合理、结构安全、工程经济；采取施工监理制度，以合同为管理基础进行项目管理，从而控制费用超支、工程延期，同时保障施工质量。

（三）如何实现货运车辆超限超载的科学管理

研究发现，在公路 PPP 项目（包括高速公路 PPP 项目）中，社会资本的投资回报主要来源于两部分，一部分是公路车辆通行费、沿线广告费、停车费等使用者付费；另一部分是政府可行性缺口补贴。而在车辆通行费部分，货运车辆通行费又占相当大的比例。因此，货运车辆通行费的管理与社会资本的投资回报密切相关。

随着我国国民经济和交通运输事业的快速发展，近年来，我国货运产业不断壮大，载货车辆在各级公路交通组成中所占比重逐年增加，在部分公路路段货运车辆甚至代替小客车成为交通组成中的主要车型，我国各级公路的交通组成正在发生新的变化。交通问题研究专家张亮指出，货运车辆进入收费广场后，由于其自身尺寸较大而加减速性能较低，使其在收费广场处车道变化困难、收费时间延长、收费站服务水平降低；货运车辆在路段上行驶不仅会破坏道路结构，而且存在较大安全隐患。此外，货运车辆低速运行状态还会导致尾气排放量增加，对环境造成严重污染。尤其需要指出的是，前述负面影响在超限超载运输车辆中体现得更加严重。因此，如何对超限超载运输车辆科学管理成为公路（包括高速公路）运营公司急需解决的课题。

1. 我国公路收费站的主要现状

1）货运车辆管理问题已成为一个全国性、普遍性的现象。目前，我国大部分公路收费站实行的是计重收费的管理模式，这种管理模式的弊端是货运车辆收费时间延长，加重收费站的工作负担，降低收费站通行能力，尤其是超限超载运输车辆更是让计重收费的管理模式受到挑战。此外，在经济利益的驱使下部分驾驶员为降低称重结果常采用“冲秤、跳秤”等不规范称重行为，有时货运车驾驶员与公路运营者对称重结果不一致产生争执导致车辆通行慢、服务效果差、浪费大量人力物力等。

2）目前我国对收费站通行能力的计算均是基于小型车为主要车型进行，对货运车辆增加和超限超载对收费站通行能力产生的影响考虑较少，因此通过科学方法对收费站通行能力进行计算显得尤为重要。

3）超限超载运输现象在世界范围内普遍存在，对超限超载运输车辆进行管理已成为世界性课题，其中控制效果较好的代表性国家是美国，早在 1913 年美国便制定了对超限超载运输车辆进行控制的专门法律，随后又出台了多部对超限超载运输车辆进行控制的法律法规，制定了比较健全的超限超载运输车辆管理办法❶。除美国外，德国、日本等国在对超限超载运输车辆控制效果方面做得效果也较好❷。

4）我国对超限超载运输车辆进行控制起步较晚，再加上我国货运市场复杂、货车种类繁多、收费公路里程较长、收费管理部门各自为政，因此对超限超载运输车辆的控制效果并不明显。

5）目前针对超限超载运输车辆问题我国采取的措施主要是在收费站出口处设置动态称重设备，对通过收费站的货运车辆根据其实际载重量进行收费，并在重要路段设置超限检测站的办法提高对超限超载运输车辆的控制力度，这在一定程度上提高了我国查超限载工作的工作效果。

2. 对超限超载运输车辆科学管理

1）为减少超限超载运输车辆进入收费站后造成收费广场处交通混乱、增加正常行驶车辆的时间延误，进入路段后加快道路结构破坏速度、增加收费公路养

❶ 美国采用以罚款为主其他惩罚措施为辅的措施加强对超限超载运输车辆的控制，其中辅助措施包括对超限超载运输车辆的车主进行备案及支付额外的道路破坏补偿金等。对超限超载运输车辆强制卸货，直至其载重量在道路设计承载能力以内。此外，美国还通过司法手段加强对超限超载运输车辆的控制，即对超限超载运输严重及超限超载运输次数较多车辆的货车司机给予短期拘留、刑事诉讼或超过 1 年的监禁等。

❷ 德国对超限超载运输车辆进行控制的措施除了在路段上设置超限检测站外还对初次超限超载运输的货车司机进行一定的罚款或要求其卸载直至满足载重要求，再次被发现超限超载运输的货车司机给予 3 个月的监禁处罚，对于在 1 年内超限超载运输超过 3 次的货车司机，将取消其终身驾驶资格。日本通过将移动或固定称重设备设置在收费站或路段相应位置处实现对超限超载运输车辆的控制，并对大型货运车辆配备自动检测仪加强对大型货运车辆的载重控制；此外，在超限超载政策控制方面，对与超限超载运输的车辆不仅对货车司机进行处罚，同样对货运企业和货主进行处罚，并根据超限超载运输车辆不同的超载额进行不同程度的罚款处罚。

护及维修成本，同时提高收费站通行能力，应在收费公路入口收费站相应位置处设置超限检测站，实现对进入收费站交通流中的超限超载运输车辆进行分流，以减轻收费站的工作负担，从而达到在提高收费站通行能力的同时将超限超载运输车辆限制在收费公路以外的目的。

2）入口称重收费站管理模式

（1）根据我国各等级公路交通组成中货运车辆现状及增长趋势，在收费公路入口收费站处设置超限检测站的入口称重收费站管理模式是一种可行的科学管理模式，具体操作上：一是将进入收费公路交通流中的超限超载运输车辆在其进入收费广场前通过超限检测站的连接匝道引流至超限检测站，减轻收费站工作负担，提高收费站服务水平。这是一种事中处理手段，即对已进入公路的超限超载运输车辆的处理和引导；二是通过在收费公路入口收费站处设置的超限检测站加强对超限超载运输车辆的控制，将超限超载运输车辆控制在收费公路以外，以减少超限超载运输车辆进入收费公路后对路基和路面结构等造成的影响。这是一种“事前”处理手段，即将还未进入公路的超限超载运输车辆挡在公路外。相比较而言，后一种手段比前一种手段要更科学，更加节约成本。

（2）入口称重收费站管理模式下交通流运行过程分析

根据入口称重收费站平面布局，货运车辆占有率较高路段入口称重收费站管理模式下交通流运行过程为：首先，在路段上行驶的车辆在进入收费广场前根据交通诱导标志、标线实现客运车辆和货运车辆分车道行驶，即货运车辆在外侧车道行驶、客运车辆在内侧车道行驶，在外侧车道行驶的货运车辆在进入收费广场前通过超限检测站的预检系统进行初步检测，其中初步检测认定为未超载的车辆直接进入收费广场，选择收费车道进行称重，称重结束后领取称重结果进入收费路段继续行驶；初步检测认定为可疑超载的货运车辆经连接匝道进入超限检测站接受精确检测，精检后确实超载的车辆进入超限检测站接受卸货、罚款的处理，然后再次进行精确检测，直至符合限载要求，而经精确检测后并未超载的车辆领取称重结果后直接驶入收费路段继续行驶。

3）入口称重收费站管理模式优势分析

与出口称重收费站管理模式相比，入口称重收费站管理模式有以下几点优势：

（1）入口称重收费站管理模式下交通流在进入收费广场前将交通组成中的可

疑超限超载运输车辆通过连接匝道引流至超限检测站，减少了超限超载运输车辆进入收费广场的车辆数，从而避免了收费广场处交通拥堵，缩短了正常货运车辆经过收费站的时间，有效提高收费站通行能力和服务水平。

（2）入口称重收费站管理模式下设置在收费公路入口收费站处的超限检测站可将超限超载运输车辆限制在收费公路以外，不仅避免了超限超载运输车辆对道路结构造成的破坏，减少道路维修、养护成本，提高收费公路的使用寿命，减少环境污染，还消除了道路安全隐患，为道路使用者的生命和财产安全提供了保障。

（3）入口称重收费管理模式下超限检测站和收费站的相互配合，一方面超限检测站可以分担收费站的部分交通负担，从而提高收费站通行能力和服务水平；另一方面收费站可以对超限检测站漏检的严重超限超载运输车辆进行控制，从而提高超限检测站对超限超载运输车辆的控制力度。

（四）土地划拨的重要性——以一个立体停车场 PPP 项目为例

如上所述，在交通运输 PPP 领域，尤其是公路、城市道路、停车场建设等领域，社会资本的投资回报普遍不高。因此，如何提高社会资本的投资回报率、促进社会资本参与交通运输的积极性显得非常迫切。

以静态交通领域的城市停车场建设为例。城市停车场建设具有强烈的社会公益性，能够缓解城市交通压力、为人们提供便捷的出行条件、提升城市整体形象以及拉动经济增长。但作为社会资本来讲，投资回报主要依靠“停车费收取 + 政府可行性缺口补贴”，投资回报时间较长、风险较大。因此，降低投资成本成为吸引社会资本的一个重要突破口。研究发现，在城市停车场建设中，主要的投资成本为建设成本、设备成本和土地成本，其中土地成本占整个投资的三分之一以上。如果土地能够实现行政划拨，将降低社会资本的投资，缩短回报周期。

下面，以某城市停车场项目为例，说明土地是否划拨在项目中的重要性，见案例【9-3】。

【9-3】某平面停车场总占地约 2000 平方米，现有土地为国有，用地性质为临时停车，可提供停车位约 60 个，主要为到行政机关办事的人们、附近小区居民及周边商业区提供临时停车服务。由于附近小区购买车辆的居民越来越多、商业区也日渐发达，因此平面停车场 60 个停车位远远无法满足需要，导致行政机关、小区附近、周边商业区拥挤不堪，群众意见较大。为此，某市政府决定将平面停车场改建为智能立体停车场，以改善民生问题。

为缓解政府财政压力、提高项目的建设和运营效率，某市政府决定以 PPP 模式下的 BOT 模式与社会资本合作建设。经过协商，社会资本某智能立体停车投资公司介入此项目。经某智能立体停车投资公司对本项目测算（合作期限 25 年），各项经济指标见表 9-2 ~ 表 9-4。

某立体停车项目投资规模 表 9-2

投资构成	金额	单位	比例
建设安装工程费	612.46	万元	55.48%
设备及工器具购置费	49.00	万元	4.44%
工程建设其他费	389.83	万元	35.32%
预备费	52.56	万元	4.76%
项目总投资	1103.86	万元	

注：1. 土地使用费为 300 万元；2. 预备费仅考虑基本预备费，未考虑涨价预备费。

某立体停车项目经济评价基础数据 表 9-3

基准收益率	7%
计算期	25 年
增值税税率	11%
所得税税率	25%
折旧年限	25 年
摊销年限	10 年

某立体停车项目经济评价结果 表 9-4

评价指标	评价结果	单位
内部收益率	7.02	%
投资回收期	11.11	年
财务净现值	99.60	万元
总投资收益率	6.55	%

经过财务分析，在其他因素不变的情况下，当每车位每天收费额低于 25 元时，会出现个别年度亏损情况，此时 25 年净利润合计为 313.68 万元，内部收益率为 1.81%；当每车位每天收费额低于 22 元时，25 年净利润合计为 0 万元，内部收益率为 -0.22%，该项目不具有投资价值。而根据前期实际调研，该平面停车场每车位每天收费为 18 ~ 20 元。换句话说，在社会资本投资约 1100 万元的情况下，本项目存在相当大的亏损风险。因此，社会资本某智能立体停车投资公司对此项

目打了退堂鼓。

后经过几轮谈判，某市政府与某智能立体停车投资公司找到了问题的突破口：国家土地平面停车场采取行政划拨方式，降低智能立体停车库的投资。经过再次测算，各项经济指标见表 9-5 ~ 表 9-7。

某立体停车项目投资规模 **表 9–5**

投资构成	金额	单位	比例
建设安装工程费	612.46	万元	77.64%
设备及工器具购置费	49.00	万元	6.21%
工程建设其他费	89.83	万元	11.39%
预备费	37.56	万元	4.76%
项目总投资	788.85	万元	

某立体停车项目经济评价基础数据 **表 9–6**

基准收益率	7%
计算期	25 年
增值税税率	11%
所得税税率	25%
折旧年限	25 年

某立体停车项目经济评价结果 **表 9–7**

评价指标	评价结果	单位
内部收益率	7.54	%
投资回收期	10.65	年
财务净现值	108.76	万元
总投资收益率	8.48	%

经过财务分析，土地采取行政划拨后总投资下降约 300 万元，在其他因素不变的情况下，当每车位每天收费额低于 11 元时，会出现个别年度亏损情况，此时 25 年净利润合计为 115.22 万元，内部收益率为 –0.88%；当每车位每天收费额低于 9 元时，25 年净利润合计为 0 万元，内部收益率为 –1.96%，该项目不具有投资价值。而根据前期实际调研，该平面停车场每车位每天收费为 18 ~ 20 元。

因此，社会资本收取停车费的风险较小，投资回报率较大。

最后，某市政府与某智能立体停车投资公司达成PPP合作协议，土地采取行政划拨方式。目前项目已经建成，运营良好，实现了政府、社会资本和社会公众各方的“共赢”。

研究发现，为了促进社会资本积极介入静态交通行业城市停车场的建设、运营管理，国家各部委纷纷出台政策予以支持。2016年8月31日，住房和城乡建设部、国土资源部下发《关于进一步完善城市停车场规划建设及用地政策的通知》（以下简称《通知》），《通知》指出，符合《划拨用地目录》的停车场用地，可采取划拨方式供地，不符合的，应依法实行有偿使用。

《通知》同时指出，对新建独立占地的、经营性的公共停车场用地，同一宗用地公告后只有一个意向用地者的，可以协议方式供应土地。协议出让价不得低于按国家规定确定的最低价标准。供应工业、商业、旅游、娱乐、商品住宅等经营性用地配建停车场用地的，应当以招标、拍卖或者挂牌方式供地。标底或者底价不得低于国家规定的最低价标准。

此外，2015年8月3日，国家发改委、财政部、国土资源部、住房和城乡建设部、交通运输部、公安部、银监会等部门发布《关于加强城市停车设施建设的指导意见》（发改基础[2015]1788号，以下简称《指导意见》），《指导意见》指出各地要做好用地保障，中心城区功能搬迁等腾出的土地应规划一定比例预留用于停车设施建设；符合《划拨用地目录》的，可以划拨方式供地；不符合《划拨用地目录》、同一地块上只有一个意向用地者的，可以协议出让方式供地。

（五）交通运输 PPP 未来发展趋势

2014 年以来，我国从中央到地方各级政府大力推广 PPP 模式，鼓励政府和社会资本在交通运输、环境保护、市政工程、水利工程、卫生、养老等基础设施建设和公共服务领域开展广泛深入的合作。研究发现，当前我国基础设施建设仍存在总量不足、标准不高和运行管理粗放等问题。比如在交通运输行业的公路、城市轨道交通、城市道路、城市停车场还存在需求严重不足的情况。而在我国经济发展进入新常态、地方政府财政收支矛盾加剧以及政府融资平台受阻的大背景下，PPP 模式成为解决我国交通设施不足的重要模式。

1. 交通运输位居 PPP 领域前列

从财政部和国家发改委等相关部委、各地方政府公布的已签约的 PPP 项目来看，交通运输设施投资额在所有 PPP 项目中占有相当大的比例。

数据显示：截至 2016 年 3 月 31 日，纳入财政部 PPP 综合信息平台项目库的全国项目 7721 个项目，总投资 8.7 万亿元。交通运输行业有 889 个项目，总投资额 24843 亿元。项目占比 11.5%，总投资额占比 28.5%。其中，项目数量方面，一级公路、高速公路、二级公路等三个二级行业的项目分别为 205 个、156 个、113 个，占交通运输项目总数的 53.3%；投资额方面，高速公路、一级公路、铁路（不含轨道交通）等三个二级行业的投资分别为 11576 亿元、4009 亿元、3192 亿元，占交通运输项目总投资的 75.6%。截至 2016 年 9 月末，全部入库项目 10471 个，总投资额 12.46 万亿元，入库项目的地区和行业集中度均较高，贵州、山东（含青岛）、新疆、四川、内蒙古居前五位，合计占入库项目的近一半；市政工程、交通运输、片区开发三个行业项目居前三位，合计超过入库项目的一半。

此外，国家发改委、交通部联合印发的《交通基础设施重大工程建设三年行动计划》提出，2016—2018 年，拟推进铁路、公路、水路、机场、城市轨道交通项目 303 项，涉及项目总投资约 4.7 万亿元，其中蕴藏着巨大的 PPP 模式运作空间。

2. “十三五”期间我国交通运输 PPP 万亿市场空间

交通运输的发展环境与国家的发展大势紧密相连。“十三五”时期是我国交通运输发展的重要战略机遇期。推动第三产业发展、满足人民群众消费新需求，需要国家提供大运量、高品质和差异化的运输服务。因此，从总体上看，“十三五”时期，我国交通基础设施投资规模仍将保持高位运行，全社会客货运输量也将保持中高速增长。

数据显示，“十三五”期间，我国新建铁路将不低于 2.3 万公里，总投资不低于 2.8 万亿元，如果将地方编制的一些投资项目纳入其中，“十三五”期间我国铁路投资将远超 2.8 万亿。我国城市轨道交通运营里程年均增长近 400 公里，“十三五”期间总投资规模将超过 3 万亿元。在公路投资和建设方面，交通部将在编制和发布“十三五”现代综合交通运输规划及相关各专项规划的基础上，启动一批规划内的重大项目，着力推进高速公路、国道、省道、农村公路等建设，确保“十三五”期间完成公路投资 1.65 万亿元目标任务。

3. 新型城镇化建设交通行业发展空间大，需引进社会资本

从 1978 年到 2014 年，我国城镇人口从 1.72 亿人增加到 7.49 亿人，城镇化率从 17.9% 提升到 54.8%。党的十八大明确提出了“新型城镇化”的重要概念。交通运输是城镇化、城市群发展的重要基础。在推进城镇化建设的过程中，对安全可靠、经济高效、便捷舒适的交通运输需求将持续增长。如国家高速公路待建里程约为 2.2 万公里，国道二级以下里程约为 9.6 万公里，省道三级以下里程约为 5.7 万公里，县乡公路四级及以下里程为 121.5 万公里。按照《国家新型城镇化规划（2014—2020 年）》的要求，到 2020 年我国城镇化率将提高到 60%，将有 1 亿左右农业转移人口和其他常住人口在城镇落户。由城镇人口增加带来的交通、电力、水利等基础设施建设以及教育、医疗卫生、养老等公共服务领域的投

资需求约为 42 万亿元人民币。不过，高达 42 万亿的新型城镇化资金缺口仅仅依靠财政投入难以满足。据国家开发银行估算，未来三年我国城镇化投融资资金需求量就高达 25 万亿元，巨大资金需求仅靠财政资金不可能解决。因此，需要通过 PPP 模式引进社会资本进行新型城镇化建设。

4. 国家大战略下的交通运输 PPP

近年来，"西部大开发""中部崛起""振兴东北""一带一路""京津冀协同发展""长江经济带"等国家大战略不断出台并逐步实施。大战略之下，作为国民经济的先导性产业——交通运输业自然受到各方的高度关注。

以"一带一路"为例，"一带一路"涉及沿线 60 多个国家、40 多亿人口以及经济总量超过 20 万亿美元。"一带一路"建设最先要做的就是基建投资。机构预测，为实施"一带一路"战略，未来十年我国将调动 1 万亿美元用于基建项目。不过，未来十年发展中国家基建资金需求将超过 10 万亿美元。因此，资金不足成为"一带一路"战略的一大掣肘，而 PPP 模式无疑是极佳的选择。某大型央企近年来在"一带一路"沿线 60 多个国家跟踪推进的项目有 400 多个，在"一带一路"沿线累计修建公路 2600 多公里，桥梁近 200 座，深水泊位 60 多个，机场 10 余座，在建铁路 1800 多公里，而且很多项目成为所在国家或地区的标志性工程。

未来，我国将推动六大经济走廊[1]陆上交通基础设施的互联互通建设、继续实施《京津冀协同发展交通一体化规划》[2]、推进《城镇化地区综合交通网规划》（发改基础 [2015]2706 号，由国家发展改革委、交通运输部于 2015 年 11 月发布），充分发挥交通运输的基础性先导性作用。同时，我国将继续推进和完善政府与社会资本合作建设交通基础设施模式，扩大社会资本在交通运输领域的投资。

[1] 中国正与"一带一路"沿线国家一道，积极规划中蒙俄、新亚欧大陆桥、中国 - 中亚 - 西亚、中国 - 中南半岛、中巴、孟中印缅六大经济走廊建设。

[2] 由国家发改委、交通运输部联合印发，根据《京津冀协同发展交通一体化规划》，到 2020 年，多节点、网格状的区域交通网络基本形成，将形成京津石中心城区与新城、卫星城之间的"1 小时通勤圈"，京津保唐"1 小时交通圈"，相邻城市间基本实现 1.5 小时通达。

5. 社会资本聚焦交通 PPP

当下我国交通运输行业存在的主要问题之一是政府财政资金满足不了交通运输建设巨大资金需求，再加上投融资模式较为单一，项目运营和管理水平不高，因此在交通运输领域亟待引入 PPP 模式，从而发挥社会资本在资金、技术、运营管理方面的巨大优势，从而缓解政府财政压力、提高项目运营管理水平、拉动经济增长。

而另一方面，面对交通运输行业万亿级的市场机会，国内外多家社会资本早已虎视眈眈，准备抢占这块 PPP 领域巨大的市场"蛋糕"。研究发现，在交通运输行业的产业链上，建筑施工企业、工程设计公司、运营企业、财务投资者、金融机构等市场主体都将目光瞄准交通运输基建领域，比如以中国建筑、中国交建、中国中铁、中国铁建为代表的四大基建类央企就不同程度地开启了 PPP 投资之旅。不仅如此，在国家大力推广 PPP 模式的当下，此前很多以工程建设见长并以 EPC、BT 模式操作项目的央企、国企，正凭借自身的资金、技术、管理优势和工程建设经验，通过 PPP 模式大力拓展交通运输项目，努力实现自身业务结构的调整和转型。

附录一：交通基础设施政府与社会资本合作等模式试点方案

根据《交通运输部关于开展全面深化交通运输改革试点工作的通知》(交政研发 [2014]234 号）要求，现就在山东、安徽、四川等省开展交通基础设施政府与社会资本合作等模式试点，制定方案如下：

一、总体要求

根据《国务院关于加强地方政府性债务管理的意见》(国发 [2014]43 号)、《国务院关于深化预算管理制度改革的决定》(国发 [2014]45 号)、《国务院关于创新重点领域投融资机制鼓励社会投资的指导意见》(国发 [2014]60 号）有关要求，在总结收费公路吸引社会资本的基本模式和历史经验基础上，在试点省份选择试点项目，遵循收益共享、物有所值、公共利益最大化、合理分担风险等原则，采用适当的合作方式开展政府与社会资本合作试点。通过试点，进一步发现问题、总结经验，研究完善车购税投资等支持政策以及相关的管理制度，建立有效的交通基础设施政府与社会资本合作运行方式，创新交通基础设施投融资新机制。

二、主要任务

（一）构建试点项目遴选机制。

1. 明确试点项目选择范围。试点将结合交通运输基础设施投融资改革和事权与支出责任划分改革等要求，主要考虑纳入国家高速公路网项目和普通国道中跨长江、黄河或海峡的重要通道工程，特别是社会效益突出但经营性收费不足以覆盖投资成本、需政府补贴部分资金或资源才能进行商业化运作的项目，优先考虑已开展前期工作、拥有合作意向或地方政府给予支持的项目。为鼓励先行先试，促进国高网项目建设，将其他省份符合试点要求的项目也一并纳入此次试点项目

筛选的范围。

2. 规范试点项目遴选程序。推荐试点的项目，应当委托专业机构从定性和定量两方面对项目进行物有所值评价，其中定性评价重点关注项目采用政府和社会资本合作模式与采用政府直接投资或收费还债模式相比，能否缓解政府部门公路建设的资金压力，优化收费公路项目的风险分配，提高运营效率，促进管理创新，保障公路使用者权益等；定量评价主要通过对推荐项目全生命周期内政府支出成本现值与公共部门比较值进行比较，计算项目的物有所值量值，判断政府和社会资本合作模式是否降低项目全生命周期成本。试点项目应由试点省份交通运输主管部门推荐，并征求同级财政部门意见。

3. 严格审查确定试点项目。试点省份交通运输主管部门将纳入年度部门预算的建设项目推荐上报后，由部规划司和财审司联合审查确定。审查时，将综合考虑公共服务需要、责任风险分担、产出标准、关键绩效指标、支付方式、融资方案、需要的政府投入以及项目的财务效益情况等，确保从项目全生命周期看，采用 PPP 模式与政府采取直接投资或收费还债方式相比，能够提高服务质量和运营效率，降低政府财政负担或债务风险，实现激励相容。

（二）完善政府与社会资本合作运作模式。

1. 项目运作方式。试点项目可以采取 BOT 加政府补助的合作方式，也可以由社会资本设立项目公司、政府指定相关机构依法参股项目公司的合作形式，还可以采取特殊股份的合作方式。具体运作方式的选择主要由收费定价机制、项目投资收益水平、风险分配基本框架、融资需求、改扩建需求和期满处置等因素决定。

2. 选择合作伙伴。试点省份交通运输主管部门，应综合评估项目合作伙伴的专业资质、技术能力、管理经验、信用和财务实力等因素，根据《中华人民共和国政府采购法》及相关规章制度规定，通过公开招标、竞争性谈判、邀请招标、竞争性磋商和单一来源等方式，公开、公平、公正地选择社会资本合作伙伴，并按照平等协商原则明确政府和项目公司间的权利和义务。试点项目招标前，省级交通运输主管部门应与我部沟通协调，根据项目前期工作有关结论，取得我部投资安排意向和初步补助规模，并作为项目招标基本条件之一对外公开发布。

3. 融资与建设。项目融资由社会资本或特别目的公司负责。试点省份交通运

输主管部门应敦促社会资本或特别目的公司及时开展融资方案设计、机构接洽、合同签订和融资交割等工作。特别目的公司债务不得转为政府债务。社会资本或特别目的公司要按照合同约定统筹项目投入和产出，严格按照设计文件组织工程建设，加强施工管理，确保工程质量，并对工程质量承担终身责任。我部将会同省级交通运输主管部门，对工程建设质量、资金使用效率等进行综合评价，评价结果作为确定收费标准、财政补贴等的参考依据。

4. 经营与监管。社会资本或特别目的公司应按现代企业制度的要求，建立健全法人治理结构，依法经营管理。试点省份交通运输主管部门按照特许经营协议约定履行合同义务和监管责任，不得给予不合理的补贴承诺，不得兜底市场风险，保障投资者有长期稳定合理收益。在运营期间，根据项目运营情况、公众满意度等，通过建立收益分享机制、适时调整收费标准、财政补贴等，确保回报合理、项目可持续运营。

5. 政策与支持。试点省份交通运输主管部门要报请政府协调，优先考虑将财政补贴和项目沿线一定范围内的土地等资源作为政府投入。政府资源投入后收入仍不能完全覆盖投资运营成本的，可考虑给予合理的财政补贴。财政补贴资金要纳入同级政府预算管理，并在中长期财政规划中予以统筹考虑。对于符合中央交通专项资金（车购税）补助条件的项目，可按照交通运输重点项目资金申请和审核规定，申请投资补助。我部将根据现行同类项目补助标准，结合项目评估结果和地方申请补助规模，在出具行业审查意见时，明确支持额度。

三、实施步骤

（一）项目选择阶段（2015 年 2 月—2015 年 3 月）。试点省份交通运输主管部门根据要求选择并推荐试点项目报部。部在综合审查后，正式确定试点项目，明确具体投资支持政策等内容。

（二）项目实施阶段（2015 年 3 月—2015 年 12 月）。试点省份交通运输主管部门在部的指导下，以具体试点方案为框架，加快推进前期工作，与相关各方拟定 PPP 项目合同内容，研究提出推进 PPP 相关政策保障措施，全面推进试点工作。针对试点过程中发现的问题，研究提出解决方案，并及时报部。

（三）项目总结推广阶段（2016 年 1 月—2016 年 12 月）。各试点地区要认真总结任务的完成情况，部将完善特许经营制度和细化 PPP 模式操作指引，力争推出一批可复制、可推广的试点经验。

四、保障措施

（一）完善特许经营制度。部将按照国家投融资改革的要求，研究建立交通基础设施特许经营制度，统筹考虑特许经营权、合理定价、财政补贴等因素，研究制定特许经营合同范本，逐步建立起收费价格动态调整机制、超额收益分成和超低收益补贴制度，保障投资者有长期稳定合理的收益。

（二）细化完善 PPP 模式操作指引。部将借鉴国际经验、结合国内试点实践，研究制定交通基础设施 PPP 模式操作指引，指导各地交通运输主管部门推广使用 PPP 模式。

（三）推进信息公开。部将指导各地交通运输主管部门建立 PPP 项目信息平台，除涉密信息外，适时向社会公开政府和社会资本合作模式的工作流程、评审标准、实施情况等相关信息。建立健全项目信息报送制度，公开项目进展情况和相关财务信息，接受社会公众监督。

（四）健全债务风险管理机制。各地交通运输主管部门应根据中长期交通规划和项目全生命周期内的财政支出，对政府付费或提供财政补贴等支持的项目进行财政承受能力论证。按照政府性债务管理要求，依法严格控制政府或有债务，重点做好融资平台公司项目向 PPP 项目转型的风险控制工作。

附录二：关于在收费公路领域推广运用政府和社会资本合作模式的实施意见

财建 [2015]111 号

各省、自治区、直辖市、计划单列市财政厅（局）、交通运输厅（局、委），新疆生产建设兵团财务局、交通局：

为提高收费公路建管养运效率，促进公路可持续发展，依据《收费公路管理条例》、《国务院关于创新重点领域投融资机制鼓励社会投资的指导意见》（国发 [2014]60 号）和《财政部关于推广运用政府和社会资本合作模式有关问题的通知》（财金 [2014]76 号），财政部、交通运输部决定在收费公路领域鼓励推广政府和社会资本合作（Public-Private Partnership，以下简称 PPP）模式。现提出以下意见：

一、总体目标

（一）转变供给方式。

鼓励社会资本通过政府和社会资本合作（PPP）模式，参与收费公路投资、建设、运营和维护，与政府共同参与项目全周期管理，发挥政府和社会资本各自优势，提高收费公路服务供给的质量和效率。

（二）创新公路投融资模式。

社会投资者按照市场化原则出资，独自或与政府指定机构共同成立项目公司建设和运营收费公路项目，政府要逐步从“补建设”向“补运营”转变，以项目运营绩效评价结果为依据，适时对价格和补贴进行调整，支持社会资本参与收费公路建设运营，提高财政支出的引导和带动作用，拓宽社会资本发展空间，有效释放市场活力。

（三）完善收费公路建设管理养护长效机制。

建立健全合同约束、收费调节、信息公开、过程监管、绩效考核等一系列改革配套制度与机制，实现合作双方风险分担、权益融合、有限追索。

二、基本原则

（四）公开透明，规范运作。

PPP 项目推广工作应坚持“规范、公开、透明”的原则。在项目论证、选择合作伙伴、制定和履行各类合同、组织绩效评价等各个环节做到依法依规，并严格按照要求进行信息公开，接受各方监督；严格按照特许经营合同，规范运作，防止政府失信违约、合作伙伴获取不正当利益。

（五）循序渐进，逐步推广。

坚持盘活存量、用好增量、分类施策。对于社会效益突出但经营性收费不足以覆盖投资成本、需政府补贴部分资金或资源才能进行商业化运作的项目，鼓励按照 PPP 模式设计运作。鉴于目前全国公路网络正处于联网关键阶段，建设任务繁重，重点推进确需建设但投入较大且预期收益稳定的公路建设项目，鼓励按照 PPP 模式设计运作。按照政府性债务管理要求，做好融资平台公司项目向 PPP 项目转型的风险控制工作。

三、实施要求

（六）明晰 PPP 项目边界。

收费公路项目实施 PPP 模式所涉及的收费公路权益包括收费权、广告经营权和服务设施经营权。不同的项目可根据实际情况，将各项权益通过有效打包整合提升收益能力，以促进一体化经营、提高运营效率。

（七）规范 PPP 项目操作流程。

在项目发起、物有所值评价、财政承受能力论证、合作伙伴选择、收益补偿机制确立、项目公司组建、合作协议签署、绩效评价等操作过程中，应根据财政部关于 PPP 工作的统一指导和管理办法规范推进，地方各级财政部门会同交通运输部门抓紧研究制定符合当地实际情况的操作办法，实现规范化管理。

（八）编制完整的 PPP 项目实施方案。

实施方案应包含项目实施内容、产品及服务质量和标准、投融资结构、财务测算与风险分析、技术及经济可行性论证、合作伙伴要求、合同结构、政府组织方式、必要的配套措施等。

（九）加大评价及监管力度。

各地财政、交通运输部门要加强组织实施，积极统筹协调，研究建立议事协调及联审机制，有力有序推进 PPP 推广工作，建立对 PPP 项目的监督机制。

四、保障措施

（十）资金政策支持。

收费不足以满足社会资本或项目公司成本回收和合理回报的，在依法给予融资支持，项目沿线一定范围土地开发使用等支持措施仍不能完全覆盖成本的，可考虑给予合理的财政补贴。对符合《车辆购置税收入补助地方资金管理暂行办法》要求的项目，可按照交通运输重点项目资金申请和审核规定，申请投资补助。

（十一）相关配套政策。

地方各级财政、交通运输部门应当积极协调有关部门进一步完善公路收费、土地等政策，维护市场机制的决定性作用，在项目审批等相关方面为推进项目建立绿色通道。

财政部　交通运输部

2015 年 4 月 20 日

附录三：国务院关于改革铁路投融资体制加快推进铁路建设的意见

国发 [2013]33 号

各省、自治区、直辖市人民政府，国务院各部委、各直属机构：

铁路是国家重要的基础设施和民生工程，是资源节约型、环境友好型运输方式。改革铁路投融资体制，加快推进铁路建设，对于加快工业化和城镇化进程、带动相关产业发展、拉动投资合理增长、优化交通运输结构、降低社会物流成本、方便人民群众安全出行，都具有不可替代的重要作用。近年来，我国铁路发展取得了显著成就，但与经济社会发展需要、其他交通方式和国外先进水平相比，铁路仍然是综合交通运输体系的薄弱环节，发展相对滞后。当前，铁路管理体制进行了重大改革，实现了政企分开，为深化铁路投融资体制改革，更好地发挥政府和市场的作用，促进铁路持续发展创造了良好条件。

面对铁路发展的新形势新要求，综合考虑铁路建设项目储备、前期工作和施工力量等条件，应加快“十二五”铁路建设，争取超额完成 2013 年投资计划，切实做好明后两年建设安排。优先建设中西部和贫困地区铁路及相关设施，大力推动扶贫攻坚，促进区域协调发展，积极稳妥推进城镇化，顺应群众改善生产生活条件、增加收入的迫切期盼。为确保在建项目顺利推进，投产项目如期完工，新开项目抓紧实施，全面实现“十二五”铁路规划发展目标，现提出以下意见：

一、推进铁路投融资体制改革，多方式多渠道筹集建设资金。按照“统筹规划、多元投资、市场运作、政策配套”的基本思路，完善铁路发展规划，全面开放铁路建设市场，对新建铁路实行分类投资建设。向地方政府和社会资本放开城际铁路、市域（郊）铁路、资源开发性铁路和支线铁路的所有权、经营权，鼓励社会资本投资建设铁路。研究设立铁路发展基金，以中央财政性资金为引导，吸引社会法人投入。铁路发展基金主要投资国家规定的项目，社会法人不直接参与铁路建设、经营，但保证其获取稳定合理回报。“十二五”后三年，继续发行政府支持的铁路建设债券，并创新铁路债券发行品种和方式。（发展改革委、财政部、交通运输部、人民银行、银监会、工商总局、铁路局、中国铁路总公司负责）

二、不断完善铁路运价机制，稳步理顺铁路价格关系。坚持铁路运价改革市场化取向，按照铁路与公路保持合理比价关系的原则制定国铁货运价格，分步理顺价格水平，并建立铁路货运价格随公路货运价格变化的动态调整机制。创造条件，将铁路货运价格由政府定价改为政府指导价，增加运价弹性。（发展改革委负责）

三、建立铁路公益性、政策性运输补贴的制度安排，为社会资本进入铁路创造条件。对于铁路承担的学生、伤残军人、涉农物资和紧急救援等公益性运输任务，以及青藏线、南疆线等有关公益性铁路的经营亏损，要建立健全核算制度，形成合理的补贴机制。在理顺铁路运价、建立公益性运输核算制度之前，为解决中国铁路总公司建设项目资本金不足、利息负担重等问题，考虑到铁路运输公益性因素，中央财政将在2013年和明后两年对中国铁路总公司实行过渡性补贴。（财政部、铁路局、中国铁路总公司负责）

四、加大力度盘活铁路用地资源，鼓励土地综合开发利用。支持铁路车站及线路用地综合开发。中国铁路总公司作为国家授权投资机构，其原铁路生产经营性划拨土地，可采取授权经营方式配置，由中国铁路总公司依法盘活利用。参照《国务院关于城市优先发展公共交通的指导意见》（国发[2012]64号），按照土地利用总体规划和城市规划统筹安排铁路车站及线路周边用地，适度提高开发建设强度。创新节地技术，鼓励对现有铁路建设用地的地上、地下空间进行综合开发。符合划拨用地目录的建设用地使用权可继续划拨；开发利用授权经营土地需要改变土地用途或向中国铁路总公司以外的单位、个人转让的，应当依法办理出让手续。地方政府要支持铁路企业进行车站及线路用地一体规划，按照市场化、集约化原则实施综合开发，以开发收益支持铁路发展。（国土资源部、住房城乡建设部、财政部负责）

五、强化企业经营管理，努力提高资产收益水平。中国铁路总公司要坚持企业化、市场化运作，推进现代企业制度建设，改善经营、增收节支，依托干线铁路陆续开通、运力大幅增长等有利条件，千方百计扩大市场份额，依托运输主业开展物流等增值服务，力争客运年均增长10%以上、货运实现稳步增长。建立完善成本核算体系、绩效考核体系，有效控制建设和运营成本，提高经营效益。要在抓紧清理资产的基础上，全面开展资产评估工作，摸清底数，盘活存量，优化增量，增强企业自我发展能力。要抓紧实现建设项目投产运行，做好站点设施和运营设备的配套，充分发挥铁路网络整体效益，提高增量资产收益。（中国铁路总公司、财政部、铁路局负责）

六、加快项目前期工作，形成铁路建设合力。中国铁路总公司、地方政府等项目业主要加强组织领导，密切协调配合，加大工作力度，切实做好建设方案、资金筹措和社会稳定风险分析等前期工作。中国铁路总公司要会同有关部门加强施工监管和运营管理，确保工程质量和运行安全。发展改革、国土资源、环境保护等部门要加强沟通协调，建立联动机制，加快项目审核，加快中西部地区和贫困地区铁路建设，确保“十二五”规划确定的铁路重点项目及时开工，按合理工期推进。银行等金融机构要根据自身承受能力继续积极支持铁路重点项目建设。中国铁路总公司继续享有国家对原铁道部的税收优惠政策，国务院及有关部门、地方政府对铁路实行的原有优惠政策继续执行。（中国铁路总公司、发展改革委、财政部、国土资源部、环境保护部、交通运输部、人民银行、税务总局、银监会负责）

国务院

2013 年 8 月 9 日

（此件公开发布）

附录四：国务院关于创新重点领域投融资机制鼓励社会投资的指导意见

国发 [2014]60 号

各省、自治区、直辖市人民政府，国务院各部委、各直属机构：

为推进经济结构战略性调整，加强薄弱环节建设，促进经济持续健康发展，迫切需要在公共服务、资源环境、生态建设、基础设施等重点领域进一步创新投融资机制，充分发挥社会资本特别是民间资本的积极作用。为此，特提出以下意见。

一、总体要求

（一）指导思想。全面贯彻落实党的十八大和十八届三中、四中全会精神，按照党中央、国务院决策部署，使市场在资源配置中起决定性作用和更好发挥政府作用，打破行业垄断和市场壁垒，切实降低准入门槛，建立公平开放透明的市场规则，营造权利平等、机会平等、规则平等的投资环境，进一步鼓励社会投资特别是民间投资，盘活存量、用好增量，调结构、补短板，服务国家生产力布局，促进重点领域建设，增加公共产品有效供给。

（二）基本原则。实行统一市场准入，创造平等投资机会；创新投资运营机制，扩大社会资本投资途径；优化政府投资使用方向和方式，发挥引导带动作用；创新融资方式，拓宽融资渠道；完善价格形成机制，发挥价格杠杆作用。

二、创新生态环保投资运营机制

（三）深化林业管理体制改革。推进国有林区和国有林场管理体制改革，完善森林经营和采伐管理制度，开展森林科学经营。深化集体林权制度改革，稳定林权承包关系，放活林地经营权，鼓励林权依法规范流转。鼓励荒山荒地造林和退耕还林林地林权依法流转。减免林权流转税费，有效降低流转成本。

（四）推进生态建设主体多元化。在严格保护森林资源的前提下，鼓励社会资本积极参与生态建设和保护，支持符合条件的农民合作社、家庭农场（林场）、专业大户、林业企业等新型经营主体投资生态建设项目。对社会资本利用荒山荒地进行植树造林的，在保障生态效益、符合土地用途管制要求的前提下，允许发展林下经济、森林旅游等生态产业。

（五）推动环境污染治理市场化。在电力、钢铁等重点行业以及开发区（工业园区）污染治理等领域，大力推行环境污染第三方治理，通过委托治理服务、托管运营服务等方式，由排污企业付费购买专业环境服务公司的治污减排服务，提高污染治理的产业化、专业化程度。稳妥推进政府向社会购买环境监测服务。建立重点行业第三方治污企业推荐制度。

（六）积极开展排污权、碳排放权交易试点。推进排污权有偿使用和交易试点，建立排污权有偿使用制度，规范排污权交易市场，鼓励社会资本参与污染减排和排污权交易。加快调整主要污染物排污费征收标准，实行差别化排污收费政策。加快在国内试行碳排放权交易制度，探索森林碳汇交易，发展碳排放权交易市场，鼓励和支持社会投资者参与碳配额交易，通过金融市场发现价格的功能，调整不同经济主体利益，有效促进环保和节能减排。

三、鼓励社会资本投资运营农业和水利工程

（七）培育农业、水利工程多元化投资主体。支持农民合作社、家庭农场、专业大户、农业企业等新型经营主体投资建设农田水利和水土保持设施。允许财政补助形成的小型农田水利和水土保持工程资产由农业用水合作组织持有和管护。鼓励社会资本以特许经营、参股控股等多种形式参与具有一定收益的节水供水重大水利工程建设运营。社会资本愿意投入的重大水利工程，要积极鼓励社会资本投资建设。

（八）保障农业、水利工程投资合理收益。社会资本投资建设或运营管理农田水利、水土保持设施和节水供水重大水利工程的，与国有、集体投资项目享有同等政策待遇，可以依法获取供水水费等经营收益；承担公益性任务的，政府可对工

程建设投资、维修养护和管护经费等给予适当补助，并落实优惠政策。社会资本投资建设或运营管理农田水利设施、重大水利工程等，可依法继承、转让、转租、抵押其相关权益；征收、征用或占用的，要按照国家有关规定给予补偿或者赔偿。

（九）通过水权制度改革吸引社会资本参与水资源开发利用和保护。加快建立水权制度，培育和规范水权交易市场，积极探索多种形式的水权交易流转方式，允许各地通过水权交易满足新增合理用水需求。鼓励社会资本通过参与节水供水重大水利工程投资建设等方式优先获得新增水资源使用权。

（十）完善水利工程水价形成机制。深入开展农业水价综合改革试点，进一步促进农业节水。水利工程供非农业用水价格按照补偿成本、合理收益、优质优价、公平负担的原则合理制定，并根据供水成本变化及社会承受能力等适时调整，推行两部制水利工程水价和丰枯季节水价。价格调整不到位时，地方政府可根据实际情况安排财政性资金，对运营单位进行合理补偿。

四、推进市政基础设施投资运营市场化

（十一）改革市政基础设施建设运营模式。推动市政基础设施建设运营事业单位向独立核算、自主经营的企业化管理转变。鼓励打破以项目为单位的分散运营模式，实行规模化经营，降低建设和运营成本，提高投资效益。推进市县、乡镇和村级污水收集和处理、垃圾处理项目按行业“打包”投资和运营，鼓励实行城乡供水一体化、厂网一体投资和运营。

（十二）积极推动社会资本参与市政基础设施建设运营。通过特许经营、投资补助、政府购买服务等多种方式，鼓励社会资本投资城镇供水、供热、燃气、污水垃圾处理、建筑垃圾资源化利用和处理、城市综合管廊、公园配套服务、公共交通、停车设施等市政基础设施项目，政府依法选择符合要求的经营者。政府可采用委托经营或转让－经营－转让（TOT）等方式，将已经建成的市政基础设施项目转交给社会资本运营管理。

（十三）加强县城基础设施建设。按照新型城镇化发展的要求，把有条件的县城和重点镇发展为中小城市，支持基础设施建设，增强吸纳农业转移人口的能力。选择若干具有产业基础、特色资源和区位优势的县城和重点镇推行试点，加

大对市政基础设施建设运营引入市场机制的政策支持力度。

（十四）完善市政基础设施价格机制。加快改进市政基础设施价格形成、调整和补偿机制，使经营者能够获得合理收益。实行上下游价格调整联动机制，价格调整不到位时，地方政府可根据实际情况安排财政性资金对企业运营进行合理补偿。

五、改革完善交通投融资机制

（十五）加快推进铁路投融资体制改革。用好铁路发展基金平台，吸引社会资本参与，扩大基金规模。充分利用铁路土地综合开发政策，以开发收益支持铁路发展。按照市场化方向，不断完善铁路运价形成机制。向地方政府和社会资本放开城际铁路、市域（郊）铁路、资源开发性铁路和支线铁路的所有权、经营权。按照构建现代企业制度的要求，保障投资者权益，推进蒙西至华中、长春至西巴彦花铁路等引进民间资本的示范项目实施。鼓励按照“多式衔接、立体开发、功能融合、节约集约”的原则，对城市轨道交通站点周边、车辆段上盖进行土地综合开发，吸引社会资本参与城市轨道交通建设。

（十六）完善公路投融资模式。建立完善政府主导、分级负责、多元筹资的公路投融资模式，完善收费公路政策，吸引社会资本投入，多渠道筹措建设和维护资金。逐步建立高速公路与普通公路统筹发展机制，促进普通公路持续健康发展。

（十七）鼓励社会资本参与水运、民航基础设施建设。探索发展“航电结合”等投融资模式，按相关政策给予投资补助，鼓励社会资本投资建设航电枢纽。鼓励社会资本投资建设港口、内河航运设施等。积极吸引社会资本参与盈利状况较好的枢纽机场、干线机场以及机场配套服务设施等投资建设，拓宽机场建设资金来源。

六、鼓励社会资本加强能源设施投资

（十八）鼓励社会资本参与电力建设。在做好生态环境保护、移民安置和确保工程安全的前提下，通过业主招标等方式，鼓励社会资本投资常规水电站和抽水蓄能电站。在确保具备核电控股资质主体承担核安全责任的前提下，引入社会资本参与核电项目投资，鼓励民间资本进入核电设备研制和核电服务领域。鼓励

社会资本投资建设风光电、生物质能等清洁能源项目和背压式热电联产机组，进入清洁高效煤电项目建设、燃煤电厂节能减排升级改造领域。

（十九）鼓励社会资本参与电网建设。积极吸引社会资本投资建设跨区输电通道、区域主干电网完善工程和大中城市配电网工程。将海南联网Ⅱ回线路和滇西北送广东特高压直流输电工程等项目作为试点，引入社会资本。鼓励社会资本投资建设分布式电源并网工程、储能装置和电动汽车充换电设施。

（二十）鼓励社会资本参与油气管网、储存设施和煤炭储运建设运营。支持民营企业、地方国有企业等参股建设油气管网主干线、沿海液化天然气（LNG）接收站、地下储气库、城市配气管网和城市储气设施，控股建设油气管网支线、原油和成品油商业储备库。鼓励社会资本参与铁路运煤干线和煤炭储配体系建设。国家规划确定的石化基地炼化一体化项目向社会资本开放。

（二十一）理顺能源价格机制。进一步推进天然气价格改革，2015 年实现存量气和增量气价格并轨，逐步放开非居民用天然气气源价格，落实页岩气、煤层气等非常规天然气价格市场化政策。尽快出台天然气管道运输价格政策。按照合理成本加合理利润的原则，适时调整煤层气发电、余热余压发电上网标杆电价。推进天然气分布式能源冷、热、电价格市场化。完善可再生能源发电价格政策，研究建立流域梯级效益补偿机制，适时调整完善燃煤发电机组环保电价政策。

七、推进信息和民用空间基础设施投资主体多元化

（二十二）鼓励电信业进一步向民间资本开放。进一步完善法律法规，尽快修订电信业务分类目录。研究出台具体试点办法，鼓励和引导民间资本投资宽带接入网络建设和业务运营，大力发展宽带用户。推进民营企业开展移动通信转售业务试点工作，促进业务创新发展。

（二十三）吸引民间资本加大信息基础设施投资力度。支持基础电信企业引入民间战略投资者。推动中国铁塔股份有限公司引入民间资本，实现混合所有制发展。

（二十四）鼓励民间资本参与国家民用空间基础设施建设。完善民用遥感卫星数据政策，加强政府采购服务，鼓励民间资本研制、发射和运营商业遥感卫星，

提供市场化、专业化服务。引导民间资本参与卫星导航地面应用系统建设。

八、鼓励社会资本加大社会事业投资力度

（二十五）加快社会事业公立机构分类改革。积极推进养老、文化、旅游、体育等领域符合条件的事业单位，以及公立医院资源丰富地区符合条件的医疗事业单位改制，为社会资本进入创造条件，鼓励社会资本参与公立机构改革。将符合条件的国有单位培训疗养机构转变为养老机构。

（二十六）鼓励社会资本加大社会事业投资力度。通过独资、合资、合作、联营、租赁等途径，采取特许经营、公建民营、民办公助等方式，鼓励社会资本参与教育、医疗、养老、体育健身、文化设施建设。尽快出台鼓励社会力量兴办教育、促进民办教育健康发展的意见。各地在编制城市总体规划、控制性详细规划以及有关专项规划时，要统筹规划、科学布局各类公共服务设施。各级政府逐步扩大教育、医疗、养老、体育健身、文化等政府购买服务范围，各类经营主体平等参与。将符合条件的各类医疗机构纳入医疗保险定点范围。

（二十七）完善落实社会事业建设运营税费优惠政策。进一步完善落实非营利性教育、医疗、养老、体育健身、文化机构税收优惠政策。对非营利性医疗、养老机构建设一律免征有关行政事业性收费，对营利性医疗、养老机构建设一律减半征收有关行政事业性收费。

（二十八）改进社会事业价格管理政策。民办教育、医疗机构用电、用水、用气、用热，执行与公办教育、医疗机构相同的价格政策。养老机构用电、用水、用气、用热，按居民生活类价格执行。除公立医疗、养老机构提供的基本服务按照政府规定的价格政策执行外，其他医疗、养老服务实行经营者自主定价。营利性民办学校收费实行自主定价，非营利性民办学校收费政策由地方政府按照市场化方向根据当地实际情况确定。

九、建立健全政府和社会资本合作（PPP）机制

（二十九）推广政府和社会资本合作（PPP）模式。认真总结经验，加强政

策引导，在公共服务、资源环境、生态保护、基础设施等领域，积极推广PPP模式，规范选择项目合作伙伴，引入社会资本，增强公共产品供给能力。政府有关部门要严格按照预算管理有关法律法规，完善财政补贴制度，切实控制和防范财政风险。健全PPP模式的法规体系，保障项目顺利运行。鼓励通过PPP方式盘活存量资源，变现资金要用于重点领域建设。

（三十）规范合作关系保障各方利益。政府有关部门要制定管理办法，尽快发布标准合同范本，对PPP项目的业主选择、价格管理、回报方式、服务标准、信息披露、违约处罚、政府接管以及评估论证等进行详细规定，规范合作关系。平衡好社会公众与投资者利益关系，既要保障社会公众利益不受损害，又要保障经营者合法权益。

（三十一）健全风险防范和监督机制。政府和投资者应对PPP项目可能产生的政策风险、商业风险、环境风险、法律风险等进行充分论证，完善合同设计，健全纠纷解决和风险防范机制。建立独立、透明、可问责、专业化的PPP项目监管体系，形成由政府监管部门、投资者、社会公众、专家、媒体等共同参与的监督机制。

（三十二）健全退出机制。政府要与投资者明确PPP项目的退出路径，保障项目持续稳定运行。项目合作结束后，政府应组织做好接管工作，妥善处理投资回收、资产处理等事宜。

十、充分发挥政府投资的引导带动作用

（三十三）优化政府投资使用方向。政府投资主要投向公益性和基础性建设。对鼓励社会资本参与的生态环保、农林水利、市政基础设施、社会事业等重点领域，政府投资可根据实际情况给予支持，充分发挥政府投资“四两拨千斤”的引导带动作用。

（三十四）改进政府投资使用方式。在同等条件下，政府投资优先支持引入社会资本的项目，根据不同项目情况，通过投资补助、基金注资、担保补贴、贷款贴息等方式，支持社会资本参与重点领域建设。抓紧制定政府投资支持社会投资项目的管理办法，规范政府投资安排行为。

十一、创新融资方式拓宽融资渠道

（三十五）探索创新信贷服务。支持开展排污权、收费权、集体林权、特许经营权、购买服务协议预期收益、集体土地承包经营权质押贷款等担保创新类贷款业务。探索利用工程供水、供热、发电、污水垃圾处理等预期收益质押贷款，允许利用相关收益作为还款来源。鼓励金融机构对民间资本举办的社会事业提供融资支持。

（三十六）推进农业金融改革。探索采取信用担保和贴息、业务奖励、风险补偿、费用补贴、投资基金，以及互助信用、农业保险等方式，增强农民合作社、家庭农场（林场）、专业大户、农林业企业的贷款融资能力和风险抵御能力。

（三十七）充分发挥政策性金融机构的积极作用。在国家批准的业务范围内，加大对公共服务、生态环保、基础设施建设项目的支持力度。努力为生态环保、农林水利、中西部铁路和公路、城市基础设施等重大工程提供长期稳定、低成本的资金支持。

（三十八）鼓励发展支持重点领域建设的投资基金。大力发展股权投资基金和创业投资基金，鼓励民间资本采取私募等方式发起设立主要投资于公共服务、生态环保、基础设施、区域开发、战略性新兴产业、先进制造业等领域的产业投资基金。政府可以使用包括中央预算内投资在内的财政性资金，通过认购基金份额等方式予以支持。

（三十九）支持重点领域建设项目开展股权和债权融资。大力发展债权投资计划、股权投资计划、资产支持计划等融资工具，延长投资期限，引导社保资金、保险资金等用于收益稳定、回收期长的基础设施和基础产业项目。支持重点领域建设项目采用企业债券、项目收益债券、公司债券、中期票据等方式通过债券市场筹措投资资金。推动铁路、公路、机场等交通项目建设企业应收账款证券化。建立规范的地方政府举债融资机制，支持地方政府依法依规发行债券，用于重点领域建设。

创新重点领域投融资机制对稳增长、促改革、调结构、惠民生具有重要作用。各地区、各有关部门要从大局出发，进一步提高认识，加强组织领导，健全工作机制，协调推动重点领域投融资机制创新。各地政府要结合本地实际，抓紧制定具体实施细则，确保各项措施落到实处。国务院各有关部门要严格按照分工，抓紧制定相关配套措施，加快重点领域建设，同时要加强宣传解读，让社会资本了解参与方式、运营方式、盈利模式、投资回报等相关政策，进一步稳定市场预期，充分调动社会投资积极性，切实发挥好投资对经济增长的关键作用。发展改革委要会同有关部门加强对本指导意见落实情况的督促检查，重大问题及时向国务院报告。

国务院

2014 年 11 月 16 日

（此件公开发布）

附录五：国家发展改革委关于当前更好发挥交通运输支撑引领经济社会发展作用的意见

发改基础[2015]969号

各省、自治区、直辖市及计划单列市、新疆生产建设兵团发展改革委：

交通运输是国民经济重要的基础产业，对经济社会发展具有战略性、全局性影响。当前我国经济发展进入新常态，稳增长、调结构、促改革、惠民生、防风险任务繁重。为贯彻落实党中央、国务院工作部署，更好地发挥交通运输在经济社会发展中的支撑引领作用，使交通真正成为发展的先行官，现提出以下意见。

一、全面认识交通运输发展形势

“十二五”以来，我国交通运输持续快速发展，初步形成以“五纵五横”为主骨架的综合交通运输网络，运输能力大幅提升，服务质量显著提高，技术装备快速升级，体制改革加快推进，节能减排成效显现，交通安全形势稳定向好，总体适应经济社会发展要求。但是，也存在一些系统性和结构性问题，如发展方式较为粗放，资源配置不尽合理，部分领域和环节存在短板，创新驱动能力不足，管理体系不够完善等，难以适应新形势下的新要求。

新常态下我国经济发展转入中高速增长，产业结构调整步伐加快，运输需求规模和结构都将发生重大变化，个性化、多样化需求日益增多。统筹“四大板块”，实施三大战略，要求重点区域交通加快发展、取得突破。推进以人为核心的新型城镇化，要求构建城市群和都市圈交通网络。全面建成小康社会，要求完善交通基本公共服务和交通安全保障体系。全面深化改革，要求深入推进交通运输体制改革，释放市场活力。综合国际国内两个市场、两种资源，要求加快交通“走出去”步伐。推进绿色低碳发展，要求加快转变交通发展方式。

为适应和引领新常态，要打破传统模式的惯性思维，及时响应新的生产方式、

新的业态模式和新的战略需求，促进交通运输由“跟跑型”向“引领型”转变，通过加快补短板促进区域协调发展，通过优化布局引导经济结构调整，通过加大投资力度服务稳增长稳投资，通过提高服务水平适应多样化运输需求。

二、创新交通运输发展思路

（一）指导思想。高举中国特色社会主义伟大旗帜，以邓小平理论、“三个代表”重要思想、科学发展观为指导，深入贯彻习近平总书记系列重要讲话精神，按照“四个全面”战略布局，围绕实施国家重大战略，立足当前经济工作重心，着眼“十三五”谋篇布局，加快交通现代化进程，以交通重大项目为依托，创新体制机制，吸引社会资本增加投入，扩大基础设施有效投资，促进交通运输提质增效升级，为扩内需、稳增长发挥更加积极的作用。

（二）基本原则。规划指导、落实项目，加强统筹规划和科学论证，围绕解决薄弱环节和“瓶颈”制约，加快推进前期工作，开工建设一批重大项目。需求导向、培育亮点，积极应对市场变化，拓展交通发展新领域，更好地满足多样化运输需求。改革创新、激发活力，优化政府投资，改善政策环境，有效撬动社会资本，保持交通投资稳定增长。

三、加强交通规划设计

（三）加强长远发展谋划。开展中长期铁路网规划（2030 年）修编工作，论证规划研究项目的建设可能、建设时机，补充重大干线项目，完善高速铁路网络，推进铁路分层规划、分类建设。开展全国民用运输机场布局规划（2030 年）修编工作，研究新增机场布局原则与方案，构建规模适当、结构合理、层次清晰、功能完善的民用机场体系。适时启动中国现代交通发展战略（中国交通 2050）研究。

（四）支撑国家重大战略实施。组织编制“一带一路”综合交通布局规划、京津冀协同发展交通一体化规划、城镇化地区综合交通网规划，组织实施长江经济带综合立体交通走廊规划，率先实施交通重大标志性工程，增强对区域协调发展的战略支撑力。

（五）做好“十三五”交通规划。围绕形成国内国际通道联通、区域城乡覆盖广泛、枢纽节点功能完善、运输服务一体高效的现代交通运输体系，明确规划目标、重点任务和三年行动计划，推动建设广覆盖的基础运输网、高品质的快速运输网和专业化的货物运输网，部分地区和领域率先实现交通运输现代化。

（六）加强交通项目建设规划。各地要重视和做好城市轨道交通建设规划、城市群区域城际铁路建设规划等编制报送工作，我委将及时组织审核。请各地按照规划确定的建设时序和规模，及时批复项目并启动建设，项目基本方案、工程投资、建设年限等约束性内容原则上不得变更。

（七）建立健全重大项目库。按照“建设一批、启动一批、储备一批”的原则，建立重大项目库，并根据需要从各地项目中及时优选、滚动调整和补充。我委将会同有关方面认真组织，加强协调，统一调度，狠抓落实，确保项目库中项目顺利推进。今后我委中央预算内投资安排交通项目原则上在项目库中选择。

四、加快实施交通重大项目

（八）积极推进三大战略重大项目

“一带一路”交通走廊。推进中老泰、中蒙、中俄、中巴、中吉乌、中哈、中塔阿伊、中印、中越等互联互通交通基础设施建设。建设中俄、中哈油气管道。依托京津冀、长江三角洲、珠江三角洲，以福建为核心区，以大连、天津、青岛、上海、宁波－舟山、福州、厦门、深圳等沿海港口为节点，构建对内连接综合运输大通道、对外辐射全球的海上丝绸之路走廊。建设环绕我国大陆的沿边沿海普通国道，研究建设沿边铁路，研究琼州海峡、渤海海峡跨海通道工程。

京津冀协同发展交通一体化。加快北京新机场建设，推进北京至霸州铁路、北京新机场轨道交通快线等配套工程；建设北京至唐山城际铁路，规划研究天津至石家庄、天津至承德铁路，打造“轨道上的京津冀”；建设首都地区环线高速公路，开工国家高速公路“断头路”，改造普通国道“瓶颈路段”。

长江经济带综合立体交通走廊。推进黄金水道系统治理，开工建设南京以下12.5米深水航道二期工程，加快建设荆江河段航道整治工程，研究三峡水运新通道建设方案，推进长江船型标准化，加强沿江港口集疏运体系建设，重点解决“最后一公里”问题。研究建设沿江高速铁路，建设商丘经合肥至杭州、徐州至盐城等铁路，香格里拉至丽江、六盘水至威宁（黔滇界）等公路。实施武汉、长沙、重庆、贵阳机场扩建，建设成都新机场。

（九）加快建设中西部（含东北）交通重大项目。加快中西部干线铁路、普通国省干线公路、支线机场以及西部干线机场建设，重点加强进出疆、出入藏公路和铁路建设。在原有规划通道基础上，建设中西部与东部地区对角连接新通道，沟通西南至华北地区、西北至东南地区。加强中西部地区新通道建设，研究将西北北部出海大通道和沿江综合运输大通道向西延伸。

（十）推进实施新型城镇化重大项目。统筹考虑城镇化地区各种交通运输方式合理分工和布局，线网布局最大程度连接城市群区域主要城镇，提供快速度、公交化、大容量运输服务，更好地满足沿线密集客流需求。加快推进长江三角洲、珠江三角洲、长江中游城市群城际铁路骨干网络建设，推进其他城市群区域城际铁路、高速公路建设。加强中小城市和小城镇与交通干线、交通枢纽的衔接，提升公路技术等级、通行能力和铁路覆盖率。

（十一）加强改善民生重大项目

农村交通项目。实施扶贫开发超常规政策举措，加强贫困地区特别是集中连片特困地区农村交通建设。加快推进建制村通沥青（水泥）路，加强农村公路安保工程建设，强化农村渡口改造和溜索改桥。加强邮政基础设施建设，提升邮政普遍服务能力。

城市绿色交通项目。发展多种形式的大容量公共交通，改善慢行交通设施条件，构建以公共交通为主的城市交通出行系统。提升公共交通装备水平，鼓励新能源车辆应用，加快老旧车辆更新淘汰。加强交通综合管理，有效调控、合理引导个体机动化交通需求，倡导绿色出行。

五、积极培育新的增长点

（十二）合理发展城市轨道交通。按照国家批准规划积极稳妥推进城市轨道交通项目建设，鼓励具备条件的城市启动编制地面或高架敷设为主的轻轨系统规划，逐步优化大城市轨道交通结构。积极发展现代有轨电车。

（十三）鼓励开行市郊快铁。推动国有铁路按照市场化原则向社会资本开放“路权”，鼓励城市政府与铁路企业合作，充分利用既有铁路、站点资源，采用政府购买服务等方式，开行市域（郊）快铁。年内在北京、上海、广州、武汉、郑州等铁路客运枢纽，增加市域（郊）快铁开行对数，并选择新的线路进行试点。

（十四）研究建设货运机场。鼓励快递物流企业、航空公司等各类企业投资建设和运营专业化货运机场，打造具有综合竞争力的航空物流枢纽，提高物流效率与组织水平，促进物流新业态健康发展。

（十五）大力发展通用航空。加快落实国务院、中央军委《关于深化我国低空空域管理改革的意见》，逐步有序放开低空空域，建立完善通用航空设施、保障和服务体系，提升通航飞行器制造水平，促进通用航空产业发展。

（十六）加快建设城市停车场。加快制定国家层面的指导意见，采取有效措施和政策，鼓励引导社会资本投资建设立体停车场，同时配建电动汽车充电位；在北京、杭州、郑州等已出台相关政策的城市加快推进落实，率先取得示范效应。

（十七）优化衔接城市内外交通。改扩建城市道路、立交桥，采用交通控制、运输组织等手段，缓解大城市对外干线公路与城市道路衔接路段拥堵状况，尽快消除“进出城难”问题。加快建设铁路枢纽货运外绕线。

（十八）全面推进交通智能化。实施交通“互联网 +”行动计划，研究建设新一代交通控制网工程。建设多层次综合交通公共信息服务平台、票务平台、大数据中心，逐步实现综合交通服务互联网化。实施区域“一卡通”工程，建立交通基础设施联网监控系统，加快推进高速公路不停车联网收费系统（ETC）建设。

（十九）改造升级运输装备。根据运输市场需求，鼓励运输企业更新和增购城市地铁车辆、高速铁路动车组、货运飞机等运输装备，增强运输能力，提高服务水平。

六、满足多样化运输需求

（二十）推动实现联程联运。推进交通基础设施、运输装备的标准化，以综合交通枢纽为载体，加强设施一体化和运营组织衔接，推进集装箱铁水联运，建设舟山江海联运服务中心，推行客运“一票式”和货运“一单制”联程服务，方

便旅客出行，提高货运效率。

（二十一）统筹发展临空临港经济。依托大型机场、港口、铁路枢纽建设，促进临空、临港经济发展，在部分城市开展试点示范，逐步完善配套政策。尽快编制完成《北京新机场临空经济区规划》，引导疏解北京部分产业、人口和交通需求，优化提升首都核心功能，促进天津、河北经济转型升级。以上海、广东、天津、福建自由贸易试验区为重点，提升临港产业发展水平，延伸和拓展产业链。

（二十二）有序发展高铁经济。干线铁路建设要与城市规划衔接，线路、车站工程与周边土地综合开发同步规划、设计，具备条件的同步开工建设，发展通道经济，引导城市空间布局调整。铁路企业可与沿线政府建立利益共享和风险分担机制，在新建铁路项目开展综合开发试点，根据车站建设规模和功能相应配套土地进行综合开发，开发收益回馈铁路建设。

（二十三）提升加强铁路集装箱运输。加强疏港铁路建设，加快推进铁路集装箱中心站建设，完善配套设施设备，优化铁路集装箱运输调度与管理。有序推进中欧铁路集装箱班列发展，带动沿线城市国际合作水平，改善产业发展环境。

（二十四）支持引导快递快运发展。加快快递园区和转运中心建设，完善末端物流投递网络，推动配送网络下沉至乡村。完善政策、规范管理，推动快递快运装备、技术、服务标准化，加强运营安全监管。鼓励快递快运与制造业、电子商务等产业融合发展，充分利用现代信息技术，打造“互联网＋快递快运”发展新模式。

七、深化体制机制改革

（二十五）继续推进行政审批制度改革。我委正在研究进一步取消和下放核准、审批事项，并简化保留事项的办理程序，在取消和下放审批权限的同时，坚持放管结合、权责一致。各地要加强能力建设，真正做到接住管好，及时将重大项目审批、建设、投资安排、形象进度和存在问题等信息按要求在线报送我委。我委将加强事中事后监管，建立健全有效监管机制，做好跟踪监测和检查稽察，适时开展评估工作，对规划实施中存在的困难将主动协调解决，对发现的严重违规行为将予以惩戒。

（二十六）推广政府与社会资本合作模式（PPP）。根据交通基础设施网络性强、初期投入大、回收期长等特点，对交通 PPP 项目实施加强指导。探索采用网运分离、放开竞争性业务等思路，综合考虑投资成本、价格变动、服务质量、规划调整等因素，清晰界定项目投资风险边界，采取特许经营、购买服务、股权合作等多种形式，给社会资本清晰的参与路径、合理的投资回报预期，切实推动 PPP 项目落地。在北京、广东、上海、湖北等地，选取交通示范项目，制定实施方案，力争年内取得务实进展，我委研究安排中央预算内投资给予支持。

（二十七）完善交通运输发展基金等政策。研究进一步支持铁路发展基金的相关政策。研究改革政府专项建设资金使用方式，对经营性项目由直接投资项目改为与社会资本共同设立交通投资基金，降低社会资本投资风险，改善投资预期，放大政府投资效应，优先投资国家重大项目。研究设立长江经济带交通发展基金，支持区域交通建设。各地可借鉴京津冀地区建立城际铁路投资协同机制、江西省设立铁路产业投资基金等做法，研究出台投资、土地等优惠政策，鼓励民间资本设立交通产业投资基金，投资城际铁路等资产界面清晰的项目。允许符合条件的、以新建项目设立的企业为主体发行项目收益债，支持交通重大项目发行永续期债券。规范和清理交通运输领域收费，减轻运输企业经营负担。

（二十八）充分发挥政府资金引导作用。我委将加大中央预算内投资对交通基础设施，特别是三大战略交通重大项目建设的支持力度，重点投向中西部铁路、城际铁路、长江等内河高等级航道、中西部支线机场和西部干线机场等重大项目。各地要按照事权划分，财政性资金向城际铁路、城市轨道交通、普通国省道、农村公路、机场等领域倾斜，同时做好干线铁路等项目建设资金配套。

八、健全纵横协同联动机制

（二十九）加强部门协调配合。我委将及时组织召开协商会议和专题会议，每月召开联络员碰头会进行工作调度，主动协调解决工程方案、资金筹措、征地拆迁等重点难点问题，会同环保、国土等部门建立“绿色通道”，最大程度地缩短审批时间。对重大项目，我委将商请相关金融机构等在贷款融资等方面给予优先支持。

（三十）强化系统上下联动。我委将与各地发改部门加强联合调研、合作分析、信息共享、专题研讨和业务培训，凝聚系统共识，树立一盘棋思想，加快推进定位转型，调适理念、调适政策、调适方法，形成系统合力，共同推进交通重大战略、重大规划、重大项目、重大改革、重大政策制定和实施。

请各地发改部门进一步提高认识，加强组织领导，制定贯彻落实本意见的行动计划，及时总结经验，提出意见建议。我委将会同有关部门加强指导、协调和服务，共同推动各项任务顺利完成。

国家发展改革委
2015 年 5 月 7 日

附录六：关于进一步鼓励和扩大社会资本投资建设铁路的实施意见

发改基础 [2015]1610 号

各省、自治区、直辖市、新疆生产建设兵团发展改革委、财政厅、国土资源厅、中国铁路总公司、有关计划单列企业：

铁路是国民经济大动脉和关键基础设施，加快推进铁路建设，对稳增长、调结构、惠民生具有重要意义。吸引社会资本进入是深化铁路投融资体制改革、加快铁路建设的重要举措。为贯彻落实党的十八大和十八届三中、四中全会精神，按照《国务院关于改革铁路投融资体制加快推进铁路建设的意见》（国发 [2013]33 号）、《国务院关于创新重点领域投融资机制鼓励社会投资的指导意见》（国发 [2014]60 号）及《国家发展改革委关于当前更好发挥交通运输支撑引领经济社会发展作用的意见》（发改基础 [2015]969 号）的有关要求，进一步鼓励和扩大社会资本对铁路的投资，拓宽投融资渠道，完善投资环境，合理配置资源，促进市场竞争，推动体制机制创新，促进铁路事业加快发展，现提出以下实施意见：

一、全面开放铁路投资与运营市场

（一）积极鼓励社会资本全面进入铁路领域，列入中长期铁路网规划、国家批准的专项规划和区域规划的各类铁路项目，除法律法规明确禁止的外，均向社会资本开放。

（二）重点鼓励社会资本投资建设和运营城际铁路、市域（郊）铁路、资源开发性铁路以及支线铁路，鼓励社会资本参与投资铁路客货运输服务业务和铁路“走出去”项目。支持有实力的企业按照国家相关规定投资建设和运营干线铁路。

二、推进投融资方式多样化

（三）支持社会资本以独资、合资等多种投资方式建设和运营铁路，向社会资本开放铁路所有权和经营权。

（四）推广政府和社会资本合作（PPP）模式，运用特许经营、股权合作等方式，通过运输收益、相关开发收益等方式获取合理收益。

（五）支持铁路总公司以股权转让、股权置换、资产并购、重组改制等资本运作方式盘活铁路资产，广泛吸引社会资本参与，扩大铁路建设资金筹集渠道，优化存量资产结构。

（六）拓宽铁路发展基金吸引社会资本的渠道，扩大基金募集规模。按照特事特办的原则，支持通过设立专项信托计划和公募基金产品募集铁路发展基金，各类社会资金和基金投资铁路发展基金，按照约定获得合理稳定回报。

三、完善社会资本投资的实施机制

（七）做好项目遴选和公布。根据经济社会发展需要和规划要求，各级发展改革部门做好项目储备和筛选工作，及时向社会公开发布项目信息，优先推荐市场前景较好、投资预期收益较稳定的铁路项目。对社会资本提出的规划外项目，在科学论证的基础上，积极推进项目前期工作，并研究纳入相关规划。

（八）公开透明选择投资主体。通过招标、竞争性谈判等多种竞争方式，公平择优确定融资实力较强、信用状况良好、具备相关专业能力的投资主体。各地向社会公开发布投资主体选择公告，按照相关法律法规，依法确定投资主体。社会资本投资铁路项目根据国务院投融资体制改革的相关规定，按国家基本建设程序组织建设。

（九）明确实施机构及责任。地方引进社会资本的实施机构应是省级人民政府授权的相关部门、事业单位等机构，在授权范围内负责工程前期研究、项目实施方案编制、投资主体选择、项目合同签订、项目组织实施等工作。跨省（区、市）项目由相关省（区、市）协商确定实施机构。项目实施方案重点包括社会资本投资形式、投资主体基本条件、建设运营标准、监管要求、项目投资回报机制、投

资主体选择方式、项目合同条款、项目风险、退出机制等内容。实施方案经过评估和批准后，作为投资主体选择和项目实施的重要依据，必要时应充分听取社会公众和专家意见。

（十）健全风险防范和监督机制。省级政府相关部门和投资者要对项目可能产生的政策风险、商业风险、环境风险、法律风险等进行充分分析，完善合同设计，建立健全纠纷解决、风险防范和监督机制。各地要根据财力状况，合理确定政府参与方式，防范政府债务风险。

（十一）完善退出机制。明确社会资本退出条件，按照有关法律和约定，为社会资本提供多元化、规范化、市场化的退出渠道，保障社会公共利益和经营者合法权益不受侵害。对涉及资产移交的政府和社会资本合作（PPP）项目在合作期满后，要按照合同约定的移交形式、移交内容和移交标准，及时组织开展项目验收、资产交割等工作，妥善做好项目移交。

（十二）加强后评价和绩效评价。实施机构定期组织开展社会资本投资铁路项目后评价和绩效评价，从安全、服务、效率等方面建立健全评价体系。评价结果可以作为政府加大支持和完善监管的依据，激励社会资本不断改善管理，推进技术创新，提高服务水平。

四、进一步改善社会资本投资环境

（十三）切实保障社会资本合法权益。按照相关法律法规，维护企业平等的市场主体地位。依法保障企业自主决策权，不干预企业在勘察设计、工程招投标、项目施工、设备采购等建设过程中的正常活动。支持企业自主选择合适的运输管理方式，有条件的可实行管内自主运输调度。鼓励不同投资主体按照平等互利的原则相互开放各类铁路资源，实现路网资源共享。对按规定实行市场调节价的铁路项目，由企业根据市场供求和竞争状况自主制定具体运价水平。

（十四）依法履行投资经营权利和义务。社会资本应按现代企业制度要求，完善企业法人治理结构。严格按照基本建设程序，履行项目法人责任。依法承担安全、质量和环境责任，按照国家关于铁路运输服务、运输调度等相关规定，切实履行运输企业社会责任和公共服务义务，服从国家应急调度和管理。

（十五）进一步改善国铁服务。铁路总公司要抓紧完善清算体系，公开清算规则，健全清算平台，向社会资本开放相关设施，积极提供技术支持、人才培养和管理服务，实现线路使用、车站服务、技术作业、设施设备维护、委托运输等各类铁路社会化服务项目的内容和收费标准公开透明，切实维护社会资本合法权益。

（十六）规范和简化国铁接轨手续。铁路总公司要进一步规范和简化接轨审核相关程序和手续，明确办理时限，积极支持社会资本投资铁路与国铁接轨。要按照公开公平的原则，在项目实施前与接轨企业及时协商确定接轨相关工程技术方案,签订接轨意向协议,明确接轨验收标准。合理界定接轨工程范围和资产界面，因接轨引起的相关改造工程投资，应明确分担标准，由双方平等协商，合理分担。

（十七）加强市场监管。国家铁路局加强对运输秩序的监管，探索建立市场化清算和争议协调、仲裁机制。各企业要按照合法、公平、诚信的原则，合理收取服务费用，自觉规范价格行为。各级价格主管部门加强对各类社会化服务项目和收费标准的监管，规范收费行为，依法查处价格违法行为，维护市场正常价格秩序。

五、加大对社会资本投资的政策支持

（十八）推动实施土地综合开发。社会资本投资铁路享受国家有关支持铁路建设实施土地综合开发的政策，通过开发铁路用地及站场毗邻区域土地、物业、商业、广告等资源提高收益。支持盘活既有铁路用地，在符合土地利用总体规划的前提下，鼓励新建项目按照一体规划、联动供应、立体开发、统筹建设的原则实施土地综合开发。各地要统筹做好铁路站场及毗邻地区相关规划，及时办理用地、规划许可等手续。

（十九）积极做好征地拆迁等工作。对社会资本投资的铁路项目，各地要切实负起征地拆迁主体责任，做好群众补偿安置工作，为项目建设创造良好条件。在保障被征地拆迁群众合法权益的基础上，允许地方政府以国有土地入股参与铁路项目建设。社会资本投资的铁路项目用地，在用地政策上与政府投资的铁路项目实行同等政策。

（二十）加强政府资金引导。对社会资本控股的城际铁路和中西部干线铁路项目，中央预算内投资可以视情况通过贷款贴息、投资补助等方式给予支持。对社会资本承担的公益性运输，按照事权与支出责任相适应的原则，建立合理的补偿制度。鼓励各地研究建立相应的政府资金支持政策。

（二十一）创新金融服务。鼓励金融机构按照商业可持续、风险可控原则支持社会资本投资铁路项目建设。鼓励金融机构为社会资本投资铁路项目创新担保方式，支持利用采矿权、特许经营权等进行担保贷款，积极探索利用铁路运输、土地综合开发等预期收益进行质押贷款。发挥政策性和开发性金融机构的作用，加大对符合条件的政府和社会资本合作（PPP）项目的信贷支持力度，为项目提供长期、稳定、低成本的资金支持。

（二十二）促进债权和股权融资。支持符合条件的企业通过发行企业债券、公司债券和债务融资工具等方式筹措铁路建设资金。允许符合条件的、以新建项目设立的企业为主体发行项目收益债，支持重大项目发行可续期债券。鼓励社会资本投资铁路的企业通过 IPO（首次公开发行股票并上市）、增发、资产证券化等方式筹集资金用于铁路建设。

（二十三）实行税收优惠。社会资本投资的铁路项目符合《公共基础设施项目企业所得税优惠目录》规定条件的，自项目取得第一笔生产经营收入所属纳税年度起，第一年至第三年免征企业所得税，第四年至第六年减半征收企业所得税。

（二十四）加大配套外部电源建设。电网企业要积极支持社会资本投资的铁路建设，参照国家铁路配套外部电源建设的办法，通过电气化铁路还贷电价政策补偿电网投资。

六、建立健全工作机制

（二十五）进一步加快项目核准。深化行政审批制度改革，优化审核流程，推进建立并联审批机制和在线审批平台，明确咨询评估和核准时限，开辟绿色通道，加快核准进度。对于法律、法规没有明确规定作为项目审批前置条件的行政审批事项，一律不再作为前置审批。

（二十六）加强事中事后监管。国家铁路局要强化安全、质量等监督管理，依法开展检查、验收和责任追究，切实维护公众利益和公共安全。各有关部门要

加强对项目建设、运营和相关经营活动的监督管理，规范行政许可，维护公平竞争秩序，建立健全社会资本投资铁路市场信用记录。

（二十七）充分发挥协商机制作用。国家发展改革委会同相关部门依托铁路投融资改革和建设项目前期工作协商会议制度，形成工作合力，及时研究推动社会资本投资铁路建设工作。近期重点推进蒙西至华中、长春至西巴彦花铁路等引进社会资本的示范项目实施。

（二十八）做好项目跟踪服务。各级发展改革部门要进一步增强对社会资本投资铁路项目的服务意识，协调矛盾解决问题。要建立信息平台，加强跟踪指导，掌握项目进展，及时沟通信息。做好舆论引导，营造良好氛围。

国家发展改革委

财政部

国土资源部

银监会

国家铁路局

2015 年 7 月 10 日

附录七：国家发展改革委关于做好社会资本投资铁路项目示范工作的通知

发改基础 [2015]3123 号

各省、自治区、直辖市、新疆生产建设兵团发展改革委：

为贯彻落实《国务院关于改革铁路投融资体制加快推进铁路建设的意见》（国发 [2013]33 号）、《国务院关于国有企业发展混合所有制经济的意见》（国发 [2015]54 号）和《关于进一步鼓励和扩大社会资本投资建设铁路的实施意见》（发改基础 [2015]1610 号），打通社会资本投资建设铁路“最后一公里”，我委决定在铁路领域推出一批社会资本投资示范项目，现就有关事项通知如下：

一、示范目的。发挥社会资本投资铁路示范项目带动作用，探索并形成可复制推广的成功经验，进一步鼓励和扩大社会资本对铁路的投资，拓宽铁路投融资渠道，完善投资环境，促进铁路事业加快发展。

二、示范范围。示范项目重点是社会资本以合资、独资或政府和社会资本合作（PPP）等方式参与铁路建设及营运，在项目公司运营、投融资模式等方面正在开展积极探索，具备一定工作基础条件的干线铁路、城际铁路、市郊（域）铁路等项目。

三、示范重点。对于已纳入规划的示范项目，我委和有关部门积极支持加快推进前期工作。投资主体基本落实的，要重点在引入社会资本形成多元化投资渠道方面先行先试，尽快推动开工建设和投入运营，更好发挥示范效应；投资主体尚未确定的，要在项目业主的选择标准、流程、工作机制上先行先试，营造公平竞争环境，面向社会公开透明选择投资主体。

对于尚未列入规划的示范项目，请有关地方和企业抓紧研究论证，具备条件的可以研究纳入国家相关规划，前置要件齐备后报我委核准。

各地要统筹做好示范项目站场及毗邻地区相关规划，通过开发铁路用地及站场毗邻区域土地、物业、商业、广告等资源提高收益。

四、前期工作。示范项目为国家重点支持项目，纳入铁路建设项目前期工作

协商会议协调推动，协商机制成员部门结合工作职责积极予以支持。

五、政策支持。我委在安排专项建设基金时将向示范项目倾斜，并研究对示范项目给予中央预算内投资适当支持。有关部门积极协调金融机构对示范项目加大融资支持力度，创新金融服务，为示范项目提供长期、稳定、低成本的资金支持。我委将积极支持示范项目通过企业债券、项目收益债以及可续期债券等方式融资，进一步提高审核效率。

六、规范运作。项目业主要强化市场主体责任意识，依法经营，努力把项目建成社会资本投资铁路的样板工程。铁路行业监管部门要加强对项目质量、安全等监督管理。对于资金落实不到位、工程进展缓慢、质量或安全管理不到位的项目，我委将商有关部门进行适时调整，不再作为示范项目，并根据相关法规进行处理。

七、加强服务。我委将会同相关部门建立示范项目的协调推进机制，加强对示范项目的全过程跟踪服务，并适时进行评估。有关省（市、区）发展改革部门要切实承担起推进示范项目的责任，加强协调服务，每季度初向我委报送示范项目进展情况，并抓紧做好新项目储备工作。我委将会同有关部门加大对示范工作支持与指导，力争尽早再启动推出一批社会资本投资铁路示范项目。

示范项目（附表 7-1）：

社会资本投资铁路示范项目 **附表 7–1**

<table>
<tr><th>序号</th><th>项目名称</th><th>所在省（区）</th><th>项目类型</th></tr>
<tr><td>1</td><td>济南至青岛高速铁路</td><td>山东</td><td rowspan="3">高速铁路</td></tr>
<tr><td>2</td><td>武汉至十堰铁路</td><td>湖北</td></tr>
<tr><td>3</td><td>杭州至温州铁路</td><td>浙江</td></tr>
<tr><td>4</td><td>廊涿城际铁路</td><td>河北</td><td rowspan="4">城际铁路</td></tr>
<tr><td>5</td><td>重庆主城至合川铁路</td><td>重庆</td></tr>
<tr><td>6</td><td>合肥至新桥机场至六安铁路</td><td>安徽</td></tr>
<tr><td>7</td><td>杭绍台城际铁路</td><td>浙江</td></tr>
<tr><td>8</td><td>三门峡至禹州铁路</td><td>河南</td><td>地方铁路</td></tr>
</table>

国家发展改革委

2015 年 12 月 28 日

附录八：关于加强城市停车设施建设的指导意见

发改基础[2015]1788号

各省、自治区、直辖市及计划单列市、新疆生产建设兵团发展改革委、财政厅，国土资源厅，住房城乡建设厅（委）、规划委（局）、交通运输厅（委）、公安厅（局）：

随着城镇化的快速发展，居民生活水平不断提升，城市小汽车保有量大幅提高，停车设施供给不足问题日益凸显，挤占非机动车道等公共资源，影响交通通行，制约了城市进一步提升品质和管理服务水平。吸引社会资本、推进停车产业化是解决城市停车难问题的重要途径，也是当前改革创新、稳定经济增长的重要举措。为此，特制定本指导意见。

一、总体思路。立足城市交通发展战略，统筹动态交通与静态交通，着眼当前、惠及长远，将停车管理作为交通需求管理的重要手段，适度满足居住区基本停车和从严控制出行停车，以停车产业化为导向，在城市规划、土地供应、金融服务、收费价格、运营管理等方面加大改革力度和政策创新，营造良好的市场化环境，充分调动社会资本积极性，加快推进停车设施建设，有效缓解停车供给不足，加强运营管理，实现停车规范有序，改善城市环境。

二、基本原则。坚持市场运作，通过政府规划引导、政策支持，按照市场化经营要求，以企业为主体加快推进停车产业化；坚持改革创新，完善管理体制机制，探索多种合作模式，有效吸引社会资本；坚持集约挖潜，鼓励既有停车资源的开放共享，有效利用、充分发掘城市地上和地下空间资源，建设立体停车设施；坚持建管同步，完善路内停车泊位管理，提升停车信息化水平，加强违法行为治理。

三、科学编制规划。各地依据城市总体规划和综合交通体系规划，以配建停车为主体、路外公共停车为辅助、路内停车为补充，采用差别化的停车供给策略，修订城市建筑物配建停车泊位标准，组织编制停车设施专项规划，并及时纳入城

市用地控制性详细规划，做好用地管控。规划需统筹城市功能分区的区位特征、用地属性、公共交通发展等状况，合理测算停车需求，明确阶段性适应目标，优化设施布局，制定近期实施方案，建立项目库，并及时公布。

四、明确建设重点。以居住区、大型综合交通枢纽、城市轨道交通外围站点（P+R）、医院、学校、旅游景区等特殊地区为重点，在内部通过挖潜及改造建设停车设施，并在有条件的周边区域增建公共停车设施。鼓励建设停车楼、地下停车场、机械式立体停车库等集约化的停车设施，并按照一定比例配建电动汽车充电设施，与主体工程同步建设。

五、鼓励社会参与。通过各种形式广泛吸引社会资本投资建设城市停车设施，大力推广政府和社会资本合作（PPP）模式；鼓励企事业单位、居民小区及个人利用自有土地、地上地下空间建设停车场，允许对外开放并取得相应收益。

六、放宽市场准入。各地相关部门完善市场准入制度，降低停车设施建设运营主体和投资规模的准入标准。企业和个人均可申请投资建设公共停车场，原则上不对泊位数量做下限要求。改革停车设施投资建设、运营管理模式，消除社会参与的既有障碍。

七、简化审批程序。各城市相关部门要深化行政审批制度改革、简政放权、转变职能、主动服务，简化投资建设、经营手续办理程序，提高工作效率，按照规定办理时限和程序完成项目业主或投资主体提出的停车设施建设项目的审批（或核准）；对于小型或利用自有土地建设的停车场，鼓励实行备案制。各地最大程度地减免停车设施建设运营过程中涉及的行政事业性收费。

八、加强公共用地保障。各地做好用地保障，中心城区功能搬迁等腾出的土地应规划一定比例预留用于停车设施建设；符合《划拨用地目录》的，可以划拨方式供地；不符合《划拨用地目录》、同一地块上只有一个意向用地者的，可以协议出让方式供地。

九、盘活存量土地资源。对企事业单位、居民小区、个人利用自有出让土地建设停车设施，规划部门要充分考虑停车需求的合理性，办理用地性质和容积率等规划调整手续。鼓励利用公共设施地上地下空间、人防工程等地下空间建设停车设施，增强土地的复合利用。相关部门分层办理规划和土地手续，投资建设主体依据相关规定取得停车设施的产权。

十、创新投融资模式。利用公共资源建设停车设施，鼓励采用政府和社会资本合作（PPP）模式，政府投入公共资源产权，与社会资本共同开发建设，采用放弃一定时期的收益权等形式保障社会资本的收益；允许在不改变土地用途和使用权人的前提下将部分建筑面积用作便民商业服务设施，收益用于弥补停车设施建设和运营资金不足。

十一、加大金融支持力度。加快推动投资主体发行停车场建设专项债券；研究设立引导停车设施建设专项产业投资基金；充分发挥开发性金融作用，鼓励金融机构、融资租赁企业创新金融产品和融资模式提供支持。

十二、完善停车收费政策。充分发挥价格杠杆的作用，逐步缩小政府定价范围，全面放开社会资本全额投资新建停车设施收费。对政府和社会资本合作建设停车设施，要统筹考虑财政投入、社会承受能力等因素，遵循市场规律和合理盈利原则，由投资者按照双方协议确定收费标准。对于路内停车等纳入政府定价范围的停车设施，健全政府定价规则，根据区位、设施条件等推行差别化停车收费。

十三、提升装备制造水平。支持国内停车装备制造企业自主创新，鼓励行业联盟等形式开展技术研发，逐步提升核心装备国产化水平；将停车产业纳入高端装备制造业清单，给予相关政策优惠，打造自主装备品牌；将停车装备制造企业产品质量、售后服务等纳入企业诚信体系，及时记录不良经营行为；积极引导自主品牌走出去，实现停车产业优势产能输出。

十四、推动停车智能化信息化。各地加快对城市停车资源状况摸底调查，建立停车基础数据库，实时更新数据，并对外开放共享；促进咪表停车系统、智能停车诱导系统、自动识别车牌系统等高新技术的开发与应用；加强不同停车管理信息系统的互联互通、信息共享，促进停车与互联网融合发展，支持移动终端互联网停车应用的开发与推广，鼓励出行前进行停车查询、预订车位，实现自动计费支付等功能，提高停车资源利用效率，减少因寻找停车泊位诱发的交通需求。

十五、加强停车综合治理。各地同步完善停车场周边市政公用设施和停车引导设施；新建或改扩建公共停车场建成营业后，减少并逐步取消周边路内停车泊位，加强违法停车治理，保障公共停车场有效需求，提高收益水平；确保

路内等政府停车资源委托经营的公开透明，将收入的一定比例专项用于停车场建设；严格监管停车服务和收费行为，严厉打击无照经营、随意圈地收费等违规经营行为。

十六、加强组织保障。城市人民政府是停车设施规划建设、运营管理的责任主体，要高度重视，鼓励成立专门的停车管理机构，明确部门责任分工，抓好贯彻落实。国务院相关部委结合自身职责，研究出台相应支持政策，加强联动，共同推动停车设施建设管理，保障经济平稳健康发展、人民生活水平持续快速提高。

国家发展改革委
财政部
国土资源部
住房城乡建设部
交通运输部
公安部
银监会
2015 年 8 月 3 日

附录九：北京市机动车停车管理办法

北京市人民政府令

第 252 号

第一条　为了加强本市机动车停车管理，规范停车秩序，提升停车服务水平，促进城市交通环境改善，引导公众绿色出行，根据有关法律、法规，结合本市实际情况，制定本办法。

第二条　本市行政区域内停车场的规划、设置、使用、管理和机动车停放管理适用本办法。

公共交通、道路客货运输车辆等专用停车场的规划、建设、管理和危险化学品运输车辆的停放管理，适用国家和本市其他有关规定。

第三条　本办法所称停车场是指供机动车停放的场所，包括独立建设的停车场、配建停车场、临时停车场。

独立建设的停车场，是指根据规划独立建设并向社会开放的停放机动车的场所。

配建停车场，是指为公共建筑、居住区配套建设的停放机动车的场所。

临时停车场，是指临时设置的用于停放机动车的场所，包括道路停车泊位和利用街坊路、胡同以及待建土地、临时空闲场地设置的停车场。

第四条　机动车停车是静态交通体系，机动车停车场坚持统筹规划建设，实行差别化管理，逐步形成配建停车场为主、独立建设的停车场为辅、临时停车场为补充的格局。

本市鼓励社会多元化参与停车场建设，鼓励社会单位对外开放停车场。

第五条　市交通行政主管部门主管本市的停车管理工作，负责组织制订本市机动车停车管理的相关政策，并会同相关部门对机动车停车管理工作进行综合协调、检查指导、督促考核。

发展改革行政主管部门负责本市独立建设的停车场的项目审批、核准和备案

工作，统筹安排政府投资项目建设资金，制定机动车停车收费标准，并对机动车停车收费标准执行情况进行监督检查。

公安机关交通管理部门负责本市道路停车秩序管理和道路停车泊位的设置。

规划、住房城乡建设、财政、国土资源、质量技术监督、工商行政管理、税务、民防、城市管理综合执法等行政主管部门按照各自职责，依法负责机动车停车管理相关工作。

第六条　区、县人民政府负责本行政区域内停车场的规划、设置、管理及机动车停放管理的统筹协调。区、县停车管理部门负责本行政区域内机动车停车管理的具体工作。

街道办事处、乡镇人民政府在区、县人民政府的领导下做好本辖区内的停车管理工作，指导居民委员会、村民委员会在辖区内通过建立停车管理委员会等形式，依法进行机动车停车的自我管理。

第七条　市交通行政主管部门应当会同市规划等行政主管部门，依据城市总体规划和城市综合交通体系规划，结合城市建设发展和道路交通安全管理的需要，组织编制停车场专项规划，与控制性详细规划相衔接，经依法批准后实施。

停车场专项规划应当确定城市停车总体发展策略、停车场供给体系及引导政策，统筹地上地下空间资源与布局，明确建设时序，并将停车场与城市交通枢纽、城市轨道交通换乘站紧密衔接。

区、县人民政府根据本市机动车停车场专项规划，制定本行政区域的实施方案，并组织实施。

第八条　驻车换乘停车场和为改善交通管理秩序建设的公益性停车场，是城市交通基础设施，建设用地实行划拨，按照政府主导、社会参与、企业运作的方式进行建设与管理。

在以划拨方式供地的医院、政府机关、博物馆、展览馆、大中小学、幼儿园及公共服务性设施用地内独立建设的停车场，建设用地实行划拨。

第九条　本市鼓励单位和个人利用地下空间资源开发建设公共停车场。

开发利用卫生、教育、文化、体育设施及道路、广场、绿地地下空间资源单独选址建设停车场的，建设单位应当进行安全论证，征求地面设施所有权人意见，提出建设方案，由市交通行政主管部门或者区、县停车管理部门会同发展改革、规划、国土资源、住房城乡建设、市政市容、民防、园林绿化等行政主管部门按照鼓励建设的原则，依法办理相应手续。

依照前款规定建设停车场，应当符合国家和本市有关建设标准和规范，不得影响道路、广场、绿地以及原有设施的使用功能和安全。

第十条　新建、改建、扩建公共建筑、居住区等，应当按照国家和本市有关规定和规划指标，配建机动车停车场。配套建设的停车场应当与主体工程同步设计、同步施工、同时验收、同时交付使用。

本市核心区的新建、改建、扩建项目，规划行政主管部门应当统筹考虑其所在区域内的居住停车需求，鼓励建设单位在配建指标基础上利用地下空间增建停车场。建设单位应当将增建的停车场对周边居民开放。

第十一条　既有居住区配建的停车场不能满足业主停车需求的，按照物业管理的规定经业主同意，可以统筹利用业主共有场地设置临时停车场；居住区不具备场地条件的，区、县人民政府可以组织相关部门按照规定在居住区周边街坊路或者胡同设置临时停车场。

第十二条　不能满足居民停车需求的区域，区、县人民政府可以组织相关单位利用待建土地、空闲厂区、边角空地等场所，设置临时停车场。

设置临时停车场，不得占用消防车通道及地下管线检查井等市政基础设施，不得妨碍消防设施和市政基础设施的正常使用，不得影响已批开发项目建设的进度。

第十三条　设置停车场，应当符合国家和本市停车场设置标准和设计规范，并按照标准设置无障碍停车泊位。设置立体停车设备，应当符合特种设备的有关规定。停车场设置后 10 日内，设置单位应当将停车位情况报送区、县停车管理部门。

停车场向社会开放并收费的，应当配建停车诱导系统以及停车诱导标识。

第十四条　任何单位和个人不得擅自停止使用停车场，不得将停车场改作他用，因实现原规划用途将临时停车场停止使用的除外。

临时停车场停止使用的，停车场管理单位应当在停止使用前一个月向社会公示，并到有关部门办理相关手续。

第十五条　本市建立统一的停车场信息管理和发布系统，对停车泊位进行编号，对停车场信息实行动态管理，并实时公布向社会开放的停车场分布位置、使用状况、泊位数量等情况。

区、县人民政府应当根据本市停车场动态信息管理和发布系统，建设区域停车诱导设施，并负责运行、维护和管理。

停车场向社会开放并收费的，应当将配建的停车诱导系统接入所在区域停车诱导设施，但单位将配建停车场向社会开放的除外。

第十六条　本市停车收费遵循城市中心区域高于外围区域、道路停车高于路外停车的原则。具体区域划分及标准由市发展改革行政主管部门会同市交通行政主管部门确定，报市人民政府批准后实施。

在居住区周边街坊路或者胡同设置临时停车场，小区居民凭有效证明停车时，其临时停放或者按月、按年租用停车位收费标准按照居住区露天停车场收费标准执行。

市发展改革行政主管部门应当会同交通、住房城乡建设行政主管部门制定办法，规范居住区地下停车场收费，提高居住区地下停车场利用率。

第十七条　居住区的配建停车场应当优先满足业主的停车需要。实行停车收费的，应当执行价格管理的规定，并公示本办法第二十一条第一款第一项、第二项、第五项和第八项等服务内容。

第十八条　本市鼓励单位和居住区在满足本单位、本居住区居民停车需求的情况下将配建停车场向社会开放；鼓励有条件的单位将配建停车场在非工作时间向社会开放；鼓励单位和个人实行错时停车。

依照前款规定将配建停车场向社会开放的，可以按照核定的价格对社会车辆收取停车费，但不适用本办法第十三条第二款的规定。

第十九条　单位或者个人错时合作停车的，停车场管理单位应当予以支持和配合，并为停车人提供便利。

在单位配建停车场错时停车的停车人，应当按照约定的时段停车；超过约定时段拒不驶离、影响停车场正常运行的，停车场有权终止错时停车约定。

第二十条　停车场向社会开放并收费的，停车场管理单位应当依法办理工商登记、税务登记、价格核定、明码标价牌编号等手续，在工商登记后 15 日内到区、县停车管理部门办理备案。

办理备案时，应当提交下列材料：

（一）法人登记证明及复印件；

（二）委托经营的提供委托经营协议；

（三）竣工验收文件；

（四）停车泊位平面示意图和方位图；

（五）符合规定的停车场设备清单；

（六）经营、服务、安全管理制度，突发事件应急预案等；

（七）停车诱导系统建设技术说明书及管理运行方案。

依照本办法第十一条、第十八条第一款规定设置的停车场提交的备案材料不包括前款第三项、第五项和第七项。

第二十一条 停车场向社会开放的，停车场管理单位应当遵守下列规定：

（一）在停车场显著位置明示停车场名称、服务项目、收费标准、车位数量及监督电话；

（二）按照核定的价格收费，并出具专用发票；

（三）配置完备的停车设施标志标识，为停车人进出提供明确的引导，为残疾人提供必要服务；

（四）指挥车辆按序进出和停放，维护停车秩序；

（五）制定停放车辆、安全保卫、消防、环境卫生等管理制度；

（六）对停车管理员进行专业培训、考核；

（七）不得在停车区域从事影响车辆安全停放的其他经营活动；

（八）建立投诉处理制度；

（九）国家和本市其他相关停车管理服务规范和标准。

中心城范围内的停车场向社会开放并收费的，应当24小时开放；按照规定实行限时的临时停车场除外。

第二十二条 市交通行政主管部门和区、县停车管理部门应当对向社会开放的停车场的运营服务实行质量信誉考核，考核结果向社会公布。

第二十三条 公安机关交通管理部门可以根据道路交通状况、周边停车需求情况，在城市道路上依法设置和调整道路停车泊位，并予以公示。

除前款和本办法第十一条规定的情形外，其他单位和个人不得擅自在城市道路上设置和调整道路停车泊位。

第二十四条　区、县停车管理部门应当与道路停车泊位的管理单位签订协议。协议应当包括双方权利义务、期限、终止协议的情形等内容。

道路停车泊位管理单位有下列情形之一的，区、县停车管理部门可以终止协议：

（一）发生服务质量纠纷，影响恶劣的；

（二）未按原承诺标准提供服务的；

（三）未按期足额缴纳占道费的；

（四）质量信誉考核不合格的；

（五）擅自转租转包、挂靠经营的；

（六）多次实施违法行为，拒不改正的；

（七）双方约定的其他可以终止协议的行为；

（八）法律、法规规定的其他情形。

第二十五条　市交通行政主管部门和区、县停车管理部门有计划地对道路停车泊位内的停车实行电子计时收费。

第二十六条　公安机关交通管理部门根据道路实际状况以及维护交通秩序的需要，可以在道路上加装隔离桩等设施，其他任何单位和个人不得损坏、挪移或者拆除。

第二十七条　任何单位和个人不得擅自在道路上和其他公共区域内设置地桩、地锁等障碍物阻碍机动车停放和通行，不得在未取得所有权的停车位上设置地桩、地锁；物业服务企业应当在物业管理协议和车位租赁协议中予以明示。

任何单位和个人发现擅自在道路上设置地桩、地锁等障碍物的，有权予以制止并举报。

第二十八条　机动车应当在停车场内停放，并不得超过规定时间。

在停车场内停放机动车的，停车人应当遵守下列规定：

（一）服从引导；

（二）停车入位且车身不得超出停车泊位；

（三）做好驻车制动；

（四）不得损坏停车设备；

（五）按照规定缴纳停车费用；

行政机关的工作人员在停车管理中滥用职权、玩忽职守、徇私舞弊、索贿受贿，构成犯罪的，依法追究刑事责任；尚不够刑事处罚的，依法给予行政处分。

第四十二条　本办法自 2014 年 1 月 1 日起施行。2001 年 3 月 28 日经北京市人民政府第 33 次常务会议通过的《北京市机动车公共停车场管理办法》同时废止。

附录十：河北省停车场管理暂行办法

第一章　总则

第一条　为规范停车场的管理，适应社会车辆的停车需求，保障道路交通安全和畅通，根据国家有关法律、法规的规定，结合本省实际，制定本办法。

第二条　本办法所称停车场，是指在城市和镇（以下统称城市）建成区内建设（设置）的供机动车停放的露天或者室内（含地下）场所。包括供社会公众停放机动车的公共停车场；供本单位人员、本居住区业主或者其他特定人群停放机动车的专用停车场；经公安机关交通管理部门批准，在单位、个人的待建土地和空置场所设置的机动车临时停车场，以及为举办大型群众性活动设置的机动车临时停车场；公安机关交通管理部门依法在城市道路上为机动车设置的道路停车泊位。

第三条　在本省行政区域内进行停车场的规划、建设、使用及相关管理工作，应当遵守本办法。

第四条　设区的市、县（市）人民政府应当加强对停车场管理工作的领导，建立健全停车场规划、建设工作的协调机制；制定优惠政策，鼓励单位和个人投资建设公共停车场及节约土地资源的立体式、地下停车场，鼓励专用停车场和有停车条件的单位及个人向社会开放其停车场地。

第五条　县级以上人民政府城乡规划主管部门负责停车场的规划管理；县级以上人民政府建设行政主管部门负责停车场的建设管理；县级以上人民政府公安机关交通管理部门负责停车场使用的监督管理，并参与停车场规划、建设的有关管理工作。

县级以上人民政府交通运输行政主管部门依照《河北省道路运输管理条例》的规定，做好有关停车场设置的统筹安排和相关监督管理工作。

县级以上人民政府其他有关部门按照规定的职责，协同做好停车场的有关管理工作。

第二章　规划与建设

第六条　设区的市、县（市）城乡规划主管部门应当会同公安机关交通管理部门和其他有关部门，根据城市总体规划制定城市综合交通规划，报本级人民政府批准后实施。

城市综合交通规划应当明确停车场布局、规模和建设标准等内容，并将其确定为规划强制性内容。

第七条　新建、改建、扩建商业街区、居住区和下列建筑、场所时，应当按照城市综合交通规划和城市控制性详细规划配建、增建停车场，并不得擅自取消或者改变用途：

（一）火车站、港口、航空港和公路客运、货运枢纽；

（二）行政事业单位办公场所、学校、幼儿园、体育（场）馆、影（剧）院、图书馆、医院和会展场所；

（三）风景名胜区及其他旅游景点；

（四）大（中）型商场、集贸市场、宾馆、饭店和商务办公场所等经营性场所；

（五）设区的市、县（市）人民政府规定的其他公共建筑和大（中）型建筑。

第八条　在进行城市新区开发、旧区改建和城市道路建设时，应当统筹规划、同时建设公共停车场。

第九条　公共停车场建设项目的设计方案应当符合国家和本省有关设置标准、设计规范的要求，并根据残疾人的停车需求设置残疾人专用停车泊位。

第十条　公共停车场建设项目应当按照批准的设计进行施工。

建设项目的主体工程与配建的停车场应当同时设计、同时施工、同时交付使用。

第十一条　有关单位在进行公共停车场建设项目以及附属设施含有公共停车场的建设项目竣工验收时，应当通知公安机关交通管理部门参加。未经验收或者验收不合格的，不得投入使用。

第十二条　设置机动车临时停车场，应当向当地公安机关交通管理部门申请领取临时停车场许可证，并依法确定临时停车场的使用期限。

第十三条　在公共停车场不能满足停车需求的区域，公安机关交通管理部门在不影响行人、车辆通行的情况下和书面征求市政工程主管部门意见后，可以在城市道路范围内设置道路停车泊位。

除公安机关交通管理部门外，任何单位和个人不得在城市道路范围内设置道

路停车泊位。

设区的市、县（市）人民政府可以根据本地城市道路交通和社会车辆停车需求状况，将部分道路停车泊位依法确定为经营性道路停车泊位。

第十四条　公安机关交通管理部门在设置道路停车泊位时，应当按国家有关标准的规定施划停车泊位线和设置停车标志。

停车标志应当清晰标明停车类型、泊位数量和泊位使用时间。

第十五条　在不影响行人、车辆通行的情况下，公安机关交通管理部门可以会同市政工程、交通运输等有关部门，在城市主要道路上设置出租车临时停车的道路停车泊位，供出租车即时上下乘客。

第十六条　国家机关、社会团体和其他从事公共服务、公益事业的单位具备停车条件的，应当为到本单位办理公务的人员提供免费停车泊位。

第十七条在有下列情形之一的路段内不得设置道路停车泊位：

（一）停车泊位设置后妨碍市政公用设施和消防通道、医疗救护通道、盲道正常使用的；

（二）停车泊位设置后人行道或者非机动车道的宽度不足二点五米的；

（三）法律、法规规定的禁止停车的其他情形。

城市道路的宽度不足十五米的，不得双向设置道路停车泊位。

第十八条　利用政府投资建设的公共场所和城市道路设置的停车场，不得改变其国有资产性质。但可以采用招标、拍卖的方式确定给单位或者个人经营管理。

招标、拍卖过程应当向社会公开，并由有关部门依法进行监督。招标、拍卖等收入全额上缴本级国库，并按规定用途使用。具体管理办法，由设区的市、县（市）人民政府制定。

第十九条　公安机关交通管理部门应当会同市政工程主管部门，定期对道路停车泊位的使用情况进行评估，并根据评估情况增减或者取消、重新设置道路停车泊位。

第三章　使用与管理

第二十条　公共停车场经营管理人应当在停车场投入使用之日的 5 日前，向当地公安机关交通管理部门备案。

第二十一条　公安机关交通管理部门应当定期向社会公告本地停车场的具体

位置、泊位数量和收费标准等信息。

第二十二条　公共停车场投入使用后不得改作他用。

公共停车场投入使用后不得停止使用，有下列情形之一的除外：

（一）因周围施工或者其他原因致使车辆不能进出停车场的；

（二）进行停车场内部设施、设备维修改造的；

（三）停车场所在建筑或者场所拆迁、改建的；

（四）设区的市、县（市）人民政府规定的其他情形。

第二十三条　公共停车场的经营管理人应当遵守下列规定：

（一）在停车场附近道路和停车场出入口显著位置设置醒目的停车引导及停车场标志；

（二）在停车场内按规定设置明显的出入口标志、行驶导向标志、通（坡）道防滑线和弯道安全照视镜，施划停车泊位线，根据需要配置必要的通风、照明、排水、通信、监控等设施和设备，并保证正常使用；

（三）在停车场出入口显著位置公示经营管理人的名称或者姓名、管理制度、停车场使用时间、收费依据、收费标准和监督举报电话；

（四）安排佩戴统一服务标识的工作人员看管停车场，负责指挥车辆按序出入和停放，维护场内车辆行驶和停放秩序，并协助交通警察疏导停车场出入口的交通；

（五）有工作人员看管和采用人工方式收取停车费的停车场在车辆驶入时，向机动车驾驶人出具加盖该停车场印章，有统一编号，载明停放车辆的牌号、停车时间和停车场值班人员姓名的停车凭证，并负责保管车辆；

（六）按照物价部门核定的标准收取停车费，严禁乱收费，并对按国家规定免收停车费的车辆和残疾人代步用机动车提供免费停车服务；

（七）采用非人工方式收取停车费的，在相关设施、设备的显著位置公示交费方法；

（八）定期清点停车场内停放的车辆，发现可疑车辆时及时向当地公安机关报告；

（九）不得在停车场内从事影响车辆行驶和停放的经营活动；

（十）不得采用锁定车轮、设置障碍等方式强迫机动车驾驶人缴纳停车费用；

（十一）做好停车场的防火、防盗等安全防范工作，在发生火警、交通事故和治安、刑事案件等情况时，立即采取相应处置措施并报警。

第二十四条　专用停车场由其所有人或者土地使用权人负责管理。

专用停车场为本单位人员、本居住区业主或者其他特定人群提供非经营性停车服务的，适用本办法第二十三条第二项、第八项和第十一项的规定；专用停车场向社会提供经营性停车服务的，适用本办法第二十三条的规定。

第二十五条　根据城市综合交通规划建设的停车场，其道路红线外业主或者土地使用权人依法取得土地使用权的停车泊位和其他区域，业主或者土地使用权人可以作为专用停车场使用，也可以作为公共停车场向社会公众提供停车服务。其他任何单位、个人不得侵占或者设置停车障碍。

第二十六条　经营性的机动车临时停车场、道路停车泊位的经营管理人应当遵守下列规定：

（一）在停车场出入口显著位置设置醒目的停车场标志；

（二）根据需要配置必要的照明、监控等设施和设备，并保证正常使用；

（三）本办法第二十三条第三项、第四项、第五项、第六项、第七项、第八项、第九项、第十项和第十一项的规定；

（四）在当地人民政府有关部门依法作出撤销停车场或者增减停车泊位的决定时，按要求做好相关工作。

非经营性的临时停车场、道路停车泊位应当在停车场出入口或者道路停车泊位的显著位置设置醒目的停车场标志，并公示停车场的使用时间、停车类型和其他有关事项。

第二十七条　经营性停车场的收费实行政府定价，并按不同车辆类型、不同停车时间、不同区域分别定价和同一区域路内停车收费标准高于路外停车的原则，确定收费标准。

第二十八条　经营性停车场的经营管理人应当依法办理税务登记，使用地方税务部门监制的发票，并依法纳税。

第二十九条　经营性停车场工作人员未佩戴统一服务标识、不按规定出具停车凭证和地方税务部门监制的发票，或者超过物价部门核定的标准收取停车费的，机动车驾驶人有权拒付停车费。

第三十条　机动车驾驶人在停车场停放车辆应当遵守下列规定：

（一）遵守停车场管理制度，服从停车场工作人员指挥，按照交通标志、标线的指示行驶和停放车辆；

（二）维护停车场环境卫生，不得在停车场内随意丢弃垃圾或者其他废弃物，不得损坏停车设施、设备；

（三）遵守有关消防安全的规定；

（四）按照物价部门核定的标准缴纳停车费；

（五）离开车辆时采取安全防盗措施。

第三十一条　公安机关交通管理部门应当依法对停车场的使用及管理情况进行指导和监督检查。对发现的违法行为和交通安全隐患，应当及时依法处理或者移交有关部门处理。

第四章　法律责任

第三十二条　公安机关交通管理部门及其交通警察有下列行为之一的，对负有直接责任的主管人员和其他直接责任人员依法给予行政处分；构成犯罪的，依法追究刑事责任：

（一）违法办理行政许可的；

（二）对违反本办法的行为不依法、不及时查处的；

（三）其他玩忽职守、滥用职权、徇私舞弊的行为。

第三十三条　对违反本办法的行为，道路交通安全、城乡规划、建设和价格管理等有关法律、法规对行政处罚已作规定的，按其规定执行。

第三十四条　未领取临时停车场许可证设置机动车临时停车场或者公共停车场投入使用后改作他用的，由公安机关交通管理部门予以警告，责令限期改正；逾期不改正的，对有违法所得的，处以违法所得一倍以上三倍以下最高不超过三万元的罚款，对没有违法所得或者违法所得不能计算的，处以五千元以上一万元以下的罚款。

第三十五条　公共停车场、向社会提供经营性停车服务的专用停车场的经营管理人违反本办法第二十三条第一项、第二项、第三项、第四项、第五项、第九项和第十项规定，经营性的机动车临时停车场、道路停车泊位的经营管理人违反本办法第二十三条第三项、第四项、第五项、第九项、第十项和第二十六条第一项、

第四项规定的,由公安机关交通管理部门予以警告,责令限期改正;逾期不改正的,处以五百元以上一千元以下的罚款。

第五章　附则

第三十六条　法律、法规和规章对城乡公共交通车辆停车场、道路客货运输场站停车场的管理另有规定的，从其规定。

第三十七条　设区的市、县（市）人民政府可以根据本办法制定实施细则。

第三十八条　本办法自 2009 年 10 月 1 日起施行。

附录十一：某市机动车停车管理办法

第一章　总则

第一条　为加强城市机动车停车场管理，保障城市道路交通协调发展，根据有关法律、法规，依照《关于加强城市停车设施建设的指导意见》、《关于进一步完善城市停车场规划建设及用地政策的通知》和《某省机动车停车场管理办法》等相关法规，结合本市实际，制定本办法。

第二条　本办法适用于本市城市规划区内停车场的规划、投资、建设、运营及管理活动。

第三条　本办法所称停车场是指供机动车停放的场所，包括独立建设的停车场、配建停车场、临时停车场。

独立建设的停车场，是指根据规划独立建设并向社会开放的停放机动车的场所。

配建停车场，是指为公共建筑、居住区配套建设的停放机动车的场所。

临时停车场，是指临时设置的用于停放机动车的场所，包括道路停车泊位和利用街坊路、胡同以及待建土地、临时空闲场地设置的停车场。

第四条　区、县人民政府应当加强对停车场管理工作的领导，建立健全停车场规划、投资、建设、运营工作的协调机制；制定优惠政策，鼓励社会资本投资建设公共停车场，鼓励社会资本和有停车条件的单位、小区、个人开展多种形式合作，共同建设公共或专用停车场，重点是建设节约土地资源的机械式智能立体停车场。

第二章　规划与建设

第五条　市公安机关交通管理部门是机动车停车场管理的主管机关，主管本市的停车管理工作，负责组织制订本市机动车停车管理的相关政策，并会同相关部门对机动车停车管理工作进行综合协调、检查指导、督促考核。成立某市停车管理领导小组，各个部门相互配合，全面做好某市的停车管理活动。

发展改革行政主管部门负责本市独立建设的停车场的项目审批、核准和备案工作，统筹安排政府投资项目建设资金，制定机动车停车收费标准，并对机动车

停车收费标准执行情况进行监督检查。

公安机关交通管理部门负责本市道路停车秩序管理和道路停车泊位的设置。

规划、住房城乡建设、财政、国土资源、质量技术监督、工商行政管理、税务、民防、城市管理综合执法等行政主管部门按照各自职责，依法负责机动车停车管理相关工作。

第六条 区、县人民政府负责本行政区域内停车场的规划、设置、管理及机动车停放管理的统筹协调。区、县停车管理部门负责本行政区域内机动车停车管理的具体工作。街道办事处、乡镇人民政府在区、县人民政府的领导下做好本辖区内的停车管理工作，指导居民委员会、村民委员会在辖区内通过建立停车管理委员会等形式，依法进行机动车停车的自我管理。

第七条 市规划行政部门负责编制城市停车场总体规划，某市新开发用地和老城区规划用地，在规划上重点留出机械式智能立体停车场建设用地。

第八条 符合《划拨用地目录》的停车场用地，可采取划拨方式供地，不符合的，应依法实行有偿使用。对新建独立占地的、经营性的公共停车场用地，同一宗用地公告后只有一个意向用地者的，可以协议方式供应土地。协议出让价应该体现停车场的公益性质，但是不得低于按国家规定确定的最低价标准。供应工业、商业、旅游、娱乐、商品住宅等经营性用地配建停车场用地的，应当以招标、拍卖或者挂牌方式供地。标底或者底价不得低于国家规定的最低价标准。鼓励租赁供应停车场用地，各地可以制定出租或先租后让的鼓励政策和租金标准。城市公共交通停车场用地综合开发配建商服设施，采取划拨方式供地的，配建的商服等用地可按市场价有偿使用。出让土地建设公共停车场的，可根据城市公共停车场客观收益情况评估并合理确定出让地价。在城市道路、广场、公园绿地等公共设施下建设停车场，以出让等有偿方式供地的，可按地表出让建设用地使用权价格的一定比例确定出让底价。具体比例由市、县政府根据当地实际情况确定，并向社会公示。

第九条 停车场用地供应应当纳入国有建设用地供应计划。新建建筑物配建停车场以及利用公园绿地、学校操场等地下空间建设停车场的，其建设规模应一并纳入建设用地供应计划。闲置土地依法处置后由政府收回、规划用途符合要求的，可优先安排用于停车场用地，一并纳入国有建设用地供应计划。

第十条 对营利性机构利用存量建设用地从事停车场建设，涉及划拨建设用地使用权出让（租赁）或转让的，在原土地用途符合规划相关标准规范的前提下，可不改变土地用途，允许补缴土地出让金（租金），办理协议出让或租赁手续。在符合规划相关标准规范的前提下，在已建成的住宅小区内增加停车设施建筑面积的，可不增收土地价款。

第十一条 既有居住区配建的停车场不能满足业主停车需求的，按照物业管理的规定经业主同意，可以统筹利用业主共有场地设置土地利用率较高的机械式智能立体停车场，统筹向相邻居住小区开放。

对老旧小区内的自行车棚、绿地、空地等公共空间进行整合，统筹规划，建设机械式智能停车场。

利用老城区内党政机关、医院、商场等企事业单位内空地，建设机械式智能停车场。

利用城市绿地、广场、道路绿化带、边角空地等公共空间，增建地下停车场、林荫式停车场以及停车楼等多种形式的公共停车场。

第十二条 新建的公共建筑、商业街区、居住区、大（中）型建筑等，应当按照机动车停车场的建设标准规范配建停车场。不按照标准或者不符合相关设计规范配建停车场的，规划行政主管部门不予审批。

已建成的公共建筑、商业街区、居住区、大（中）型建筑停车泊位不足的，应当按照国家和本市机动车停车场的建设标准规范及时改建或者扩建。

第十三条 新建、改建、扩建公共建筑、居住区等，应当按照国家和本市有关规定和规划指标，配建机动车停车场。与主体工程同步配建、改建或者扩建的机动车停车场，应当同步设计、同步施工、同步验收、同步交付使用。

第十四条 公共停车场和专用停车场的设计方案，应当符合国家和本市机动车停车场的设置标准和设计规范。修建地下停车场应当兼顾人民防空的需要。市建设行政主管部门应当会同市规划行政主管部门、市公安交通管理部门，结合本市机动车发展情况，及时编制或者修订本市机动车停车场建设的相关规范和标准。

第十五条 单独新建公共停车场用地规划性质为社会停车场用地。为鼓励停车产业化，在不改变用地性质、不减少停车泊位的前提下允许配建一定比例的附属商业面积，具体比例由属地城市政府确定。通过分层规划，利用地下空间建设

公共停车场的，地块用地规划性质为相应地块性质兼容社会停车场用地。

第三章　投资与运营

第十六条　鼓励社会资本投资建设公共停车场，重点是投资建设机械式智能停车场，鼓励具有专用停车场和停车条件的单位、小区、个人和社会资本合作，共同建设机械式智能停车场。鼓励和推广应用智能化、信息化手段管理机动车停车场。

第十七条　坚持市场化原则，鼓励路内停车泊位和政府投资建设的公共停车场实行特许经营，通过招标等竞争性方式，公开选择经营主体。鼓励各类配建停车场委托停车管理企业进行专业化管理，促进各类经营性停车场企业化、专业化经营。同时，各地要尽快研究制订停车场管理规定或运营服务规范，加强停车场运营监管。

第十八条　注重引入龙头企业，按照政府主导、社会参与、企业运作的方式推进项目的投资、建设、运营。鼓励具备机械式智能停车场专业规划、设计、投资、建设、运营能力的社会资本对本市停车场进行"统一规划、统一建设、统一管理"。

第十九条　鼓励社会资本以 PPP、EPC、BT 等多种形式和政府、小区、个人开展合作。

第四章　政策与支持

第二十条　为鼓励社会资本积极投资本市停车场建设，尤其是机械式智能立体停车场的建设，给予社会资本一定的优惠政策和支持。

第二十一条　优惠政策的适用范围：

（一）优惠政策适用于本市主城区范围内，社会资本依据停车场建设规划、计划建设的公共停车场以及单位、小区、个人利用自有用地和社会资本合作建设的公共停车场。

（二）享受优惠政策的停车场应满足以下条件：

停车场项目列入全市年度停车场建设计划;设计方案经市建委(停车办)备案;各项建设手续齐全;向社会开放。

（三）优惠政策所指公共停车场是指设置在城市中心区、商业区、旅游区、交通枢纽点及城市干道两侧，为出行者提供停车服务、相对独立的各种形式的公共停车场。

第二十二条 单独立项的公共停车场和配建超出规定的泊位面积全额免缴城市配套费；地下停车场兼顾人防需要，免收人防易地建设费；需临时占用绿地的，免收临时占用城市绿地补偿费（停车场建成后，建设单位负责对占用绿地进行恢复）；需临时占用城市道路的，免收临时占道费、挖掘修复费（停车场建成后，建设单位负责对占用城市道路进行恢复）。同时，对于具有公益性质的公共停车场给予一定期限的免税政策。

第二十三条 新建建筑超过停车配建标准建设停车场以及随新建项目同步建设并向社会开放的公共停车场（地下停车库和地上停车楼，配建附属商业除外），在规划审批时可根据总建筑面积、超配建的停车泊位建筑面积、公共停车场建筑面积等情况，给予一定的容积率奖励，具体规定由城市政府规划部门根据实际情况研究制定。其中，停车楼项目应符合日照、绿化、消防等相关标准。

第二十四条 对新建建筑充分利用地下、地上空间，超过停车配建标准建设立体停车场，并作为公共停车场向社会开放的超配部分，符合规划的，可不计收土地价款。

第二十五条 设立停车场建设基金，资金来源于违停罚款，由专门的机构管理，对于新建规模较大的停车场，给予一定的资金补贴。建设的资金补助标准为：

（一）公共停车场：多层停车楼，按 15000 元 / 泊位标准给予补助；机械式智能停车场，按 5000 元 / 泊位标准给予补助；平面式停车场建成投用达到两年以上的，一律享受 300 元 / 泊位的补助；超过半年以上不足两年的，按临时停车场对待，在经营终止时一次性给予 100 元 / 泊位的补助。

（二）配建停车场：对于配建停车场超出规定数量并对外开放的泊位，按 2000 元 / 泊位的标准给予补助。

第二十六条 停车场经营环境的优化措施

（一）新建停车场自正式营业之日起，周边 200 米范围内的占道停车场一律取消或交由投资停车场的社会资本统一管理；

（二）同步完善停车场周边市政公用配套设施和停车诱导设施；

（三）对于新建泊位数超过 50 个的机械式智能停车场，经市相关部门批准后，可配建不超过总面积 50% 的附属配套面积，涉及铁路站点周边换乘停车场建设的，配套面积比例可适当提高，最高不超过 60%。

第二十七条　在满足结构、消防安全等条件下，既有其他功能建筑改建为停车场的，可简化规划审批流程。临时公共停车设施（含平面及机械设备安装类）由城市政府建设和规划等相关部门通过联席会议（或相关综合协调制度）进行审定，不需要办理相关审批手续。机械停车设备应当按相关规定进行验收。居住区利用自有建设用地设置机械设备类停车设施，还应取得业主委员会同意（没有业主委员会的，街道办事处或社区居委会等要征求居民意见），且满足日照、消防、绿化、环保、安全等要求。

第五章　使用与管理

第二十八条　任何单位和个人不得擅自停止使用停车场，不得将停车场改作他用，因实现原规划用途将临时停车场停止使用的除外。临时停车场停止使用的，停车场管理单位应当在停止使用前一个月向社会公示，并到有关部门办理相关手续。

第二十九条　本市建立统一的停车场信息管理和发布系统，对停车泊位进行编号，对停车场信息实行动态管理，并实时公布向社会开放的停车场分布位置、使用状况、泊位数量等情况。

区、县人民政府应当根据本市停车场动态信息管理和发布系统，建设区域停车诱导设施，并负责运行、维护和管理。停车场向社会开放并收费的，应当将配建的停车诱导系统接入所在区域停车诱导设施，但单位配建停车场向社会开放的除外。

第三十条　本市停车收费遵循城市中心区域高于外围区域、道路停车高于路外停车的原则。具体区域划分及标准由市发展改革行政主管部门会同市交通行政主管部门确定，报市人民政府批准后实施。在居住区周边街坊路或者胡同设置临时停车场，小区居民凭有效证明停车时，其临时停放或者按月、按年租用停车位收费标准按照居住区露天停车场收费标准执行。

第三十一条　市发展改革行政主管部门应当会同交通、住房城乡建设行政主管部门制定办法，规范居住区地下停车场和机械式智能停车场收费，提高居住区地下停车场和机械式智能停车场的利用率。

道路停车泊位和政府投资建设的公共停车场、临时停车场应当通过经营权招标确定经营者，原则上由投资建设机械式智能停车场的社会资本统一经营。为便于管理，经营者需具备停车场规划、设计能力的专业化停车管理公司，不得再拍卖给个人。招标由区、县人民政府组织实施，收入全额上缴区县财政，专项用于公共停车场的建设、道路停车泊位占用道路的日常维护和修缮、停车智能化建设，不得挪作他用，并定期向社会公开。

其他单位和个人投资的公共停车场、临时停车场，可以由投资者经营，也可以通过委托、租赁、招标等形式确定经营者。

第三十二条　对社会开放的机动车停车场、道路停车泊位的经营者应当自开放、停止开放之日起 15 日内，将机动车停车场、道路停车泊位的地理位置、泊位数量等情况，书面报送公安交通管理部门，同时向社会公布。

对社会开放的机动车停车场的经营者应当遵守下列规定：

（一）公布收费标准和监督电话；

（二）制定停放车辆、安全防范、消防等管理制度；

（三）配置完备的照明、计时收费设备，保证停车设施正常运行；

（四）指挥车辆有序进出和停放；

（五）按照市发展改革部门核准的价格收费，使用专用发票；

（六）工作人员佩戴服务牌证；

（七）达到环境卫生质量标准，管理亭周边不得乱堆乱放，保证干净整洁，并应当配合环卫清扫和园林养护作业。

（八）达到环境卫生质量标准，管理亭周边不得乱堆乱放，保证干净整洁，并应当配合环卫清扫和园林养护作业。

道路停车泊位的经营者应当遵守前款第（一）、（五）、（六）、（七）、（八）项规定。

第三十三条　机动车驾驶人在对社会开放的机动车停车场、道路停车泊位停车应当遵守下列规定：

（一）服从管理人员指挥，在指定停车泊位停车，关闭电路，做好驻车制动，锁好车门；

（二）不得损坏停车设施、设备；

（三）不得装载易燃、易爆、有毒等危险物品；

（四）按规定缴纳停车费用；

（五）不得在场所内吸烟、使用明火、试车、乱扔垃圾。

对社会开放的机动车停车场、道路停车泊位工作人员未按规定的标准收费、未佩戴服务牌证、不使用专用发票的，停放机动车辆的驾驶人可以拒付停车费。

第三十四条　区、县停车管理部门应当与道路停车泊位的经营管理单位签订协议。协议应当包括双方权利义务、期限、终止协议的情形等内容。

道路停车泊位管理单位有下列情形之一的，区、县停车管理部门可以终止协议：

（一）发生服务质量纠纷，影响恶劣的；

（二）未按原承诺标准提供服务的；

（三）未按期足额缴纳占道费的；

（四）质量信誉考核不合格的；

（五）擅自转租转包、挂靠经营的；

（六）多次实施违法行为，拒不改正的；

（七）双方约定的其他可以终止协议的行为；

（八）法律、法规规定的其他情形。

第三十五条　市交通行政主管部门和区、县停车管理部门有计划地对道路停车泊位内的停车实行电子计时收费。

任何单位和个人不得擅自在道路上和其他公共区域内设置地桩、地锁等障碍物阻碍机动车停放和通行，不得在未取得所有权的停车位上设置地桩、地锁；物业服务企业应当在物业管理协议和车位租赁协议中予以明示。

任何单位和个人发现擅自在道路上设置地桩、地锁等障碍物的，有权予以制止并举报。

第三十六条　根据城市综合交通规划建设的停车场，其道路红线外业主或者土地使用权人依法取得土地使用权的停车泊位和其他区域，业主或者土地使用权人可以作为专用停车场使用，也可以作为公共停车场向社会公众提供停车服务。其他任何单位、个人不得侵占或者设置停车障碍。

第六章　法律责任

第三十七条　违反本办法规定将停车场擅自停止使用或者将停车场改作他用的，由城市管理综合执法部门责令限期改正，恢复原状。

第三十八条　对社会开放的机动车停车场的经营者违反本办法第三十二条第

一款第（一）、（二）、（三）、（四）、（六）、（七）、（八）项规定的，责令限期改正，并可处200元以上1000元以下罚款。

第三十九条　道路停车泊位的经营者违反本办法第三十四条第一款第（一）、（六）、（七）项规定的，责令限期改正，并可处200元以上1000元以下罚款。

第四十条　违反本办法第三十五条的规定，擅自在道路上设置地桩、地锁等障碍物的，由公安机关交通管理部门责令停止违法行为，迅速恢复交通；擅自在居住区公共区域内设置地桩、地锁等障碍物的，由住房城乡建设行政主管部门依据《物业管理条例》的相关规定进行处罚；擅自在道路、居住区以外的其他公共场所设置地桩、地锁等障碍物的，由城市管理综合执法部门责令停止违法行为，恢复原状，并处500元以上5000元以下罚款。

第四十一条　建设单位未取得施工许可证，擅自进行停车场施工的，由建设行政部门根据《建设工程质量管理条例》第六十三条的规定，责令停止施工，限期整改，处工程合同价款1%以上2%以下罚款。

第四十二条　违反本办法规定，建设单位有下列行为之一的，由建设行政主管部门、公安机关交通管理部门责令限期整改，处工程合同价款2%以上4%以下的罚款；造成损失的，依法承担民事责任：

（一）停车场未组织竣工验收，擅自交付使用的；

（二）停车场验收不合格，擅自交付使用的；

（三）对不合格的停车场按照合格工程验收的。

第四十三条　未依照本办法规定配建停车场的，由规划部门依法处罚，责令其补建。未经批准，擅自停用停车场或者改变使用性质的，由公安机关交通管理部门责令限期改正。逾期不改正的，自责令改正之日起，按照停用、改变功能或者挪作他用的停车位数，每个停车泊位每日罚款二百元。

第四十四条　对违反道路交通安全法律、法规关于机动车停放、临时停车规定的，由公安机关交通管理部门和城市管理部门依法予以处罚。

第四十五条　违反本办法规定，停车场经营者不执行明码标价规定的，由价格行政主管部门责令改正，没收违法所得，可以并处5000元以下的罚款。

第四十六条　违反本办法规定，停车场经营者未按规定开具发票的，由地税部门责令限期改正，没收非法所得，可以处1万元以下的罚款。

第四十七条　违反本办法，属于违反规划、建设、税务、质量监督、民防、消防等其他相关法律、法规规定的，由相关行政主管部门依法处理。

行政机关在依法查处违法行为过程中，应当按照规定将涉嫌犯罪的案件移交公安机关。

违反本办法，有扰乱公共秩序、招摇撞骗、诈骗、妨碍公务等违反治安管理的行为的，由公安机关依照《中华人民共和国治安管理处罚法》予以处理；构成犯罪的，依法追究刑事责任。

第四十八条　行政机关在停车管理中不依法履行监督职责或者监督不力，造成严重后果的，由其上级行政机关或者监察机关责令改正，对直接负责的主管人员和其他直接责任人员依法给予行政处分；构成犯罪的，依法追究刑事责任。

行政机关的工作人员在停车管理中滥用职权、玩忽职守、徇私舞弊、索贿受贿，构成犯罪的，依法追究刑事责任；尚不够刑事处罚的，依法给予行政处分。

第四十九条　本办法自 × 年 × 月 × 日起施行。

附录十二：某市智能立体停车库项目建议书

某市政府：

近年来，某市机动车辆保有量增长迅猛，给城区道路和停车场带来巨大压力。目前，某市停车现状主要表现在停车位严重不足、交通规划难以适应平面停车需求、非法停车严重，交通拥堵频发，影响了某市的整体形象。智能机械立体停车库是为解决日益严重的停车难问题而逐步发展起来的新兴产业，是解决城市停车难问题的优选手段，也是我国智慧城市建设的重要组成部分。某市目前停车位缺口高达20万个以上，智能立体停车库建设势在必行。

一、政策支持

我国“十三五”规划中已明确将立体停车库作为重要的发展项目。目前，国家和某省相继发布了关于支持城市停车行业的相关政策。2015年9月，住房和城乡建设部印发《城市停车设施规划导则》；2015年8月，国家发改委发布《关于加强城市停车设施建设的指导意见》；2009年9月，某省发布《停车场管理暂行办法》等。此外，多地政府出台了很多关于支持立体停车场建设的相关利好政策，包括配套商业建筑的补贴、在税收方面的优惠政策等，其前景良好。

二、必要性与可行性

（一）停车问题事关人民群众根本利益，事关城市持续健康发展，是一项实实在在的民生工程。随着某市城市经济的快速增长，机动车发展迅猛，私家车数量日益增长。相比之下，城市停车设施建设明显滞后，使停车供求矛盾日益尖锐。尤其在某市市中心停车位严重不足。为有效破解“停车难”“行车堵”等问题，某市委、市政府近年曾多次召开专题会议，把建设立体停车库作为民心工程加以重视。

（二）目前某市共有家庭轿车 20 万辆，同时每年小型汽车增量约为 2 万多辆。某市作为全国著名的旅游城市，每年旅游旺季都将迎来大量的外地自驾游游客，这也对某市的停车现状提出了严峻考验。停车难已经成为某市旅游景区、商业区、小区、医院、各单位所面临的实际问题，不仅直接影响道路行驶和人民财产安全，而且影响了城市整体形象。

（三）城市土地资源缺乏，寸土寸金。为提高土地的利用率，建设泊位数量相同的停车场，立体车库可以根据现有的土地资源建设不同层数的车库，最大效率地利用城市土地面积。

（四）某市核心区现区域面积 560 多平方公里，户籍人口 50 多万，境内的著名景区被列入世界文化遗产保护名录，是国家 5A 级景区。我公司以智能立体停车库投资、建设和运营为核心业务，公司注册地和首批项目落户地为中心区。中心区交通便利，生态优良，人才资源丰富，服务设施完备，具有良好的投资环境。

（五）项目在解决某市停车难问题的同时，还加快某市停车装备制造业发展，增加地方税源，具有良好的社会效益和稳定的经济效益。

三、操作原则

我公司成立后，将结合行业发展趋势、针对市场竞争情况，按照“政府主导、公司化运作、市场化管理”的操作原则，打造兼具商业（如超市）、公共服务（如公共卫生间）、汽车后市场（如汽车维修、保养、美容）等多项功能于一体的综合体，实现社会效益和经济效益的“双赢”格局。

四、操作形式

（一）2015 年某市两会期间，有代表提出停车难是某市面临的实际问题，立体停车库的建设是公用公益事业，需要全社会的参与，有钱的出钱，有地的出地，建成后都是受益者。鼓励社会各种力量参与立体停车场的投资、建设和运营。在对市场分析的基础上，我公司市场定位于繁华商业区、旅游景区、行政机关、医院、宾馆、住宅小区等人口和车辆密集区域。在具体操作上，我公司主要以 PPP（政府和社会资本合作）、EPC（工程总承包）、BT（建设－转让）等多种形式和各种社会主体合作，共同开发、建设、运营和管理立体停车场，从而激活某市停车行业市场。

具体来说，我公司投资经营立体车库采取如下形式：

1. 以 PPP 模式和政府合作，投资、建设、运营商业区、医院、小区等主要区域的智能立体停车库，为提高投资回报率，重点考虑出租、售卖停车位，并着力打造集智能立体停车、LED 广告、分布式光伏、充电桩、洗车房以及超市等于一体的商业综合体。

2. 和房地产商、小区业主共同开发投资经营智能立体停车库，并出租、售卖车位。即房地产商、小区业主提供场地，公司负责投资、运营。

（二）鉴于我公司合作主体的多样性（有政府部门、有民营企业主、有小区业主、有医院、有房地产商等）和土地性质的复杂性（有国有、有私人所有，还有小区所有），以及现有停车现状千差万别，因此，在我公司实际操作项目之前，政府需做到“三统一”，即“统一规划、统一建设、统一管理”，保障我公司和各类合作主体持续、稳定地投资某市立体停车市场。

五、开发方式

（一）稳步发展是重中之重。因此，我公司对首批项目本着“分期开发，逐步推进”的原则进行推进。具体来说要做到“地段有重点，项目有先后”，待建成现代化的智能立体停车场且取得社会效益和经济效益后，最后形成良好的示范效应，在项目方向上向社区拓展、在市场方向上向某市、某省以外拓展。

（二）我公司拟投资的首批项目位于某市中心区，按照“适合建、可以建、急需建”的原则，我公司经过近一个月的实地调研，对某市进行了细致周密的考察（重点是中心区）。目前某市共有立体停车库项目约 50 个，总投资规模约 7 亿元。

六、项目建议

（一）某市政府新开发用地和老城区规划用地，在规划上留出立体停车场建

设用地。

（二）我公司在与各类合作主体以多种形式合作投资建设立体停车场的过程中，由政府整合各类资源。如涉及土地的租赁、车棚的拆迁等。

（三）建设立体停车场的重要目标是缓解停车难，是一项社会公益事业，是一项民生工程。待项目建成后，政府主管部门需对目前非法停车、乱停车下大力气整顿治理。

（四）鉴于我公司在项目的投资上还需要向金融机构融资，同时公司投资的是社会公益类事业，特许经营权期间在新项目的建设上需具有排他性。

某智能立体停车场投资有限公司

年 月 日

附录十三：某市停车场建设规划

1 项目背景

随着我国汽车工业和城镇化的快速发展，城市机动车保有量不断增加。截至2015年底，全国机动车保有量达2.79亿辆，其中汽车1.72亿辆。2015年新注册登记的汽车达2385万辆，保有量净增1781万辆，均为历史最高水平。但目前我国大城市小汽车与停车位平均比例约为1：0.8，中小城市约为1：0.5，而发达国家约为1：1.3。目前我国停车位缺口超过5000万个。交通是国民经济和社会发展的“先行官”，停车设施的建设能为社会发展提供有力支撑。近年来，某市机动车辆保有量增长迅猛，给城区道路和停车场带来巨大压力，造成动态交通的严重堵塞。如果不能处理好停车供给与需求的矛盾，将会极大影响某市城市交通的可持续发展，影响城市功能进一步提升，阻碍城市交通与社会经济协调发展。

2 规划目标

本次规划旨在科学安排停车设施，构建有序停车环境，合理引导交通需求，逐步形成与城市资源条件和土地利用相协调，与公交优先发展战略相适应的绿色环保可持续停车发展模式。解决某市“停车难”问题，缓解城市拥堵，支撑某市集约高效土地利用开发，助力某市实现历史跨越式发展。基于某市未来停车供需关系及目前建设、管理现状，制定本次规划具体目标如下：

2.1　根据城市不同区域的机动车拥有水平、停车特征和停车需求预测结果，以交通发展战略为指导，采用“交通需求管理”的方法，分区域采用不同的停车位供给标准。做到公共停车场布局合理、规模适当、使用方便，保障交通的协调有序。

2.2　结合某市城市自身的发展条件和趋势，兼顾当前、立足长远、因地制

宜地组织研究制订某市城市停车设施配建标准。根据各类建设项目的性质和停车需求以及城市停车总体发展策略，合理确定停车设施配建指标。

2.3　制定合理的停车发展战略，引导停车设施建设，减少城市停车占用大量的城市空间和土地资源，促进城市停车体系协调发展，降低停车对城市的环境影响，提高环境质量。

2.4　实现城市停车规划管理的可操作性、分期建设的可行性，使城市公共停车泊位供给能够基本满足必须的社会停车需求，减轻城市道路负担，缓解交通拥堵。

2.5　近远期结合，落实近期公共停车场用地，提出近期改善对策，大力推动社会公共停车场的建设，缓解城市“停车难”的现状；预留公共停车设施用地，为远期可持续发展留下余地。

3 规划原则

3.1　坚持需求管理原则，合理配置停车设施，优化和引导小汽车停车需求。

3.2　坚持统筹兼顾原则，把某市城市停车设施规划与用地功能、开发建设强度、道路疏解能力结合起来，科学规划停车设施布局。

3.3　坚持节约资源原则，某市停车设施规划应考虑土地资源节约使用，鼓励采用立体和机械式停车设施，体现停车与其他土地功能融合的规划思想。

3.4　坚持综合治理原则，在某市交通综合改善的框架下系统治理停车问题，采取街区治理、精细化设计的工作模式改善停车供需矛盾突出地区的停车问题。

4 指导思想

结合其他国家和地区的经验（附表 13-1），坚持区域差别化、换乘一体化、配建公共化、建设形式多样化。

4.1　区域差别化。停车区域差别化政策以其合理分配交通资源、引导小汽车与公共交通在不同区域充分发挥各自的优势与作用，实现以静制动、动静协调的优势。

其他国家和地区的经验　　附表 13-1

国家或地区	实施对策
北美	20 世纪 90 年代后，美国一些城市提出 CBD 停车规模总量控制
	城市不同区域采取不同的建筑配建指标，一些城市中心区设高限
	渥太华等城市对不同地区采用差别化停车价格，限制中心区车辆停放总体规模
欧洲、澳洲	中心区限制停车泊位供应，设定配建指标高限，外围地区基本满足停车需求
	中心区收取高额停车费，严惩非法停车
	在城市外围建设停车 - 换乘系统免费或低收费停放
日本	将停车供需作为重要的交通政策手段
	特定地区规划停车场用地取得给予优惠
	提高中心区停车收费，实行累进费制，严格执法
中国香港	对繁忙地区保持低水平的停车供需平衡，避免间接造成交通拥挤
	对不同地区的停车制定不同的收费标准，保持车位基本满足使用
	按都会区、非都会区制定不同的建筑配建指标

4.2　换乘一体化。通过在城市中心区以外的轨道交通站点、公交枢纽站等地区建设停车换乘设施，采取低价收费甚至免费的收费管理策略，引导乘客换乘公共交通进入城市以减少私人小汽车对城市中心区域的交通压力。

4.3　配建公共化。配建公共化是指建筑物配建泊位实行对外开放，其主要作用是实现资源共享。住宅配建停车位在条件允许的情况下鼓励对外开放。

4.4　建设形式多样化。某市土地资源紧张，停车场建设形式宜多样化，主要包括立体化和复合化。立体化指停车场建设可采用停车架、停车库、立体停车楼等多种形式，复合化指停车场可与其他性质建筑合建，即用地复合开发，如停车场可与农贸市场、商场等合建。停车场建设的立体化和复合化最大的优点是节约用地。

5 规划范围

规划范围为某市，面积为 x 平方公里，规划人口为 x 万。

6 规划期限

规划期限为 2016—2021 年。

7 某市停车场建设现状（略）

8 存在的问题

8.1　配建泊位缺口大，无法满足“一车一位”的基本停车泊位需求。

8.2　公共停车场泊位比重过低，且分布不合理，在泊位总量不足的情况下，公共泊位的供需矛盾更加突出，使得公共停车场难以起到区域调节平衡和弥补配建车位不足的作用。

8.3　使用状况较差，信息化、智能化水平低，停车泊位利用率和周转率低，不能满足服务范围内的停车需求，停车设施供应和管理水平有待提高。

9 停车发展方案

贯彻落实上位规划确定的停车发展框架，充分考虑某市现状及未来停车供需关系，针对目前存在的问题并研判某市未来停车系统的发展趋势，制定具有某市特色的停车发展战略。分层次、分阶段、分片区确定停车设施发展战略目标；围绕总体目标，对各交通子系统制定分项目标，构建系统化的停车系统。

10 公共停车场规划

10.1　规划布局。分析某市现状和未来不同分区的停车供需关系，以总体规划或控制性详细规划中的用地布局作为参考依据，充分考虑停车发展策略的要求，综合考虑公共停车场的服务半径、可达性、建设条件、公共空间的有效利用、周边道路交通承载能力等因素，按照差别化的停车分区发展策略，运用需求分析方法和布局选址方法，在具备建设条件、存在供需缺口的地区规划建设公共停车场的选址，确定公共停车场的功能定位和规模布局及用地控制要求。

10.2　近期建设规划。分析不同阶段交通发展特性及交通发展目标要求，结合某市现状交通问题，以“问题导向”提出解决某市停车场问题的规划方案及实施计划，明确近期停车体系建设方案。依项目排序原则确定近期需要采取的重要战略实施步骤和行动计划。重点解决与生活相关的停车需求和过夜停车需求。

11 停车收费政策

拥有完善的停车收费政策，以价格杠杆来调节各种不同类型停车设施的收费机制，体现停车收费差别化，是使停车发展走上良性循环发展并最大限度优化配置资源的重要管理措施之一。

12 停车设施建设、管理措施

12.1 停车设施建设政策。城市停车设施作为准公共物品，具有较强的社会属性和商品属性，对停车设施建设要实行投资引导，应本着“谁投资、谁受益”的原则，鼓励社会各方多渠道、多形式投资参与路外公共停车设施建设。

12.2 土地政策。在停车强控区内，由于土地资源十分紧张，鼓励若干单位联合建设停车设施，停车泊位的总数量不少于各个单位应该配建的泊位数量之和。既节省了城市宝贵的土地资源，又降低了停车设施的建设成本，还一定程度上解决了停车设施建设资金短缺的问题，同时又提高了合建停车设施建成后泊位的利用率。

12.3 投融资政策。城市停车设施属于城市基础设施，具有投资大、回收慢的特点，政府应按市场经济的规律办事，在建立停车设施多元化投资体系的过程中，转变政府职能与角色，从直接的投资、经营者，逐步过渡到对多元化的投资与经营进行宏观调控与管理，对市场经营者在收费价格、税收等方面进行监控和管理。

12.4 鼓励政策。制定吸引民间投资的政策措施。主要有四个方面：一是停车设施的税收制度，给予民间投资在所得税、土地价格、固定资产税等方面的特别优惠。二是停车设施建设的补助制度，对建设公共停车设施的民间企业给予停车设施规划配套费、建设费等的补助。三是融资贷款制度，实行鼓励性融资政策，简化手续，提高效率，为投资者创造一个良好的外部环境。四是鼓励综合开发，对于投资增设停车设施，开放供公众使用者，可适当调整容积率的限制。建筑物

规划设计中配建停车设施的容积率放宽，结合物业综合开发，使投资者有合理的回报。

13 智能停车

停车管理也要善于利用现代科技手段管理行业，促进行业管理向信息化、智能化方向发展，逐步建立现代化管理体系。加快停车智能化、信息化建设，开发诱导、服务和管理功能，是优化停车资源配置的有效途径，也是提升城市现代化形象、衡量现代化城市管理水平的标准之一。采用先进的停车技术装备和科学管理手段，并将技术装备水平与停车等级评价以及停车收费价格核定相结合，促进各类停车设施得到高效使用。建设公共停车电子收费系统，并推广使用手机、交通一卡通等便捷高效的停车付费方式。

附录十四：某市智能立体停车场PPP项目财务估算及经济评价

1 财务估算

1.1 基础数据

1. 经营期

拟建公司为专门从事各项停车技术、立体车库技术研发，进行智能立体停车场规划、投资、工程设计、施工与技术服务的专业停车服务型公司。根据拟建公司经营业务性质，公司经营期为长期，考虑具体情况，该项目的财务分析仅包含前20年。

2. 财务基准收益率

财务基准收益率是项目财务内部收益率指标的基准和依据，是项目在财务上是否可行的基本要求，也用作计算财务净现值的折现率。根据本项目的特点，并考虑一定的风险溢价，本项目的财务基准收益率取8%。

3. 税（费）率

本项目财务评价所需计算的税费主要包括增值税、城市维护建设税、教育费附加和企业所得税等。具体税率如下：

（1）设备产品购置增值税税率取17%；项目建设增值税税率11%；

（2）城市维护建设税：以营业税为税基，税率取7%；

（3）教育费附加：以增值税为税基，费率取3%；

（4）地方教育费附加：以增值税为税基，费率取2%；

（5）所得税：以企业经营的利润总额抵扣准予扣除项目的余额为税基，按照国家企业所得税法规定，企业所得税税率取15%。

4. 贷款利息

本项目资金主要来源于银行贷款，拟贷款额度为55385.04万元。根据2016

年央行颁布的最新贷款利率，本项目拟进行十年期一次性贷款，年利率为 4.9%，根据项目地区及本项目的具体情况，将贷款年利率上浮 20%，即 5.88%。

1.2 销售收入估算

根据项目所在地 10 个办事处 50 个项目的调研，同时考虑到 EPC 和 BOT 项目不同特点，对两种项目收入分别进行估计。通过估算，EPC 项目收入按 6.6 万元 / 车位，而 BOT 项目按年收入 2.2 万元 / 车位，BOT 项目建设当年没有收入。销售量在 5 年内按逐年递增进行估计，具体销售收入估计见附表 14-1。

未来 6 年收入测算表（单位：万元） 附表 14–1

	第一年	第二年	第三年	第四年	第五年	第六年
EPC 销量（台）	1	2	3	4	5	0
EPC 车位数量（个）	164	410	631	814	934	0
BOT 运行量（台套）	0	4	10	17	25	35
BOT 车位数量（个）	0	604	1409	2369	3823	5470
销售收入	1087.47	3925.39	6999.11	10130.53	13831.16	10928.43

1.3 成本费用估算

成本费用估算：土地费用、建筑工程费、设备购置费、安装工程费及其他工程建设费用等。

从总投资估算表中可得，成本费用约为 102905.45 万元：各项支出的单位成本均按市场价计算，数量依具体工作量而定；

固定资产折旧按 20 年计提折旧，取 5% 残值率；

房屋按 20 年计提折旧，取 5% 残值率；

土地在房屋建成后按 20 年折旧，取 5% 残值率。

建设、运营期项目总成本费用测算表见附表 14-2。

建设、运营期项目总成本费用测算表（单位：万元） 附表 14–2

营业成本		折旧费	利息费	总计
EPC 项目	BOT 项目			
15664.80	18031.92	46678.51	19187.44	102905.45

1.4 应纳税金估算

应纳税金包含了增值税、所得税、教育费及附加、城市维护建设税。根据对项目营业收入、营业成本等估算，本项目建设与经营期销售税金及附加平均为 1071.23 万元，所得税为 566.78 万元。建设、运营期应纳税金测算表见附表 14-3。

建设、运营期应纳税金测算表（单位：万元）　　附表 14-3

	第一年	第二年	第三年	第四年	第五年	6 ~ 20 年合计	合计
销售税金及附加	28.99	212.35	437.85	692.53	1050.47	19002.36	21424.55
增值税	25.88	189.60	390.94	618.33	937.92	16966.39	19129.06
城市维护建设税	1.81	13.27	27.37	43.28	65.65	1187.65	1339.03
教育税费及附加	1.29	9.48	19.55	30.92	46.90	848.31	956.45
所得税	0.00	12.28	127.03	191.87	314.69	10689.66	11335.53

2 财务评价

2.1 项目盈利能力分析

公司的盈利能力分析是通过考察整个公司的投入与产出情况，评价的投资效果，反映公司盈利能力的指标包括财务内部收益率、财务净现值、投资回收期、投资利润率、投资利税率、投资净利润率、资本金利润率等。通过项目的投资现金流量分析，测算项目盈利能力分析指标见附表 14-4。

项目盈利能力指标计算结果表　　附表 14-4

1	投资利润率	%	8.00
2	利润总额	万元	75570.17
3	税后利润	万元	64234.65
4	财务内部收益率（所得税后）	%	9.04
5	财务净现值（所得税后）	万元	14469.59

项目内部财务收益率大于基准收益率，项目在财务上可以接受且具有一定的盈利能力。

2.2 债务清偿能力

1. 投资回收期

投资回收期 = 累计净现金流量出现正值的年份数 – 1 + 上年累计净现金流量的绝对值 ÷（上年累计净现金流量的绝对值 + 当年净现金流量）。

从建设期开始的项目投资回收期为：

投资回收期 = 13 – 1 + 6713.91 ÷ 8042.54 = 12.83 年

2. 贷款偿还期

贷款偿还期是指项目用规定的资金来源归还全部建设投资借款本金所需要的时间。贷款偿还期指标的分析重点是考察在还款期内是否有足够的资金来源，按规定可使用的还款来源有未分配利润、部分折旧、摊销费等。

从对投资回收期和贷款偿还期的分析，贷款偿还期限仅比投资回收期多一年。最后一年偿还贷款金额相对较少，且根据现金预算表可知公司在还款后一年有足够多的现金余额，贷款偿还可在投资回收期后一年内顺利实现。因此，本项目具有很好的清偿能力。

2.3 净现值法投资价值分析

本项目根据净现值法进行投资价值分析，所得税前财务净现值 17430.99 万元，内部收益率为 9.71%，投资回收期为 12.39 年。所得税后财务净现值为 14469.59 万元，内部收益率为 9.04%。投资回收期为 12.83 年。综上，本项目具有较好的盈利性，具有投资价值。

参考文献

[1] 天马停车．立体车库的前景如何？ [DB/OL]. http：//www.chinahighway.com/news/2016/1017727.php. 2016-5-5.

[2] 孙旷野．“互联网 +” 时代 我们该如何管理停车场？ [DB/OL]. http：//cctv.cps.com.cn/article/ 201609/928698.html. 2016-9-26.

[3] 阳旻．“互联网 +” 时代智慧停车才是停车行业未来 [DB/OL]. http：//guangzhou.auto.sohu.com/20151215/n431365499.shtml. 2015-12-15.

[4] 中国投资咨询网．第三批示范项目分析报告 PPP[DB/OL]. http：//www.ocn.com.cn/chanjing/201610/kqcvq14144054.shtml. 2016-10-14.

[5] 李明思．国家发展改革委组织召开城市轨道交通投融资机制创新研讨会 [N]. 中国经济导报，2016.

[6] 陆文学．基于 PPP 模式的苏州轨道交通项目融资应用研究 [D]. 同济大学，2007.

[7] 董斌杰．读懂轨道交通 “PPP” [DB/OL]. http：//www.360doc.com/content/16/0212/06/22548411_534005466.shtml. 2016-2-12.

[8] 向炎涛．城市轨道交通盈利模式单一 PPP 发展仍面临诸多问题 [N]. 财经，2016-4-13.

[9] 王荔平．天津市轨道交通工程风险管理研究 [D]. 山东大学，2012.

[10] 李艳飞 杨飞雪．城市轨道 PPP 项目投资回收模式设计：溢价回收的视角 [N]. 综合运输，2015，（5）.

[11] 杜胜熙 王士刚 梁斌．“PPP+EPC” 为转型发展趟新路 [N]. 中国交通报，2014.

[12] 李晓峰．“PPP+EPC” 前景可观 [N]. 中国交通报，2016.

[13] 余双林．浅谈 PPP+EPC 模式项目的优势 [N]. 中国建设报，2016.

[14] 杨光 程兆民．高速公路投融资中的 PPP 模式 [N]. 中国公路，2014.

[15] 经济学人．中国高速公路行业发展现状浅析 [DB/OL]. http：//business.sohu.com/20160914/n468440087.shtml. 2016-9-14.

[16] 李飞．首条高速 3P 项目将成样板——兴延高速公路投融资案例分析 [DB/OL]. http：//www.

aiweibang.com/yuedu/114398028.html. 2016-5-9.

[17] 杨光 程兆民. 高速公路投融资中的PPP模式[DB/OL]. http://www.chinahighway.com/news/2014/886286.php. 2014-11-17.

[18] 经济学人. 中国高速公路行业发展现状浅析 [DB/OL]. http://business.sohu.com/20160914/n468440087.shtml. 2016-9-14.

[19] 赵志成. 浅谈公路建设与环境保护的协调发展 [J]. 科教导刊，2009，(12).

[20] 杜凤芳 郭伟. 浅谈公路建设与环境保护 [J]. 城市建设理论研究，2011，(17).

[21] 新华网. 国内首条地方投资为主高铁——济青高铁动工 [DB/OL]. http://news.ifeng.com/a/20150811/44402809_0.shtml. 2015-8-11.

[22] 人民网. 济青高铁列入国家铁路发展规划济青往来仅需 1 小时 [DB/OL]. http://news.163.com/15/0123/22/AGM5UHOK00014JB6.html. 2015-1-23.

[23] 宋学宝 张鹏. 全国首单高铁 PPP 落地济青高铁潍坊段 [N]. 大众日报，2015.

[24] 管清友 朱振鑫. 一个成功的 PPP 项目是如何炼成的——以济青高铁潍坊段 PPP 调研为例 [DB/OL]. http://www.bhi.com.cn/ppp/say-ppp/18236.html. 2015-10-28.

[25] 赵超霖. 全国首例市政道路 PPP 项目诞生记 [N]. 中国经济导报，2015.

[26] 银昕. 安庆市外环北路工程项目：PPP 项目 [J]. 中国经济周刊，2016.

[27] 周元明. PPP 模式下的市政道路项目投资回报研究 [J]. 城市开发，2016，(8).

[28] 张志明. 施工项目成本控制的初探 [J]. 现代企业文化，2008，(12)：128-129.

[29] 常惠宗. 浅谈公路施工企业成本管理 [J]. 山西建筑，2009，(24)：253-254.

[30] HSE 指导委员会编. 基建施工 HSE 风险管理 [M]. 北京：石油工业出版社，2002.

[31] 魏浩. 加强成本控制，提升高速公路财务管理水平 [N]. 山西煤炭管理干部学院学报，2009，(3).

[32] 都恩崇. 高速公路管理学 [M]. 北京：人民交通出版社，2009.

[33] 杨忠. 成本控制与决策 [M]. 北京：建筑科技出版社，2002.

[34] 王岩牛 红凯. 浅析如何确定施工项目目标成本 [N]. 山西建筑，2006，(09).

[35] 孟春 赵阳光 吴兵. 英国运用 PPP 模式推进桥梁建设 [N]. 中国经济时报，2014.

[36] ASTM Cormmittee Standard specification for Highway weigh-in-motion (WIM) systems with user Requirements and Test Method [S].1995 Annual book of ASTM standards volume,04,03,wad and paving materials paving management technologies, 1995.

[37] 贺曙新 . 车辆动态称重技术的历史、现状与展望 [J]. 中外公路，2004，（6）.

[38] 中国产业信息网 . 2015—2020 年中国铁路运输设备行业发展现状及信贷风险分析报告 [DB/OL]. http：//www.1398.org/file/rtusimurzvrsoqmnkuhxoipr_1.html.

[39] 孙春芳 . 七个新批铁路项目仅一项有民资进入民资仍存顾虑 [N]. 21 世纪经济报道，2014-12-2.

[40] 周武英 . 世行报告：中国应吸引私人资本促进铁路发展 [N]. 经济参考报，2014-8-29.

[41] 交通运输部 . 2015 年交通运输行业发展统计公报 [DB/OL]. http：//www.zgjtb.com/2016-05/05/content_82603.htm. 2016-5-5.